SHOPPERCRACIA

FÁTIMA MERLIN

SHOPPERCRACIA

O **gerenciamento por categoria:** do planejamento à execução
O **shopper** no centro de todas as decisões

1ª edição | 2017

Copyright ©2017 by Poligrafia Editora

Shoppercracia
O gerenciamento por categoria: do planejamento à execução
O shopper no centro de todas as decisões

ISBN 978-85-67962-09-2

Autora: Fátima Merlin
Edição e Coordenação: Marlucy Lukianocenko
Projeto gráfico, Capa e Diagramação: Sheila Lukianocenko
Revisão: Roberto Leite

```
       Dados Internacionais de Catalogação na Publicação (CIP)
                  (Câmara Brasileira do Livro, SP, Brasil)

          Merlin, Fátima
             Shoppercracia : o gerenciamento por categoria do
          planejamento à execução : o shopper no centro de
          todas as decisões / Fátima Merlin. -- 1. ed. --
          Cotia : Poligrafia Editora, 2017.

             Bibliografia
             ISBN: 978-85-67962-09-2

             1. Administração de vendas 2. Consumidores -
          Comportamento 3. Consumidores - Processo decisório
          4. Marketing 5. Varejo - Empresas - Administração
          6. Vendas I. Título.

  17-07731                                            CDD-658.8
                     Índices para catálogo sistemático:

             1. Shoppercracia : Gerenciamento por categoria :
                Marketing de varejo : Estratégias :
                Administração 658.8
```

Poligrafia Editora e Comunicação Ltda-Me.
www.poligrafiaeditora.com.br
E-mail: poligrafia@poligrafiaeditora.com.br / poligrafiaeditora@uol.com.br
Rua Maceió, 43 – Cotia/SP – CEP 06716-120
Fone: 11 4243.1431/ Cel. 11 99159.2673

Todos os direitos reservados. Este livro não pode ser reproduzido sem autorização.
*Os artigos assinados são de inteira responsabilidade de seus autores.
**Tabelas e gráficos foram adaptados ao projeto gráfico deste livro.

*"Para alcançar o maravilhoso,
temos que pensar, precisamente,
no impensável."*
Tom Robbins

AGRADECIMENTOS

Já dizia Brian Tracy: "descubra qual é o principal objetivo da sua vida e organize todas as suas atividades em função dele".

E eis-me aqui, lançando meu novo livro – "Shoppercracia".

Amo o que faço e faço o que amo, então, todos os obstáculos e dificuldades – e olhem que são muitos – desaparecem diante do objetivo maior. No meu caso, o de aprimorar meu conhecimento e ser capaz de compartilhá-lo.

E para chegar a este meu objetivo, começo, principalmente, agradecendo a Deus, por estar comigo em cada momento da minha vida, me inspirando, me direcionando e me abençoando a cada passo.

Definitivamente sou um ser abençoado e agradecido a tudo e a todos que me cercam e que, de maneira direta ou indireta, são responsáveis por mais este sonho realizado.

E aqui vai meu agradecimento especial a todos que deram contribuições efetivas para esta obra. São muitos clientes, amigos queridos, profissionais do varejo e da indústria, seres iluminados e especiais que aceitaram prontamente meu convite e compartilham, de coração aberto, nas páginas deste livro suas experiências e visões, suas histórias inspiradoras, seus artigos fundamentados. Vocês são parte desta obra. O livro é nosso.

Agradeço também aos meus familiares, em especial, aos meus pais, por despertarem em mim o que há de melhor. Agradeço, em particular, meu marido e meu filho – as minhas paixões e meus maiores incentivadores, a razão das minhas escolhas.

Meu muito obrigada aos meus líderes inspiradores, que me desafiaram a superar os meus próprios limites.

À minha editora Marlucy e ao seu fiel escudeiro Luiz Fernando, que me incentivam e estão sempre presentes nas minhas mais loucas aventuras.

Por fim, aos meus amigos, professores, alunos, fornecedores, parceiros e centenas, milhares de pessoas que estiveram presentes em minhas palestras e eventos e me encorajam a continuar, mesmo diante de muitos e profundos espinhos pelo caminho, que, por vezes, me fazem pensar em desistir.

A todos que pediram para que eu escrevesse um livro sobre Gerenciamento por Categoria na prática, o meu muito obrigada.

AGRADECIMENTO ESPECIAL A TODOS OS ARTICULISTAS E ENTREVISTADOS

Almir de Souza Peres – Gerente de Suporte e Inteligência Comercial – Grupo Roldão Atacadista

Amanda Goulart Agostini – Trade Marketing da Rede de Farmácias Indiana.

Ana Claudia Fioratti – CEO – Advantage Group Brasil

Angela Urbinati – Gerente de Marketing – Lopes Supermercados

Beto Pereira – Presidente – Grupo Pereira

Brian Harris – Doutor, Professor e Chairman – The Partnering Group

Bruno Bragancini – Diretor-Geral – Enxuto Supermercados

Claudio Czapski – Superintendente – ECR Brasil

Celso Renato Dias Ferreira – Diretor Comercial e de Marketing – Lopes Supermercados

Cristiano de Moraes – Diretor Comercial – Kiviks Marknad Indústria Alimentícia S/A – Queensberry

Daniele Motta – Head de Desenvolvimento de Categorias – Nestlé Brasil

Diogo Alves de Oliveira – Coordenador de Shopper Marketing e Gestão por Categorias na 3corações

Eudson Freitas – Gerente de Desenvolvimento de Categorias – Comper - Grupo Pereira

Fabien Datas – Diretor de Pricing do Grupo Walmart

Felipe Teixeira – Gestor de Categorias & Pricing – Lopes Supermercados

Fernando Alfano – Diretor de Operações – Tenda Atacado

Fernando Lucas – Gestor de Categorias – Enxuto Supermercados

Fernando Menezes – Sócio-fundador da Pesquisejá

Gilmario T. Cavalcante – Gestor de Varejo e ex-diretor do Smart Supermercados – Grupo Martins

Gustavo Leitão – Coordenador de Trade Marketing & Gerenciamento de Categorias da Seara Alimentos

JM Benedetto – Sócio da Diagma Brasil

Jorge Felizardo – Especialista em gestão por categoria

Leandro Oliveira – Gerente de Pricing – Grupo Roldão Atacadista

Leonardo Miyao – Diretor Comercial – Grupo Pereira

Marcio Barros – CEO – Lopes Supermercados

Marcio Corazza Almeida – Gerente de Marketing e Produto – Kiviks Marknad Indústria Alimentícia S/A – Queensberry

Marcio Sandolin – Gerente de Marketing – Enxuto Supermercados

Mário Cezar Pontes – Coordenador de GC – Home Center Carajás

Olegário Araújo – Diretor da Inteligência de Varejo e Pesquisador do GVcev – Centro de Excelência em Varejo da Fundação Getulio Vargas

Raphael Figueira Costa – CEO – Figueira Costa Consultoria

Ricardo Roldão – CEO – Grupo Roldão Atacadista

Valéria Devigo – Diretora Financeira – Supermercados Rondon

Vânia Devigo – Diretora Administrativa – Supermercados Rondon

PREFÁCIO

Muito se fala de gerenciamento por categorias nos últimos anos, mas até que ponto as empresas colocam isso no dia a dia da sua operação e buscam fazer o melhor, de acordo com o que o cliente espera, na hora da compra? O livro de Fátima Merlin traz as dicas, os casos e as experiências sobre o que é possível fazer, de verdade, para que os frequentadores de nossas lojas tenham a melhor experiência de compra em um mercado muito competitivo e que muda praticamente todo dia.

Esse é o desafio de todos nós, varejistas, atacadistas e executivos das indústrias: fazer com que as pessoas que passam todos os dias pelas lojas espalhadas em todos os cantos do Brasil saiam, senão encantadas, ao menos satisfeitas com a sua experiência de compra.

Eu, pessoalmente, junto à minha equipe, seja do Comper, nossa rede supermercadista, (mais de 30 lojas em MS, MT, GO, SC e DF), seja com a nossa rede de atacarejo, o Fort Atacadista (28 lojas em SC, MT, MS E DF), além do Atacado Bate Forte, nosso braço de distribuição, enfrentamos isso todos os dias. Não sossegamos enquanto não encontramos uma solução que facilite a vida dos clientes e que melhore a nossa operação.

E foi assim, buscando aplicar uma inovação, uma mudança de processo e mais uma melhoria em nossa operação que eu conheci a Fátima, profissional com grande experiência em inteligência de mercado. Ela nos mostrou como é importante termos definida a nossa estratégia, o papel das categorias, as marcas, as regras de execução, além da questão do abastecimento. Com esse passo a passo ela nos mostrou que isso pode – realmente – acontecer dentro da operação no dia a dia. Ela deu ainda maior qualidade analítica aos nossos compradores, trazendo à tona todas as variáveis de pessoas, processos, engajamentos, gestão de preço, ou seja, tudo que é necessário cuidar e olhar para fazer o Gerenciamento por Categorias de uma maneira efetiva e real.

A realidade e a simplicidade com que fizemos isso me impressionaram por um motivo simples: algumas ferramentas você tem que colocar no seu dia a dia, você não pode viver sem elas. E eu sempre digo ao nosso pessoal que temos de evoluir. E buscamos isso, todos os dias. É como andar de bicicleta. Todo mundo – ou quase – anda de bicicleta. Então, além de andar de bicicleta, você vai ter que fazer mais outra coisa ao mesmo tempo.

Formamos uma equipe, estruturamos os processos, arrumamos as nossas seções e depois, loja a loja, começamos a implementar um trabalho sério, com foco na melhoria e na eficiência operacional. O Eudson de Freitas, gerente de Desenvolvimento de Categorias do Grupo Pereira, estabeleceu um excelente trabalho em parceria com a Fatima e começamos a aplicar isso nas lojas do Comper com a categoria de biscoitos, escolhida por ter grande representatividade. O objetivo foi fazer com que tivéssemos os produtos certos, na quantidade certa e na hora certa para atendermos os nossos clientes. O resultado foi tão bom que já começamos a replicar em outras categorias e seções.

Começamos com biscoitos, fizemos em mais 28 categorias e em todas as categorias em que o trabalho foi realizado o resultado foi imediato e, "aparentemente, fácil", porque, claro, depois que se faz toda essa fundação e todo mundo aprende, fica mais fácil mexer nas coisas...

Então, vimos que o trabalho dá resultado e acreditamos que tem que ser assim daqui pra frente. Temos que mudar. Ter uma gestão baseada em informação e centrada nos interesses do nosso cliente. Temos que ter regras e processos para cada uma das áreas que fazem parte deste movimento. Temos que fazer o Gerenciamento por Categoria, que é o melhor para o nosso cliente.

E neste livro você terá a informação do que é importante ter e fazer com relação às pessoas, processos, formação, participação do GC, melhor gestão de preço e de promoção, ter a conexão entre as áreas, ou seja, tudo que é necessário cuidar e olhar — atentamente — para se fazer o Gerenciamento por Categoria. Acredito que este é um passo fundamental para que nossas empresas, e todo o mercado, estejam em sintonia com o que os consumidores buscam encontrar em nossas lojas. Vamos adiante. O desafio vale a pena!

Boa leitura!

Beto Pereira

Presidente do Grupo Pereira, que engloba as bandeiras de supermercados Comper, a de atacarejo, Fort Atacadista, e a de distribuição, Atacado Bate Forte

OBJETIVO

Imagine que você se deparasse com algo que o permitisse aumentar suas vendas, reduzir custos, tornar mais eficiente e produtivo seu negócio e, ainda, lucrar mais?

Magia? De jeito algum. Isso se chama gestão! Esse resultado, tão desejado, é totalmente possível a partir de um profundo conhecimento de Shoppers e Consumidores e do uso deste conhecimento para implantar um processo estruturado de gestão do negócio, que envolve, em muitos casos, mudar até mesmo a maneira atual de como executamos o nosso trabalho.

Um trabalho que envolve clareza de estratégia, mudanças culturais, criação e/ou melhoria de processos, políticas de sortimento, abastecimento, preço, promoção e espaço, estabelecimento de metas e métricas, uso de informação e análises para tomada de decisão – do mercado, da categoria, do shopper e consumidor –, gestão do cadastro, capacitação e engajamento das diferentes áreas e interlocutores, com todos orientados a um objetivo comum: o cliente.

É neste contexto que entra o Gerenciamento por Categoria (que trataremos a seguir como GC), um processo que, na prática, envolve ter o produto certo, disponível (sem ruptura), no momento em que o cliente necessita e deseja, na quantidade adequada, com promoções eficazes e variações de preço que o cliente está disposto a pagar, com boa e adequada sinalização e exposição dos produtos, de modo a facilitar o processo de compra e decisão do shopper[1].

De acordo com a associação ECR[2], o GC é um processo entre varejista e fornecedor que consiste em gerenciar categorias como unidades estratégicas de negócio, conforme as necessidades que atendam, com

---

1. **Shopper** - são os "compradores", aquelas pessoas que, de fato, vão ao ponto de venda (lojas físicas ou virtuais) e efetivam as compras – com poder de decisão.

    Consumidores, na prática, são os usuários dos produtos, ou seja, aqueles que consomem/usam um produto/serviço.

    Por que diferenciar consumidor de shopper? Ambos possuem papéis distintos e exigem ações também distintas!

    Na decisão do consumidor, o produto em si, a marca, os benefícios que a mesma oferece, entre outros, são os protagonistas.

    Para o shopper, ganha peso na decisão aspectos relacionados à experiência de compra, considerando deslocamento até a loja, disponibilidade do produto, informação, interação com o ambiente, exposição, decisão final e a efetivação da compra em si.

o objetivo de produzir resultados comerciais (aumentar as vendas e a rentabilidade e reduzir custos), melhorados através da concentração de esforços em agregar e entregar maior valor ao shopper.

Na ótica do shopper, o GC seria ir às compras e encontrar uma loja agradável, bem organizada, prática, que o permita encontrar facilmente o que procura (setorizada, com exposição adequada e bem sinalizada), com os produtos que atendam suas necessidades de maneira regular e uniforme e promoções eficazes.

Fácil?

Em países como Estados Unidos, Inglaterra, Alemanha, Canadá, França e outros tantos, o conhecimento profundo sobre Shoppers e Consumidores, e sua jornada de compra e consumo, já saiu do papel e se tornou realidade há muito tempo.

Na verdade, nestes países, os processos de GC, de Desenvolvimento de Categoria e Shopper[3] e, até mesmo, de Shopper Marketing[4] já evoluíram de tal forma que produtos, promoções, políticas de sortimento, marcas, portfólio, serviços, comunicação, modelos de lojas, gestão do

---

2. **ECR – Efficient Consumer Response ou Resposta Eficiente ao Consumidor** - é um movimento global, no qual empresas industriais e comerciais, juntamente com os demais integrantes da cadeia de abastecimento (operadores logísticos, bancos, fabricantes de equipamentos e veículos, empresas de informática, etc.) trabalham em conjunto na busca de padrões comuns e processos eficientes que permitam minimizar os custos e otimizar a produtividade em suas relações.

    A Associação atua como facilitadora do processo: agrega as empresas interessadas, forma comitês de trabalho em cada um dos temas de desenvolvimento prioritários (padronização e logística, mensuração, reposição eficiente, gerenciamento de categorias ...), agenda reuniões destes comitês, disponibiliza o local para as reuniões, seleciona consultorias especializadas em cada tema para apoiarem os trabalhos dos comitês, busca experiências de outros países, divulga informações e resultados, promove cursos e palestras para difundir os conceitos e qualificar profissionais e outras atividades afins.

3. **Desenvolvimento de Categoria e Shopper** – trata-se da evolução dos métodos do gerenciamento por categoria em que o shopper passa a ser o <u>foco central</u> para todas as definições e onde as estratégias são impulsionadas por insights, possibilitando maior diferenciação e resultados sustentáveis, com ênfase na execução e no shopper.

4. **Shopper Marketing** – significa desenvolvimento de ações de marketing e merchandising baseadas em insights visando à satisfação das necessidades de grupos-alvos de shoppers (clientes--chaves), proporcionando melhor experiência de compra e resultados de negócios e valor das marcas para varejistas e fornecedores (US Retail Comission, Shopper Marketing).

negócio, definitivamente todas as ações vêm sendo planejadas e executadas, orientadas e baseadas no profundo conhecimento de Shoppers e Consumidores.

E no Brasil? Até que ponto isso se confirma? Onde estamos no quesito conhecimento dos Shoppers e Consumidores? Nos processos de GC? E por aí vai.

Embora este movimento tenha chegado ao Brasil há mais de 25 anos, gerando uma verdadeira revolução no varejo, e que permanece até os dias de hoje como uma das principais ferramentas de potencialização dos resultados e de fidelização dos clientes, há momentos de forte ascensão e êxito, e outros, no entanto, de descrença total e insucesso.

Muito dessa oscilação se deve a certo grau de confusão e entendimento equivocados em relação ao significado, escopo efetivo e ao processo em si.

É que no mesmo período em que o GC se desenvolveu e iniciou seu processo de consolidação, proliferou a oferta de ferramentas variadas e de, autointitulados, especialistas em GC, mas que pouco ou nada têm a ver com os princípios e melhores práticas consagrados em todo o mundo.

Estas variações sobre o tema induziram muitos empresários a erros, pois compraram a cópia como se fosse verdadeira, o que custou caro e não trouxe os resultados esperados, e até acabaram comprometendo a credibilidade do GC, na medida em que o falso passou por verdadeiro e suas lacunas foram atribuídas ao original. Há, até hoje, quem entenda GC como organização/arrumação das gôndolas, como planogramação da loja, só para citar alguns equívocos.

De acordo com Claudio Czapski, superintendente do ECR Brasil, o que mais encontramos por aqui são propostas "alternativas". De um lado, "versões simplificadas", apresentadas com o argumento de que o original é muito trabalhoso e complexo, que requer muitas análises e pesquisas, e que, portanto, acaba focando apenas o sortimento e a exposição. Na maioria das vezes, estas propostas sequer consideram a árvore de decisão do shopper ou têm as condições mínimas para analisar a estrutura e o desempenho de uma categoria. São soluções de tecnologia primária, que, simplesmente, coletam dados de venda e estabelecem pontos de corte, sem qualquer análise ou critério mais profundos e, assim, "simplificam" o sortimento e a exposição. Ou, de outro lado, são processos mais complexos, que são igualmente danosos e mais caros, porém baseados no entendimento equivocado dos conceitos que fundamentam o GC.

Em comum, estas versões têm o distanciamento da realidade e a falta dos princípios mais elementares relacionados à implementação de um programa de GC verdadeiro.

O GC verdadeiro proposto há mais de 25 anos pelo professor e doutor Brian Harris, como vocês poderão notar nos próximos capítulos, começa muito antes de qualquer execução de sortimento e exposição.

Aliás, depois de anos implantando o processo do GC, seja no varejo ou para algumas indústrias, posso garantir que exposição, planogramação (organização/arrumação das gôndolas), referem-se a menos de 15% das atividades inerentes ao GC.

Porém, o fato é que as "simplificações" acabam se configurando em mutilações, e o processo resultante, evidentemente, também entrega resultados muito aquém do que o original e acaba comprometendo o GC verdadeiro, na medida em que as vítimas – crentes que estão usando o processo correto – atribuem a ele os insucessos ou problemas.

Foi por estes senões e lacunas e da demanda insistente de clientes e *prospects*, que querem efetivamente ter a garantia que estão no caminho certo, entender o que fazer, como fazer, por onde começar e ter êxito na implantação – mas, sobretudo, ter sustentação – que este livro começou a ser estruturado.

É com vistas a inspirar uma profunda reflexão e um despertar sobre a real importância de se ter o Shopper e Consumidor no centro de nossas decisões, e identificar o que é preciso e possível fazer para tal, que proponho a todos a "SHOPPERCRACIA"; terminologia que criei para expressar como deveriam ser as boas práticas orientadas aos Shoppers e Consumidores.

Este é um convite aos executivos da indústria, do varejo, do *cash & carry,* do atacado, da distribuição e de suas agências para repensarem seus processos, estratégias e execução. É para que saiam da cultura e tradição ao imediatismo e às ações de curtíssimo prazo, pois, como diz o próprio criador do GC, o professor-doutor Brian Harris, "soluções rápidas e fórmulas prontas" não funcionam, visões e estratégias inovadoras são os criadores de valor e diferenciação.

E o que será possível encontrar?

No livro, você, leitor, encontrará casos e histórias de quem trabalha o GC, com informações sobre o que fez, como fez, por que fez e quais resultados foram obtidos, independentemente de formato e/ou tamanho de empresa.

Embora não esgotaremos, neste livro, todas as oportunidades e desafios que o tema central exige, ele foi cuidadosamente planejado e produzido, tratando com profundidade todos os itens relevantes e o passo a passo, para quem quer se aventurar nesta jornada.

E como já dizia Lou Holtz[5], "habilidade é aquilo que você é capaz de fazer, a motivação determina o que você faz e a atitude determina a qualidade do que você faz".

É com este espírito, voltado a aprofundar nosso conhecimento e vivenciar de forma prática as experiências, com capacidade de fazer mais e melhor e com qualidade, que os convido a embarcar comigo nesta jornada.

Bem-vindos à Shoppercracia

Boa leitura!

---

5. **Lou Holtz**: lendário treinador, com recorde de vitórias e paixão para a realização dentro e fora do campo, era conhecido pela sua sagacidade rápida e capacidade de inspirar os jogadores. Em 1 de maio de 2008, Holtz entrou para o Hall da Fama do Colégio de Futebol.

SUMÁRIO

INTRODUÇÃO
ORIGEM DO GC
Contextualizar o passado para olhar o futuro 27

CAPÍTULO 1
SHOPPERCRACIA
Que bicho é esse? 33

- O diálogo de valor entre varejo e indústria
  Por Daniela Motta 46

- O GC na visão de um cash e carry
  Por Ricardo Roldão 48

CAPÍTULO 2
Fiz GC e não deu certo
Por onde começar? 51

- Gargalos e falhas encontrados no Pré-GC
  Por Leonardo Miyao 58

- Tudo é uma questão de entendimento e foco
  Por Gustavo Leitão 63

2.1
Por que conhecer o cliente é crucial? 68

- Conquiste a mente e o coração de seus clientes
  Por Olegário Araújo 84

2.2
Insights acionáveis: Informação para a ação 92

- Negociação baseada em fatos, dados e estratégias
  Por Bruno Bragancini 105

2.3
Cadastro, cadastro, cadastro
Por que ele é tão relevante? 107

2.4
Qual é o papel e a relevância de cada área no GC? 121

- A clareza do que significa pricing!
  Por Fernando Menezes 126

- Engajamento – Ajuda ou Fogo Amigo
  Por Jorge Felizardo 131

2.5
O jogo do perde-perde-perde
Não destrua seu negócio, COMBATA A RUPTURA! 134

- **Quem promete, CUMPRE!**
  Por Claudio Czapski 140

- **Minimizando a Ruptura Operacional**
  Por Fernando Alfano 144

2.6
Parcerias estratégicas
Colaboração é pilar vital para o GC 147

- **Desafios na implementação de uma área de Shopper Marketing & GC**
  Por Diogo Alves de Oliveira 153

CAPÍTULO 3
O Gerenciamento por Categorias:
Do Planejamento à Execução 161

- **O olhar do cliente**
  Por Marcio Barros... 181

- **Começo, meio e continuidade**
  Por Eudson Freitas.. 182

- **GC na prática: benefícios ao varejo, indústria e shopper**
  Por Fernando Lucas.. 184

3.1
Como ter o mix ideal? 188

- **Caso Lopes: Definição de Mix e GC na prática**
  Por Felipe Teixeira 202

3.2
O que é pricing, afinal?
E qual a sua relação com o GC? 208

- **Pricing: de preço à oferta de valor ao shopper**
  Por Fabien Datas 215

- **O shopper na mesa da negociação**
  Por Leandro Oliveira 220

3.3
A Promoção e o GC 233

3.4
O Abastecimento
Porta de entrada para a eficiência 252

- O que não se vê no varejo
  Por Claudio Czapski e JM Benedetto 258

3.5
Exposição e Merchandising
Ferramentas para melhorar resultados e a experiência de compra do shopper 272

- Planogramação, a base do negócio
  Por Raphael Figueira Costa 296

CAPÍTULO 4
GC e o Pequeno Varejo
Essa relação é possível? 299

- GC: para transformar o varejo!
  Por Gilmario Cavalcante 307

CAPÍTULO 5
Off-line x on-line
Do tradicional ao digital 313

- Chegou a hora de acordar!
  Por Claudio Czapski 324

CAPÍTULO 6
GC na era omnichannel 329

REFERÊNCIAS BIBLIOGRÁFICAS 342

INTRODUÇÃO

ORIGEM DO GC
Contextualizar o passado para olhar o futuro

Prof. dr. Brian Harris*

O GC surgiu no final dos anos 1980 e, como muitos outros processos que foram introduzidos no marketing de consumo, teve como força motriz as mudanças que ocorriam no mercado de consumo varejista e o impacto que os novos vetores da competitividade estavam tendo nas empresas varejistas.

Por muitos anos a concorrência no varejo se dava em canais bastante bem definidos: supermercadistas concorriam essencialmente com outros varejistas com ofertas similares, farmácias tinham como principais concorrentes outras farmácias e assim por diante. Em meados dos anos 80, entretanto, este quadro começou a mudar quando varejistas tradicionais passaram a buscar novas maneiras de aumentar suas vendas e bases de clientes, e com isso as linhas que delimitavam as atividades de cada canal começaram a desaparecer.

Supermercados passaram a incrementar significativamente a oferta de produtos até então encontrados essencialmente em farmácias e drogarias, ao menos nos Estados Unidos, e da mesma forma as drogarias passaram a oferecer uma crescente gama de alimentos em suas lojas. Até as lojas de conveniência passaram a oferecer um sortimento crescente de alimentos frescos e industrializados, até então encontrados essencialmente no varejo alimentar.

Essa atenuação das diferenças entre o sortimento dos canais tornou-se uma realidade necessária ao crescimento, levando os varejistas a enfrentar o desafio de trabalhar com categorias com as quais até então não tinham qualquer experiência, além de, repentinamente, passarem a enfrentar uma gama muito mais ampla de concorrentes. Era evidente que essa situação representava um novo paradigma de varejo.

Muitas outras mudanças estavam se desenvolvendo, e que levariam a profundas alterações no cenário competitivo do varejo. O exemplo mais claro que sofria a natureza do varejo era o rápido crescimento de varejistas de baixo preço (*discounters*) liderados nos Estados Unidos pelo Walmart.

A empresa, sediada em Bentonville, no Arkansas, iniciou sua atividade como um varejista de produtos não alimentares, tendo como estratégia básica a oferta de produtos com os preços mais baixos possíveis. Desta base de negócios, ela entendeu a oportunidade de crescimento que oferecia o ataque a categorias que tinham margens mais elevadas, até então dominadas pelos varejistas tradicionais e drogarias. No começo, produtos de uso doméstico (como limpeza, cuidados com a roupa, papel, pet) foram o alvo inicial da estratégia de preços baixos, com o objetivo de ganhar penetração nas categorias compradas mais frequentemente. O passo seguinte foi o ataque às categorias de cuidados pessoais, saúde e beleza, comercializados com margens vantajosas por supermercadistas e drogarias, que permitiam a estes varejistas compensar a baixa lucratividade dos departamentos de alimentos. Categorias como cuidados para bebês, xampus e condicionadores e higiene oral passaram a ser alvos do Walmart. Em pouco tempo, a gigante varejista conseguiu abocanhar uma parcela significativa das vendas e das margens de varejistas tradicionais; e os custos operacionais mais enxutos do Walmart significavam uma barreira a mais para estas redes desenvolverem estratégias defensivas.

Claramente este era um cenário competitivo totalmente novo, e o Walmart estava estabelecendo as novas regras do jogo.

Varejistas especializados em apenas uma categoria de produtos (*category killers*) também surgiram nesta época, trazendo novas pressões para os varejistas tradicionais. O melhor exemplo desta classe foram as lojas especializadas na categoria pet. Nos Estados Unidos, várias redes especializadas na categoria pet se estabeleceram, entre elas Pet Smart, PetCo, Pet Stuff e outras. Eram lojas que ofereciam um sortimento completo, que permitiam ao dono de um animal de estimação encontrar em uma única loja tudo que necessitasse para cuidar de seu pet. Varejistas tradicionais também ofereciam produtos da categoria pet, mas com um sortimento muito mais reduzido, tendendo a focar apenas nos itens de maior demanda da categoria (alimentos para cães e gatos) e uma linha limitada de acessórios.

Rapidamente as lojas especializadas passaram a ser vistas pelos shoppers da categoria como um local mais conveniente, com mais conhecimentos especializados e oferecendo uma experiência de compra mais excitante. O ataque à categoria pet foi especialmente danosa para os supermercados, uma vez que os donos de pets eram predominantemente pessoas que faziam as compras da família, e eram o alvo prioritário dos supermercadistas. Tendo em vista que cerca de 70% dos domicílios norte-americanos têm um animal de estimação, as perdas sofridas nesta categoria afetaram o cerne do negócio dos supermercados, nos quais a categoria pet era uma das compradas com maior frequência, estando entre as top 10 de volume de vendas e que apresentava crescimento acima da média. Categorias com estas características eram as mais importantes para o varejo tradicional. Em um período de apenas 3-4 anos a participação de supermercados nas vendas desta categoria caiu de mais de 90% para menos de 60%, tendo em vista duas novas e fortíssimas modalidades de concorrência: o Walmart e as lojas especializadas.

Lojas especializadas começaram a surgir também em algumas outras categorias, incluindo refrigerantes e sucos, alimentos prontos, saúde e beleza. Era evidente que um novo paradigma de varejo estava estabelecido, e os varejistas tradicionais necessitavam de novos métodos que lhes permitissem combater os ataques às categorias que eles tinham dominado por muitos anos.

Uma clara lição desses desenvolvimentos foi que os novos modelos de negócios, especialmente os *category killers*, ganhavam a preferência dos consumidores por entenderem melhor suas necessidades. A possibilidade de comprar em uma loja especializada em pets e ali encontrar tudo o que desejava para seu animal de estimação era um claro diferencial competitivo. Comparativamente, os varejistas tradicionais eram percebidos como tendo menor conhecimento da categoria e pouco interessados em oferecer a seus shoppers soluções eficientes e experiências de compra interessantes. Ficou evidente que se os varejistas tradicionais não mudassem, substancialmente, sua maneira de trabalhar com as categorias, esta tendência continuaria a crescer. O GC, que havia sido introduzido alguns anos antes como uma abordagem de marketing de varejo, focada no consumidor, oferecia uma maneira inovadora de gerenciar categorias que foi adotada pelos varejistas mais progressistas para enfrentar a nova concorrência.

Ficou claro, também, que era preciso haver uma iniciativa setorial que ajudasse os varejistas tradicionais a manterem seus negócios neste novo ambiente competitivo. O ECR (Efficient Consumer Response = Resposta Eficiente ao Consumidor) foi criado nos Estados Unidos em 1994, com o objetivo de desenvolver novas e melhores práticas nas áreas-chave da gestão da oferta e demanda que impactavam custos e vendas. E o GC foi adotado como a prática central necessária para entender, e atender, as necessidades dos consumidores e, desta forma, evitar a canibalização dos negócios pelos novos concorrentes. Situações similares à que ocorria nos Estados Unidos estavam sendo observadas em outras economias desenvolvidas, e iniciativas ECR passaram a ser implementadas na Europa, América Latina e Ásia-Pacífico. As mesmas práticas e processos de GC, que haviam sido implementadas como melhores práticas nos Estados Unidos, passaram a ser adotadas como padrões globais.

*Brian Harris foi o criador do Gerenciamento por Categoria e é o chairman da The Partnering Group

CAPÍTULO 1

SHOPPERCRACIA
Que bicho é esse?

Maria Andrea e Ricardo formam um típico casal moderno de classe média alta: ela é diretora de uma multinacional e viaja sempre para atender clientes em todo o Brasil. Ele é dentista, cumpre jornadas de 8 horas diárias de trabalho e, quando chega em casa, adora cozinhar.

O casal tem dois filhos: Júnior, com 14 anos, e Leticia, com 8. A família também tem o "Rox", um buldog francês.

Como shoppers, Maria Andrea assumiu a compra de abastecimento dos itens de limpeza e higiene da casa, além dos cuidados com Rox. E o marido ficou com o abastecimento referente à alimentação, desde os produtos para o preparo de pratos, do dia a dia, até para os jantares especiais para a família e os amigos, nos finais de semana – quase todos, diga-se de passagem.

Ao observar o perfil dessa família, surgem algumas dúvidas e reflexões sobre como eles solucionam todas as suas necessidades de compra, que tem a ver justamente com o propósito maior e escopo deste nosso livro:

- Será que uma mesma loja consegue oferecer todas as soluções de compra adequadas para esta família?
- Será que ambos os shoppers têm as mesmas necessidades e aspirações?
- Será que eles levam em conta os mesmos atributos para tomarem suas decisões?
- Será que os sistemas de informações e as ferramentas de marketing e gestão do PDV, que usamos hoje, permitem aos varejistas e fabricantes, atacadistas e distribuidores entenderem a fundo esses shoppers e desenvolverem ações direcionadas para estabelecerem, de fato, relacionamento duradouro com os mesmos?

Há tempos que o poder mudou de mãos: primeiro da indústria para o varejo e mais recentemente para o consumidor. Como já dizia renomado varejista do Brasil: "o consumidor é rei".

Esta é uma tendência mundial que sinaliza que o poder está nas mãos dos consumidores e que, por vezes, eles estão mais conectados, seletivos e exigentes em relação ao atendimento de suas necessidades. E que, diante de muito mais opções, passam a ter maior poder de escolha sobre que produtos e marcas adquirir, em que momento comprar, que tipo de embalagem levar, que loja escolher – física ou virtual – e o preço que podem ou desejam pagar. O consumo ficou mais dinâmico, mercados, mais competitivos e a tecnologia se desenvolve rapidamente e torna o mercado mais "comoditizado".

Nesse aspecto, intensifica-se a necessidade de ações cada vez mais direcionadas para estimular o cliente a desejar e escolher um produto/marca específico e adquiri-lo em uma determinada loja.

O tema do momento é facilitar o processo ou a jornada de compra do cliente, permitindo a ele encontrar facilmente o que deseja, engajando-o, de maneira positiva, no processo de compra, convertendo-o e estimulando a recompra através da oferta de uma melhor experiência.

Voltemos a Maria Andrea e Ricardo: até que ponto os conhecemos, de fato? Até que ponto consideramos suas necessidades e anseios no centro de nossas ações e decisões? Até que ponto somos capazes de oferecer a eles uma boa experiência de compra?

Proporcionar uma melhor experiência de compra passa por identificar o "shopper-alvo", e a desenvolver ações direcionadas, seja na definição do sortimento, na exposição dos produtos, na precificação, nas ações de comunicação e promoções, em um ambiente agradável e prático, entre outros aspectos.

Exige-se, portanto, uma real orientação para o mercado e o cliente. E conhecer o shopper, entender quem é ele, o que ele quer, quais necessidades quer atendidas, como se comporta, é o primeiro passo para atingir tal objetivo.

Para isso, torna-se imprescindível a colaboração entre varejistas e fornecedores, a partir do conhecimento mútuo, compartilhamento de informações relevantes, com estratégias integradas e o fortalecimento do relacionamento. É comprometer-se com os resultados um do outro.

Saímos de um período em que cada um, na cadeia produtiva, cuidava apenas de seu negócio para um modelo colaborativo, com foco na gestão conjunta em busca de melhorar a experiência do shopper com a marca e a loja e de maximizar resultados. É aí que entra o gerenciamento por categoria.

> "Na minha visão, o GC serve para facilitar a vida do shopper, mas toda a cadeia se beneficia. Para que dê certo, é preciso unir todos os lados – o shopper nos alimenta de informação, a indústria e o varejo analisam essas informações e as transformam na prática, buscando organizar a categoria, o que traz benefícios para todos."
>
> Cristiano de Moraes, diretor comercial da Kiviks Marknad Indústria Alimentícia S/A - Queensberry

E O QUE É GERENCIAMENTO POR CATEGORIA (GC)?

O GC é uma ferramenta de gestão, que tem como base a parceria entre varejista e fornecedor para definir categorias de produtos conforme a necessidade que atendam (ex: matinais, beleza, limpeza) e gerenciá-las como se fossem unidades estratégicas de negócios. Tem como objetivo aumentar as vendas e a lucratividade por meio de esforços para agregar maior valor ao shopper e ao consumidor.

Surgiu nos Estados Unidos, como nos relatou Brian Harris, em meados dos anos 80 com o Walmart, e, ao mesmo tempo, na França, com o Carrefour, que iniciava parcerias com indústrias-chaves para desenvolver trabalhos de inteligência comercial segmentados por categoria, chamados de "Mini-Conceito".

No Brasil, o GC teve seu início a partir dos anos 1990, após a criação da associação com o nome de "ECR - Efficient Consumer Response (Resposta Eficiente ao Consumidor)", que teve grande contribuição para sua difusão em todo o mundo, e que, nos dias atuais, abrange processos que vão além do GC.

No seu início, era praticamente concentrado nas grandes redes e, somente depois de muitos anos, começou a ganhar uma dimensão em redes regionais e mais recentemente no pequeno varejo.

Fazer GC não tem nenhuma restrição em relação a perfil de lojas, redes, setores, tamanhos. É um processo que pode e deve ser implementado por qualquer porte de empresa, e em qualquer setor – alimentar, têxtil, construção, medicamentos, entre outros.

O GC surgiu da necessidade gerada pelo aumento da concorrência no varejo das grandes redes, casando com a necessidade das indústrias de reduzir custos de produção e logística, e de melhor planejamento para os lançamentos e para a venda de produtos, com base em estudos de mercado.

Na prática, significa administrar o mix de produtos, os espaços que eles ocupam, os preços, as ofertas e promoções, a partir do profundo conhecimento do Shopper e Consumidor, de forma a melhorar a experiência de compra e a potencializar resultados em vendas e rentabilidade.

Para Maria Andrea e Ricardo, que não são técnicos no assunto, o GC nada mais é que chegar em uma loja e encontrá-la organizada, prática, onde cada qual, com suas necessidades específicas, consiga encontrar, de maneira menos estressante e complexa, respostas ao que buscam.

A loja escolhida por cada um, considerando o perfil, comportamento e as necessidades de seus shoppers-alvo, deve oferecer a eles **soluções adequadas** – de produto a serviços, com comunicação, promoção, exposição, ambientação harmoniosa, etc.

Na Shoppercracia, as diferentes "Maria Andreas e Ricardos" seriam "reis", ditariam as regras. E, portanto, varejistas e parceiros estratégicos com objetivos em comum e foco em segmentos estratégicos de shoppers – que representam o *core* dos negócios de ambos – uniriam forças organizacionais, financeiras, comerciais e intelectuais, identificando as reais necessidades destes grupos específicos para:

> Entregar produtos, serviços, programas de marketing, comunicação e trade 360° integrados e direcionados, que atendessem e, até mesmo, superassem as expectativas de "Maria Andrea e Ricardo", criando lealdade e experiências de compra diferenciadas.

Porém, mesmo vivendo em pleno 2017, e diante de todas as possibilidades e ferramentas disponíveis e acessíveis para se conhecer mais profundamente Shoppers e Consumidores – de métodos mais tradicionais aos mais tecnológicos –, apenas **3 em 10 varejistas conhecem** seus Shoppers e Consumidores e têm uma base gerenciável e atualizada para estabelecer relacionamento efetivo com os mesmos e desenvolver ações direcionadas, de acordo com pesquisa realizada pela Connect Shopper e ECR Brasil.

Mas o problema não está apenas com o varejo. Do lado da indústria, falamos sobre a "Shoppercracia" – o shopper no centro das decisões –, mas poucas são as que têm estudos e pesquisas sobre shoppers de suas categorias e entendimento efetivo dos clientes de seus clientes, sendo capazes de oferecer propostas customizadas e adequadas para as diferentes unidades de negócios do varejo. No geral, são estudos focados na categoria em que atuam e seus shoppers, sem levar em conta as particularidades e peculiaridades das lojas varejistas.

E OS DESAFIOS NÃO PARAM POR AÍ

Falamos em Shoppercracia, em Gerenciamento por Categoria, em Desenvolvimento de Categoria e Shopper, em Shopper Marketing, mas, na prática, enfrentamos baixa qualidade de dados e análises, que vão desde "problemas" básicos de cadastro até a falta de crivo analítico – o que, como e por que analisar, como usar e aplicar adequadamente as informações para tomada de decisão, como transformar dados em *insights* acionáveis *(tema que discutiremos mais à frente)*, entre outros. Neste ponto, os problemas estão em todos os lados:

Do lado da Indústria

- Erros nos códigos de barras fornecidos
- Erros nas dimensões dos produtos
- Erros nas descrições ou abreviações, de tal forma que não se entende a que se referem
- Pouco ou nenhum compromisso com a qualidade do cadastro

Do lado do Varejo

- Estruturas mercadológicas inadequadas: sem considerar a visão *shopper* para a mesma
- Faltam segmentações nas categorias (o varejo trabalha geralmente com dois ou três níveis na estrutura, o que não é suficiente)
- Alocações incorretas dos produtos
- Faltam padrões e políticas para cadastramento de produtos
- Erros de descrição de itens.

Sem um cadastro de qualidade, como se faz gestão efetiva do negócio?

Falamos em Shoppercracia, mas adotamos o GC como projeto, quando deveríamos encará-lo como PROCESSO!

Falamos em Shoppercracia, mas temos o GC como uma área, quando ele deveria ser um processo de TODOS, em que cada área tem seu papel relevante.

Falamos em Shoppercracia e GC, mas poucos são os varejistas que têm clareza em sua estratégia e proposta de valor.

Falamos em Shoppercracia e GC, mas poucos têm definição dos papéis das categorias. E menos ainda o utilizam para determinar como a mesma deve ser executada – seja para definição da política de marcas, mix, promoções, preço ou execução no ponto de venda.

Afinal, tudo deveria ser pautado pelo papel da categoria *(o que abordaremos à frente)*. Como fazer GC? Aliás, sem papel da categoria definido é impossível ter efetividade sequer na gestão de sortimento, na política de marcas, no nível de cobertura da categoria.

Do lado da Indústria não é diferente: faltam estratégias e políticas claras e específicas para diferentes modelos de negócios – não cabe mais apenas segmentar os varejos por Key Accounts e regionais ou formatos específicos por check-out, afinal, estamos na era *omnichannel*[1]. Falta conhecer mais a fundo a operação do varejo e as peculiaridades que precisam ser consideradas nas propostas de GC.

Temos uma forte orientação – práticas, políticas, processos claros e "cultura" para lançamentos, mas quais são os processos e políticas para *"delistar"*/excluir produtos?

Falamos em Shoppercracia e em implementar o GC, mas, na prática, ainda temos indústrias que brigam para introduzir o mix completo em detrimento da otimização do sortimento (sortimento inteligente).

Falamos em Shoppercracia e em implementar o GC, mas o que encontramos são pedidos incompletos/imprecisos, pedidos fora do prazo e altos patamares de rupturas em itens/segmentos relevantes, ao mesmo tempo que encontramos superestoques de produtos que não vendem. Veja o que diz estudo da Advantage Group[2].

Note no quadro a seguir que, embora *lead time (tempo entre o momento do pedido e a chegada do produto)*, *fill rate (tempo para processamento do pedido)* e pedidos precisos sejam prioridades nas agendas de varejistas de todo o Brasil, as avaliações dos mesmos sobre estes atributos estão bem aquém de patamares adequados.

---

1. **Omnichannel** – é um conceito muito usado no varejo, onde não há mais barreiras e diferenças entre lojas físicas e virtual. Trata-se de atender o cliente em qualquer momento, em qualquer lugar. Parte do contexto de que o cliente pode utilizar todos os canais simultaneamente. Exemplo: conhece o produto na internet, mas compra na loja física ou e vice-versa.

2. **Advantage Group** – empresa com mais de 28 anos de experiência em programas de benchmarking, indústria e varejo. Tem como missão facilitar e fortalecer o relacionamento entre parceiros comerciais. Possui uma metodologia única de avaliação anual e simultânea do relacionamento indústria e varejo.

   A clusterização é crucial para se obter uma adequação ótima do GC, além de uma gestão e comunicação excelentes com todos e maximizar resultados.

PRIORIDADES E AVALIAÇÃO DO VAREJO EM RELAÇÃO AOS ATRIBUTOS ABAIXO - 2016

PRIORIDADES 2016	DESCRIÇÃO	TOTAL
1	Lead Time	19
4	Fill Rate	20
5	Pedidos Precisos	21

Fonte: *Advantage Group – Resultado da pesquisa anual sobre relacionamento varejo-indústria Nota entre menos 100 e mais 100*

E novamente, onde entram "Maria Andreas e Ricardos" neste contexto?

Para fazer valer a Shoppercracia, precisamos urgentemente reconhecer e atuar sobre os pilares básicos que sustentarão nosso negócio. Ele começa por compreender a necessidade de conhecer Shoppers e Consumidores e se voltar a fazer o básico bem feito.

Precisamos reconhecer as mudanças significativas que vêm ocorrendo no cenário atual e suas implicações para o negócio, sejam nos aspectos mercadológicos, concorrenciais, culturais, tecnológicos e, sobretudo, nos hábitos e comportamento dos Shoppers e Consumidores.

Ademais, é preciso identificar "novas maneiras de fazer negócios" que facilitem a adaptação a estas novas necessidades frente a uma concorrência muito mais diversificada e de um shopper mais complexo.

E com isso, discutir como aplicar o processo atualizado de GC, tendo verdadeiramente o Shopper e Consumidor no centro das decisões, garantindo sua manutenção diante do cenário atual.

O processo tradicional do GC possui oito etapas a serem executadas, as quais serão individualmente exploradas nos próximos capítulos.

AS ETAPAS DO GERENCIAMENTO POR CATEGORIA – por ECR

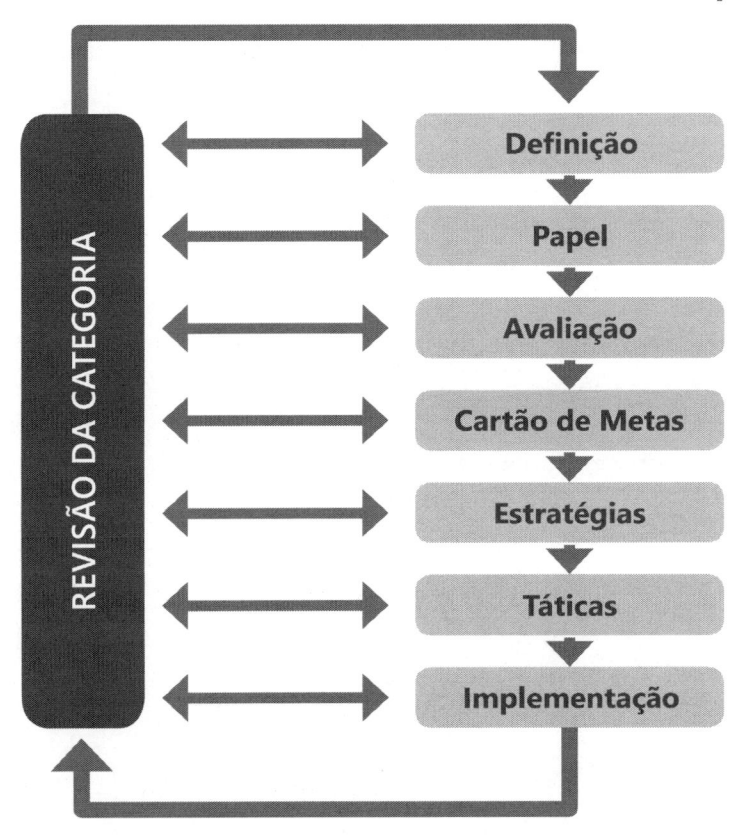

REVISÃO DA CATEGORIA ↔
- Definição
- Papel
- Avaliação
- Cartão de Metas
- Estratégias
- Táticas
- Implementação

Há quem, na busca da simplificação, o faça em 6 ou 4 etapas, enfim. Mas que, na prática, de uma maneira ou de outra, formal ou informalmente, todas as oito etapas acabam sendo consideradas. Para quem vai começar, assim como o ECR, recomendo levar em conta cada uma das oito etapas e ir passo a passo, mesmo que mais morosamente. Com isso, você vai fortalecer seu conhecimento e o da equipe, criar o GC como processo, e dar sustentação a ele.

> *"O processo original de oito passos proporcionou um conjunto simples e lógico de etapas que permitiram que a categoria fosse gerenciada como uma unidade de negócios. A ideia foi desenvolver uma metodologia simples, passo a passo, e que poderia ser aplicada facilmente"*
>
> Prof. dr. Brian Harris, chairman da The Partnering Group

POR QUE FAZER GC? VALE A PENA?

Veja a visão de diferentes profissionais do varejo e da indústria sobre a importância do GC e alguns resultados obtidos com ele.

"O GC é um processo de melhorias da gestão do negócio, principalmente na qualidade da tomada de decisão. Com ele, conseguimos traduzir as estratégias em ações que vão, consequentemente, se traduzir na cadeia de atividades e processos chegando ao cliente final. Para a empresa, além de tudo, é uma forma de identificar e qualificar os processos e, em muitos casos, é a oportunidade de criá-los e ter a real condição de atuar nas falhas e oportunidades. Não mais com um olhar macro, mas sim nas decisões estratégicas e nas correções da rota que, muitas vezes, são pequenas, mas que ao final do percurso apresentam grandes ganhos."

Eudson Freitas, gerente de Desenvolvimento de Categoria Comper – Grupo Pereira

"Mais do que vender mais e melhor, o GC te ajuda a diminuir as quebras, regularizá-las, porque, às vezes, há produtos na gôndola ou na prateleira ou cadastrado que não vendem e você deixa de ter um facing maior, um planograma melhor para aqueles que têm melhor desempenho de vendas e margem, mas têm rupturas."

Marcio Corazza Almeida, gerente de Marketing e Produtos da Kiviks Marknad - Queensberry

"O GC nos proporcionou ter uma nova forma de enxergar os produtos, que vai muito além da compra e da venda. Conseguimos ter melhor clareza sobre o que estamos oferecendo ao cliente e se isso está ajustado às necessidades dele. Como consequência, obtivemos mais organização e maior rentabilidade das categorias trabalhadas. Além disso, podemos cortar itens em excesso e incluir o que falta. E nossa expectativa é a de não abandonar mais esse processo interno e de estarmos sempre atentos às mudanças e às necessidades dos nossos clientes. Dessa forma, oferecemos o melhor, temos maior lucratividade e controle de estoques."

Vania Devigo, diretora administrativa do Supermercados Rondon

"Encaramos o GC como uma necessidade e acreditamos que é possível realizá-lo, sendo fundamental para inovar nosso negócio e agregar valor à empresa. Até porque, não importa há quantos anos sua empresa está no mercado, mas sim o que faz para que permaneça competitiva nele. E é preciso repensar nosso negócio diariamente, buscar estratégias que proporcione ao shopper tamanha satisfação que o leve a criar referências positivas de nosso negócio; não é fácil fidelizar clientes na atual conjuntura do mercado varejista."

Amanda Goulart Agostini, Trade Marketing da rede Farmácias Indiana

VEJA OS PRINCIPAIS BENEFÍCIOS DO GC

- Reduções significativas de custo e melhores resultados comerciais: aumento das vendas e do giro do estoque, aumento da rentabilidade, melhor adequação do nível do estoque
- Redução no nível de ruptura
- Maior efetividade nas ações de merchandising e marketing – orientadas para o shopper
- Aumento significativo da conveniência, comodidade e agilidade no processo decisório de compras do shopper
- Aumento da competitividade da empresa no mercado: melhor gestão de estoque, de compras e política de precificação
- Melhoria na percepção do shopper em relação a variedade, sortimento, exposição, organização e preços
- Aumento na satisfação dos clientes
- Melhoria/fortalecimento da imagem.

"Além de todos os benefícios que o GC proporciona ao negócio em si, fazer parte deste processo tem sido um enorme aprendizado, um ganho imensurável tanto profissional quanto pessoal. Ele reforça o entendimento que "feeling" pode até fazer parte da nossa atividade, mas não pode de forma alguma ser o principal fator de decisão, também mostra a necessidade de aprender, quebrar barreiras e deixar para traz certos preconceitos."

Eudson Freitas, gerente de desenvolvimento de Categoria Comper – Grupo Pereira

DEVO OU NÃO FAZER GC?

Para que o processo de GC, de fato, aconteça, é imprescindível que tanto o varejo quanto os fornecedores, atacadistas, distribuidores passem a enxergar e a executar as categorias pela ótica do shopper.

O processo em si exige recursos (monetários e humanos), tecnologia, informação, inteligência, organização e foco específicos. Tendo como pilar básico o entendimento do Shopper e Consumidor, o GC permite, de um lado, satisfazer as necessidades dos mesmos e, de outro, alavancar vantagens competitivas a custos mais baixos, por meio de maior eficiência no processo de trabalho e parceria entre varejistas e fabricantes.

Se executado de maneira efetiva, considerando os pilares básicos, o engajamento das áreas e o GC como um processo, os resultados são garantidos.

Nos exemplos abaixo, é possível observar os ganhos com o GC.

Trata-se de resultados reais do GC de um pequeno varejista no interior de São Paulo (categorias biscoito e coloração), no exemplo 1, e de um médio varejo do Rio Grande do Sul (desodorante), no exemplo 2.

Para comparação, consideramos os dados de duas lojas e seus desempenhos antes e depois do GC. A primeira é uma loja-piloto – onde o GC foi executado – e a segunda é a loja-controle – loja com as mesmas características e vendas da loja-piloto, mas sem execução do GC.

Note que em todas as categorias – biscoito, coloração e desodorante – os resultados pós-GC foram positivos. Em biscoito, um pouco mais conservador, por se tratar de uma categoria madura, com presença em mais de 95% dos lares brasileiros.

Exemplo 1

Enquanto na loja controle, a categoria biscoito apresentou desaceleração das vendas (saiu de um crescimento de 5% para 2%, desaceleração que, segundo dados da Nielsen, ocorria no total mercado na região deste varejista), na loja-piloto, as vendas saíram de um crescimento de 3% antes do GC para 5% pós-GC.

Em coloração, o crescimento girava em torno de 8% (em ambas as lojas), subiu para 22,9% (quase 3 vezes mais) e com crescimento na margem de 7 pontos percentuais. Este resultado mostra que mais do que vender volume, o varejista, em questão, vendeu valor agregado.

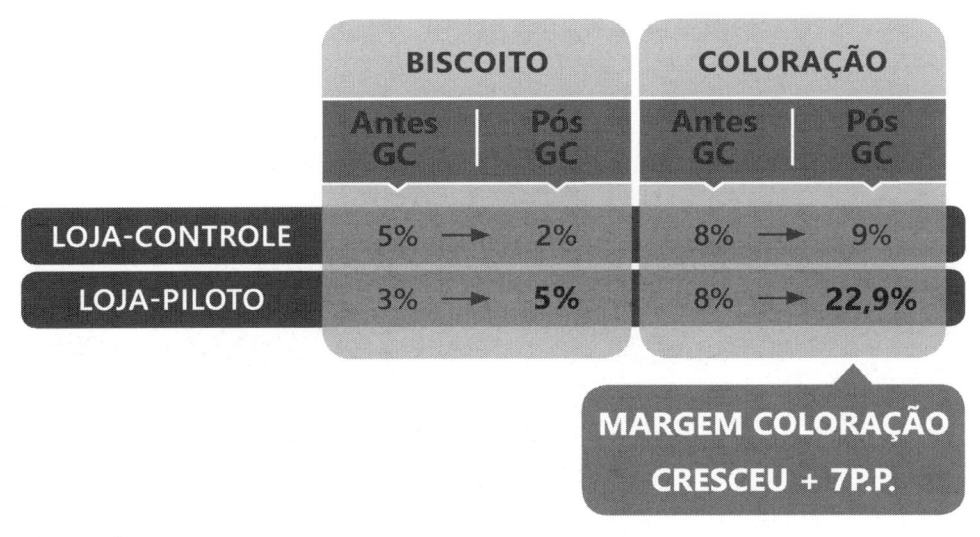

	BISCOITO		COLORAÇÃO	
	Antes GC	Pós GC	Antes GC	Pós GC
LOJA-CONTROLE	5% →	2%	8% →	9%
LOJA-PILOTO	3% →	5%	8% →	22,9%

MARGEM COLORAÇÃO CRESCEU + 7P.P.

Exemplo 2

No caso abaixo, os resultados da categoria de desodorante de um médio varejista do Rio Grande do Sul também foram surpreendentes.

Após executarmos o GC, a categoria cresceu 41% em valor, 26% em volume, com um incremento de 2 pontos percentuais de margem ao varejista. Novamente, mais do que vender volume, o varejista agregou valor ao seu negócio através de um sortimento, pricing e exposição adequados.

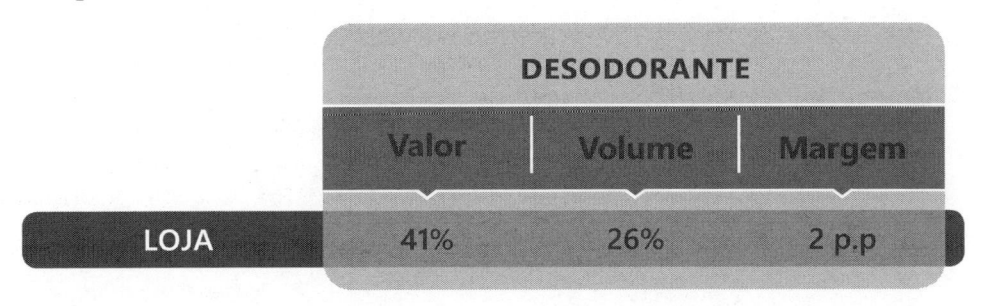

	DESODORANTE		
	Valor	Volume	Margem
LOJA	41%	26%	2 p.p

Antes do GC, crescimento em torno de 5% em valor e volume estável.

O diálogo de valor entre varejo e indústria

A indústria vê o Gerenciamento por Categoria como uma possibilidade para promover um diálogo de valor com o varejo, como uma ferramenta que estimula sair de uma relação transacional e de curto prazo. Nesse panorama, a indústria e o varejo têm papéis semelhantes, quando, de forma colaborativa e cooperativa, decidem desenvolver categorias e alcançam, juntos, um outro patamar de entrega para seus shoppers. Particularmente, não acredito em papel preponderante nessa relação.

Acredito no *triple win* (triplo ganho), em que indústria, varejo e shoppers ganham no final. A indústria ganha ensinando e aprendendo sobre a categoria que atua e desenvolvendo a mesma; o varejo ganha à medida que oferece as informações e o cenário onde passará toda transformação e conseguirá aumentar a lealdade ao seu ponto de venda; o shopper também ganhará, pois, ao ter uma experiência diferenciada e prazerosa, estará mais propenso a comprar mais.

E cada vez mais os papéis são complementares, à medida que os bancos de CRM ganham relevância na decisão de sortimento, preços e promoções, o varejo se torna detentor de informações sobre categorias que nenhuma indústria sozinha consegue ter. Entretanto a indústria aprimora ainda mais suas pesquisas sobre comportamentos e produtos que os consumidores e shoppers querem adquirir... e o shopper, que hoje pode entrar num site de busca e, após um click, ter acesso a preços, produtos, sem sair do sofá de sua casa, digamos que ele tem o poder da decisão, e o prazer de comprar vai determinar sua próxima compra.

Por Daniela Motta*

Os desafios e limitações

Essa relação ainda é muito frágil e conturbada, pois os limites de interação ainda são descritos em contratos, em contrapartidas, gerando um ambiente de desconfiança e pouca profundidade.

O desafio da relação entre os parceiros é vencido quando, após várias interações, a confiança é estabelecida, colhe-se resultados positivos e a aspiral positiva passa a girar. Daí surge mais um desafio para a consolidação do GC na indústria e no varejo: o tempo. Precisamos de tempo para estabelecer uma história juntos e, portanto, os resultados de GC, como não são de curto prazo, tendem a ser menores ou menos impactantes. O que quero evidenciar aqui, é que acreditar em uma estrutura de GC, seja na indústria, seja no varejo, exige paciência e resiliência.

No entanto, os desafios desse trabalho colaborativo também esbarrarão em escassez ou inconsistência de informações, ausência de recursos de pessoas capacitadas e qualificadas para o trabalho analítico e investigativo. Destaco, também, a fragilidade do processo como um ponto importante a ser vencido, no qual a descrição de papéis e responsabilidade entre os departamentos de GC, vendas, CMI, trade precisam estar alinhados.

*Daniela Motta é Head de Desenvolvimento de Categorias da Nestlé Brasil

O GC na visão de um cash e carry

A origem de nossa empresa foi no atacado, e neste sistema sabíamos exatamente qual era a necessidade de cada comerciante ou transformador. O próprio gestor desses modelos de negócios nos informava. Trabalhávamos focados para atender estrategicamente o cliente em determinada linha, por exemplo: de alimentos. Os itens eram definidos e até os introduzíamos baseados, nas necessidades dos mesmos.

No entanto, quando formos para o sistema *cash e carry* (também conhecido como atacarejo) ainda estávamos focados em atender o transformador, o pequeno varejo, etc. Só que com o passar dos anos e com as mudanças nos canais de venda, cada vez mais o shopper passou a frequentar nossas lojas. Independentemente de ele ir para o *hard discount*, ou para o farma, começamos a receber muito esse público, principalmente aquele que migrava do hipermercado.

Aí pensamos: se eles estão vindo para o atacado, o que eles esperam encontrar? será que as mesmas marcas que encontram no hiper? com quais condições? Será que as embalagens institucionais maiores, com preços diferenciados? Qual é a expectativa do shopper?

Foi por isso que buscamos o gerenciamento por categoria para entendê-los e para conseguir ter o mix de produto desejado, cumprindo a maior parte das suas expectativas, até porque 100% seria impossível. O *cash e carry* perderia suas características, pois trabalhamos com 6 mil a 7 mil skus, e se aumentássemos muito o mix nos tornaríamos um hipermercado.

Por Ricardo Roldão*

E aí surgiram para nós novas necessidades: como entender o que este novo cliente espera? Qual o momento de compra dele? Qual item ele quer encontrar na gôndola? e para isso precisamos de um GC minucioso, porque também não podemos esquecer o nosso shopper original, o comerciante.

Dentro dessa visão e com essa experiência, que passei a acreditar que o GC é um ser vivo, não acaba nunca. E o maior desafio é que está em constante movimento, e nesse dinamismo aumenta a necessidade de entender mais esse shopper. É preciso saber o que ele espera da gente, o que espera da indústria, o que espera de uma layoutização de loja, o que espera de uma disposição de categoria.

O GC veio pra ficar, e outra coisa, cada vez com mais acuracidade, pois é preciso planejar, executar, medir, planejar, executar, medir... e rever o que deu certo e o que não deu certo para que a gente consiga superar os desafios do mercado alimentar, que cada vez está mais nervoso e mais disputado. E quem vai ganhar o jogo não é quem vende mais barato, e sim quem usar as informações de maneira inteligente e mais direcionadas. Isso não é mais um jogo de bola de canhão, é de sniper** mesmo.

*Ricardo Roldão é CEO do Grupo Roldão Atacadista
** Sniper é um atirador de elite ou franco-atirador

CAPÍTULO 2

Fiz GC e não deu certo
Por onde começar?

Embora, para muitos, fazer GC seja apenas "organizar" os produtos nas prateleiras ou, para outros, promover ajuste no sortimento, na prática, fazer GC é algo muito mais profundo que isso.

Muitos clientes e *prospects* me perguntam: por que o GC falha? Ou: por que até hoje, no Brasil, poucos resultados foram duradouros e se sustentaram?

A primeira questão trata-se justamente das abordagens poucos fundamentadas sobre o mesmo, de interpretações equivocadas, de visão de curto prazo, de considerar o GC como um projeto, sendo que, na verdade, ele precisa ser encarado como um processo. Não se pode simplificar demais e pular etapas, é preciso implementar atividades essenciais e construir os pilares básicos que impactam o resultado, consolidam e dão sustentação ao processo como, por exemplo, os estudos de shopper, o tratamento do cadastro, o engajamento das áreas e equipes, para citar alguns.

De acordo com o prof. dr. Brian Harris, pode ser justamente esta ausência dos pilares essenciais ao GC e a busca por "simplificações" e maneiras rápidas e automatizadas de querer implementá-lo as razões pelas quais o Gerenciamento por Categoria não se firmou de vez por aqui – muitos projetos aconteceram e morreram. Veja a frase original:

"The continual search for "quick and easy, automated" ways to do Category Management and the absent of basic fundamentals has been one of the key reasons in my opinion why Brazil hasn't made any real progress intellectually or practically in developing and implementing Category Management"

Brian Harris – Palestra no ECR Brasil em 8 de março de 2017

Soma-se a isso, a falta de visão de longo prazo, ausência ou questionamentos sobre estratégia, liderança e atuação quase que única e, exclusivamente, da indústria, com pouca ou nenhuma participação do varejo.

"Pensava que GC era fazer o planograma ou a exposição na gôndola, seguindo o racional da participação em vendas de cada marca/fornecedor, pois dando mais espaço ao que mais vende o cliente encontraria aquela marca que deseja. Hoje, sei que isso é apenas uma parte de todo o processo e que o planograma é o resultado de estudos que vão muito além de ver quem vende mais em valor ou volume."

Eudson Freitas, gerente de Desenvolvimento de Categorias da rede Comper – Grupo Pereira

"Tínhamos poucas informações, e também acreditávamos que GC se baseava em planograma. Não fazíamos nenhuma gestão de itens antes, e com o Pré-GC arrumamos a casa, organizamos e revalidamos o nosso mix, o que foi atrelado ao aumento no resultado."

Valéria Devigo, diretora financeira dos Supermercados Rondon

Justamente conta de todos esses "senões", que nos últimos anos, nas minhas experiências de execução do GC, introduzi o conceito de PRÉ-GC, e minha recomendação é que, antes de aplicar a metodologia proposta pelo ECR, seja dedicado um prazo para construir os pilares básicos que vão ajudá-lo a garantir a efetividade, consistência e manutenção do GC. Talvez esteja aqui o "X" da questão, e todos os questionamentos sobre sua real efetividade e sobre sua manutenção e evolução.

A verdade é que existem inúmeras atividades que são de extrema relevância, mas que não são exploradas como deveriam nem são encontradas em nenhuma teoria ou livro a respeito, mas que comprometem totalmente o resultado.

Estas atividades são essenciais para se adotar o GC como um processo e não como projeto, e apenas após identificá-las, entendê-las e tratá-las é que se é capaz de executar um processo de GC bem feito, com resultados efetivos e duradouros.

Digo, com certeza, que são estas atividades (Pré-GC) os motores para alavancar o GC enquanto processo, tornando-o parte integrante da cultura da empresa, com resultados sustentáveis e perenes e, a seguir, as detalho uma a uma.

> *"A primeira coisa, antes de iniciar o GC, é fazer um diagnóstico sobre como está sua estrutura organizacional, principalmente, como está seu cadastro, sua estrutura de mercadoria. É preciso ter tudo mapeado, normatizado; é como um funil, vai entrar um monte de coisa errada e sair um monte de coisa errada. Agora, antes do GC, isso tudo tem que ser tratado e organizado, e faz parte de uma das etapas. É preciso ter consciência que, para o GC chegar na ponta, terá um trabalho de BackOffice muito importante. Há empresas que têm sistemas maravilhosos, mas não conseguem colocar em prática o GC porque o BackOffice ainda não se estruturou, para que realmente sejam geradas boas informações."*
>
> Celso Renato Ferreira, diretor Comercial e de Marketing do Lopes Supermercados.

QUER FAZER O GC DAR CERTO? ADOTE O PRÉ-GC

Para quem quer fazer GC, o primeiro passo é dotar-se de informação: sobre o negócio, sobre sua estratégia, sobre o mercado em que atua – o que inclui conhecimento dos concorrentes –, sobre as categorias, sobre a situação atual das lojas, sobre potenciais parceiros e, sobretudo, o conhecimento a respeito dos seus shoppers-alvo e sua jornada de compra[1].

---

1. **Jornada de compra de consumidores e shoppers** – é o mapeamento do comportamento e decisões de um segmento de consumidores/shoppers que leva em conta cada uma de suas etapas que vai desde o "desejo" por um produto/marca, até a compra e pós-compra - *Mais detalhes no livro "Meu cliente não voltou, e agora? – Ed. Poligrafia*

Neste sentido, quando iniciamos um processo de GC, seja para a indústria, varejo, atacadistas-distribuidores, a primeira atividade que executamos é o que chamo de **Diagnóstico Inicial**.

Este diagnóstico tem como objetivo realizar uma avaliação geral da empresa e suas reais necessidades relacionadas ao GC, como:

- Relevância do GC para a empresa
- Estrutura atual x possível x desejável
- Recursos (tecnológicos, financeiros e humanos)
- Cadastro e estrutura mercadológica atual e proposta de melhoria
- Disponibilidade e acessibilidade das informações
- Informações sobre shoppers e consumidores
- Entendimento das lojas e equipamentos (clusterização)[2]
- Análises Iniciais: sobre categorias, *layout* atual das lojas que passarão pelo processo, avaliação da circulação do shopper, avaliação dos planos e fundamentos para cada solução ou categoria que se pretende gerenciar
- Identificação da situação atual. Do lado do varejo: políticas de marca, políticas de introdução e exclusão; situação e perfis das lojas; programas de treinamento e engajamento da equipe; gestão do abastecimento e gestão comercial – sortimento, preço, promoções, entre outros. Do lado da indústria: entendimento da categoria, shoppers, canais, identificação das políticas de canais/modelos de negócios, história da categoria, entre outros
- Identificação de potenciais parceiros estratégicos e definição de níveis de parceria.

Se o GC partir da indústria, é importante ter conhecimento sobre os potenciais clientes varejistas que executarão o GC em parceria, incluindo aspectos operacionais, equipamentos, equipe, estratégia, papel da categoria, entre outros. Se for do varejista, identificar e colaborar com os fornecedores estratégicos que entregam as categorias essenciais para as suas missões de compra mais importantes e, com isso, definir como criar uma plataforma de crescimento conjunto para aprimorar a oferta direcionada a grupos específicos de shoppers e missões.

Neste ponto, vale um parênteses sobre o papel do atacadista-distribuidor também.

De acordo com estudo realizado pela Connect Shopper em 2014, temos que:

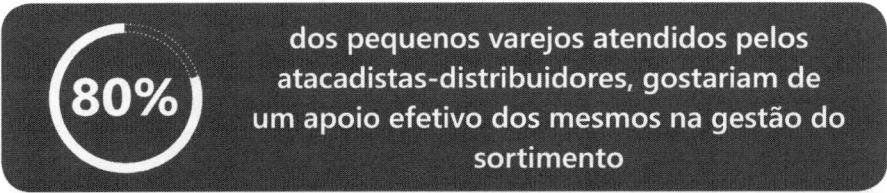

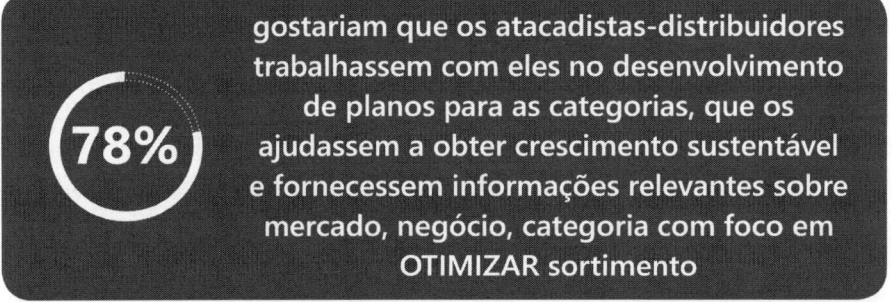

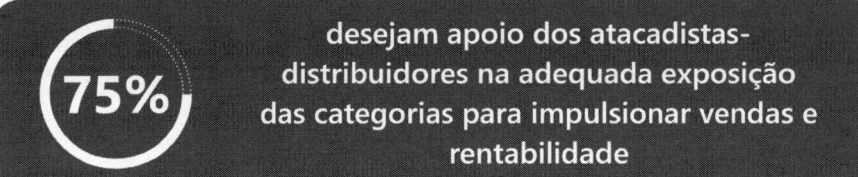

- **80%** dos pequenos varejos atendidos pelos atacadistas-distribuidores, gostariam de um apoio efetivo dos mesmos na gestão do sortimento

- **78%** gostariam que os atacadistas-distribuidores trabalhassem com eles no desenvolvimento de planos para as categorias, que os ajudassem a obter crescimento sustentável e fornecessem informações relevantes sobre mercado, negócio, categoria com foco em OTIMIZAR sortimento

- **75%** desejam apoio dos atacadistas-distribuidores na adequada exposição das categorias para impulsionar vendas e rentabilidade

E por que esta demanda? Diferentemente dos varejistas atendidos diretamente pelas indústrias, que esperam da própria indústria apoio nestas atividades, o pequeno varejo tem o atacadista-distribuidor como o seu fornecedor regular, para boa parte de seu sortimento, e precisa deste apoio na condução desta melhoria de gestão.

---

2. **Clusterização** - agrupamento de lojas com características similares. Cada loja possui características próprias, embora seja possível definir, por uma seleção de variáveis, grupos de lojas similares. Muitas são as variáveis que podem ser consideradas, depende completamente de cada negócio, faturamento, tamanho, localização, número de modulares, perfil de cliente, missão de compra, entre outros. A clusterização é crucial para se obter uma adequação ótima do GC, além de uma gestão e comunicação excelentes com todos e maximizar resultados.

Há uma grande expectativa do pequeno varejo em relação ao papel do atacadista-distribuidor; que ele deixe o papel de "vendedor" para o de "consultor" e promova:

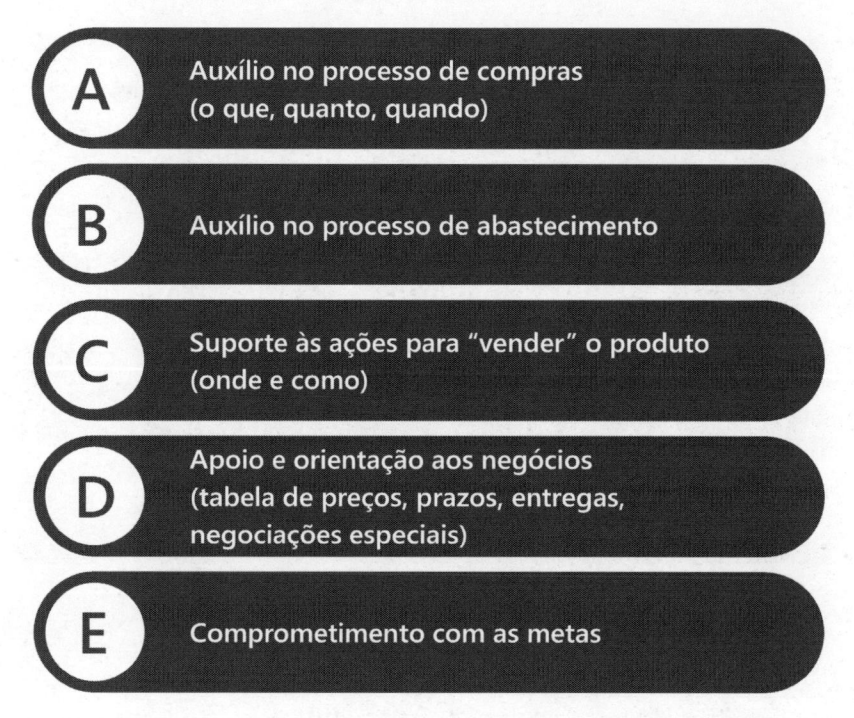

- **A** — Auxílio no processo de compras (o que, quanto, quando)
- **B** — Auxílio no processo de abastecimento
- **C** — Suporte às ações para "vender" o produto (onde e como)
- **D** — Apoio e orientação aos negócios (tabela de preços, prazos, entregas, negociações especiais)
- **E** — Comprometimento com as metas

Saiba mais sobre o GC no Pequeno Varejo à frente, no capítulo 4

ALGUNS ASPECTOS LEVANTADOS NO DIAGNÓSTICO INICIAL

Os temas listados anteriormente são essenciais para a construção e consolidação do plano de GC – se ele não estiver no DNA das empresas e todos orientados a isso, o processo estará fadado ao fracasso.

A necessidade de se ter o GC incorporado ao DNA da empresa exige, em muitos casos, mudanças diversas, sobretudo, culturais. E é justamente em função da magnitude e dimensão destas mudanças que, sem dúvida, por vezes, o GC não deslancha.

DO LADO DO VAREJO	DO LADO DA INDÚSTRIA
Adotar o GC como projeto e estar inserido na estratégia	
Mudanças Culturais	
Engajamento da equipe e clareza na definição dos papéis das diferentes áreas no GC – matriz de relacionamento e responsabilidades	
Informação para tomada de decisão	
Clareza de propósito	Conhecimento da categoria e shopper
Cluster de Lojas	Conhecimento do varejo e suas particularidades e clientes – políticas específicas para "modelos de negócios"
Conhecimento do público-alvo	
Busca de parceiros estratégicos	
Construção de projetos conjuntos	
Cadastro	
Abastecimento (ruptura x superestoque)	

São mudanças que vão desde questões mais estruturais – sistema, cadastro – a mudanças comportamentais e atitudinais – mudar a maneira como fazemos as coisas –, e estas são as mais complexas a serem executadas.

A complexidade ocorre, sobretudo, no sentido de "transformar pessoas". Daí a importância de engajar, capacitar e formar a equipe.

Neste aspecto, sempre que inicio um processo de GC, uma das primeiras atividades é aplicar um Workshop de Engajamento com a Equipe, no qual discutimos o que é o GC, por que fazer, dinâmicas sobre como executá-lo e os porquês, e, sobretudo, explorando a fundo o papel de cada área nele – este tema é tão crítico que discutiremos o mesmo à frente.

Gargalos e falhas encontrados no Pré-GC

Por Leonardo Miyao*

Ao executar o GC, uma das principais constatações é justamente sobre a necessidade de verificar de forma aprofundada, antes de qualquer passo, quais são os gargalos e falhas de cada área.

Na teoria, até parece fácil, mas, na prática, não é tão simples, pois há a cultura de cada empresa e de cada área. É muito difícil uma área que sempre tomou decisões baseadas em suas próprias premissas se adaptar a outras.

No início, para cada uma das áreas envolvidas com o GC é difícil aceitar que uma nova área está dando as coordenadas. Há certo descrédito e medo dos resultados caírem. E isso pode ocorrer, principalmente, por conta dos gargalos que são identificados, como rupturas, processos desalinhados, falta de foco no shopper, etc. Daí a relevância em engajar todos no processo. Deixar claro o papel de cada um para que o GC aconteça.

E pode ter certeza que esta parte é essencial, passada a etapa das incertezas, quando as responsabilidades estão bem definidas em cada área, o GC caminha e os resultados surgem.

*Leonardo Miyao é diretor comercial do Grupo Pereira

Mas o que esperar das principais partes envolvidas (varejo e indústria) no processo de GC, ou melhor, de Pré-GC? Vamos ver:

VISÃO VAREJO

Do **varejo**, se espera visão empreendedora, comprometimento com o processo, disponibilidade de compartilhar informações, cumprimento de prazos, e clareza de propósito, já que todo o plano do GC será pautado pela estratégia do varejista e de seu público-alvo.

Clareza de Propósito

Ter clareza da proposta de valor (estratégia), da missão de compra, do público que se pretende atender, seu comportamento, anseios, necessidades, processo de compra e decisão, e das estratégias e táticas sobre como atendê-lo fazem parte do Pré-GC. Ou seja, saber qual a sua proposta de valor, posicionamento, limitações e potencialidades ajudarão a consolidar todo o processo – do planejamento à execução –, e é o **primeiro passo** a ser dado se quiser garantir a manutenção do trabalho.

Qual sua proposta de valor?

(Diagrama circular: SEU NEGÓCIO - Propósito (Posicionamento), com setores: Preço, Proximidade/Conveniência, Experiência Única, Sortimento, Serviço)

Fonte: *Olegário Araújo – Inteligência de Varejo*

Mesmo que haja quem diga que o varejo é o segmento mais democrático que se tem referência – qualquer um pode entrar, comprar, pagar e sair com produtos e serviços –, é impossível fazer tudo para todos. Se você persistir em querer atender a todos, da mesma maneira, oferecer a melhor experiência de compra e, ainda, aumentar/potencializar a sua capacidade de gerar vendas e lucro, você será levado a caminhos tortuosos. Lembre-se: "Quem deseja fazer tudo para todos, não faz nada muito bem para ninguém".

Assim, se quiser garantir resultados efetivos e sustentáveis, tenha uma gestão pautada pela sua estratégia e pelo conhecimento do seu shopper-alvo. Defina, portanto, com clareza o que você quer ser e para quem.

VISÃO FORNECEDOR

Do fornecedor se espera que seja imparcial, tenha foco no desenvolvimento da categoria e não da marca, tenha compromisso e comprometimento com o processo, com prazos e resultados e, sobretudo, maior conhecimento das estratégias e operação do varejo.

Para que o GC possa sair do papel e sobreviver, uma atividade de extrema importância a ser incorporada e/ou maximizada pelas indústrias é a busca de maior integração com seus parceiros varejistas, onde desejam executar o GC. É de extrema relevância conhecer o varejista e seus shoppers, bem como a estratégia e os objetivos deste varejista com a categoria, o papel da categoria na visão do mesmo, suas particularidades em termos de operação, sua capacidade de absorção da proposta, entre outros.

> *"É imprescindível que o GC faça parte do planejamento estratégico da empresa – se não fizer, não vai conseguir ter os problemas solucionados (a falta de comprometimento, envolvimento, investimento, planejamento, execução). É preciso definir indicadores e que estejam vinculados ao planejamento estratégico, monitorar os resultados e ações e atrelá-los às metas da equipe. Com isso, é possível: dedicar recursos (monetários, tecnológicos e humanos – departamento ou pessoa/equipe dedicada); realizar uma gestão eficiente do portfólio/mix eficiente – por canal/modelo de negócio,*

avaliando nosso cliente, e o cliente de nosso cliente, para garantir o produto certo, no cliente certo. Está aí o motivo de o GC ter duas visões: uma estratégica e uma tática."

Cristiano de Moraes, diretor comercial da Queensberry

É preciso inserir o varejo no processo de GC, fazê-lo a quatro mãos. É preciso ouvir os varejistas para adequar sua proposta às reais necessidades e particularidades dos mesmos, antes de levar um plano já fechado e sindicalizado.

"Muitas vezes recebo propostas das indústrias para ser um parceiro na jornada de implantar GC, mas, quando nos mandam o planograma, está fora da realidade da nossa loja ou do nosso público."

Varejista de uma rede regional do interior de São Paulo

"Outro dia estávamos desenvolvendo o GC de uma categoria de perfumaria com determinado fornecedor e ele próprio desenhou o planograma sugerindo 12 itens de determinado produto da marca dele, mas a caixa que ele me entrega vem com 16 produtos. O que eu faço com os quatro restantes? Se eu devolver para o depósito, será perda, pode apostar."

Varejista do Mato Grosso do Sul

"Veio aqui uma indústria querendo fazer GC conosco em hair (cuidados com os cabelos). Trouxe um monte de dados valorizando a sua marca, e quando a questionamos sobre a árvore de decisão do shopper e pedimos para ela informações a respeito, desconversou e deu várias desculpas."

Gestor de categoria de uma rede média da Grande São Paulo

Estas são algumas das inúmeras situações que vivenciamos, regularmente, na prática ao desenvolvermos GC. Mas vamos seguir em nossas atividades essenciais do Pré-GC.

Após a finalização do diagnóstico inicial e da apresentação dos resultados, desenhamos, juntamente com as empresas, o plano de ação detalhado para cada atividade do Pré-GC.

Alguns temas abordados acima são tão críticos ao varejo e ao GC que dedicarei um bloco específico a cada um. Diria que no mínimo são oito as atividades essenciais do Pré-GC que sustentam a efetividade do processo como um todo, e que abordaremos na sequência.

O PASSO A PASSO DO PRÉ-GC

- **1º** DIAGNÓSTICO INICIAL
- **2º** WORKSHOP DE ENGAJAMENTO
- **3º** CONHECIMENTO DO SHOPPER
- **4º** GERAÇÃO DE INTELIGÊNCIA – DE DADOS A INSIGTHS – LEVANTAMENTO DE INFORMAÇÕES E ANÁLISES PRELIMINARES
- **5º** TRATAMENTO DA BASE – CADASTRO E ESTRUTURA MERCADOLÓGICA
- **6º** MATRIZ DE RESPONSABILIDADES – PAPEL DE CADA ÁREA NO GC
- **7º** ABASTECIMENTO: DIGA NÃO À RUPTURA
- **8º** SELEÇÃO DE PARCEIROS ESTRATÉGICOS E NÍVEL DE PARCERIA

Tudo é uma questão de entendimento e foco

Por Gustavo Leitão*

Nas indústrias, assim como no varejo, o GC ainda é uma área que está amadurecendo, temos algumas grandes empresas que, já entendem o poder do GC e extraem muito dessa área. Há também outras que, embora já entendam, têm grandes dificuldades para colocar em prática o processo efetivamente (pressões comerciais e falta de gente preparada são alguns dos motivos). E temos ainda empresas resistentes, que não entendem os benefícios da área e simplesmente a encaram como um suporte operacional para desenvolvimento de planogramas. Essas estão fadadas ao fracasso.

Gostaria de compartilhar com vocês algumas experiências de minha vida profissional que refletem um pouco do que entendo sobre o GC. Há algum tempo eu iniciei um novo desafio e, na empresa em questão, o cenário era o seguinte: Crescer e crescer! Tratava-se de uma empresa com marcas populares, que buscava, a todo custo, firmar sua imagem no mercado e conquistar *share*. Para isso, aceitava tomar medidas rápidas e nem sempre embasadas suficientemente. Até aí, tudo bem, são estratégias! Às vezes é melhor dar 5 tiros e acertar 2, do que gastar tempo mirando muito para acertar de primeira. Depende do que é foco para você. Custo das balas *vs* eficiência (acertar o alvo no menor tempo possível). Com isso a área de GC tinha como meta atingir X números de projetos por ano, o que impactava na variável do time. Interessante, não?

O resultado é que o time criou soluções altamente replicáveis e literalmente dominou os mercados que eram foco para a companhia em pouquíssimo tempo. No curto prazo, os resultados eram incríveis, mas no médio e longo prazo as consequências foram chegando. A área começou a perder credibilidade nos clientes, pois não dava sequência aos projetos iniciados. A mensuração de resultados era falha, medidas preventivas como ajuste de parâmetro e proteção aos investimentos de visibilidade não foram tomadas e o *turnover* (rotatividade de pessoal) rolava solto. Enfim, uma situação muito difícil, e lá estava eu, disposto a dar seguimento em todos os projetos da empresa. É aí que mora o perigo! Os históricos e controles de resultados (*Scorecards*** / Base de Dados) estavam incompletos e sem padrão entre clientes e categorias.

Com as pessoas, foi-se quase tudo o que estava acordado – não existiam controles padronizados e, nos clientes, o efeito do *turnover* era o mesmo e, de uma forma geral, tudo o que aconteceu no passado ficou no passado, restando apenas os projetos de visibilidade espalhados pelo mercado, muitos deles sem papel claro. Havia clientes que desrespeitaram as estratégias adotadas, e não tínhamos os contratos de confidencialidade nem de projeto atualizados e, por isso, pouco podíamos fazer.

O desafio era manter o atendimento de todos os clientes e, em paralelo, sem deixar nada cair do prato, criar processos para padronização de análises, segmentação de categorias, estudos de shopper e mapeamento de oportunidades reais (de potenciais clientes) no mercado. É um processo longo, que só foi possível graças a uma conversa franca com a liderança da empresa e o envolvimento de todo o time.

Entende quanto tempo foi "perdido", patinando com os clientes para, enfim, conseguir construir relações sólidas de parceria? Aliás, parcerias sólidas são o que, de fato, o GC deve fazer... Isso é shoppercracia ... Na prática, ainda hoje, varejo e indústria se apegam a processos falhos desenvolvidos por pessoas que já não fazem parte de seus times, que tinham motivações que faziam sentido na época, mas hoje já não faz mais. "Nós precisamos manter os compromissos acordados com os parceiros da indústria e nosso posicionamento". Indústria: "nós precisamos honrar os compromissos acordados por nosso time no passado".

O mercado é dinâmico e não perdoa. Uma grande rede, que sempre foi a grande referência de processo ideal de GC, passa atualmente por um momento de reestruturação (2017). Alguém duvidava disso? O processo adotado até aqui é lindo (modelo ideal) e, sem dúvida, o mais bem idealizado em andamento no mercado brasileiro. Mas como exigir e impor um modelo de trabalho desenhado para mercados desenvolvidos aqui no Brasil, com praticamente nenhuma adaptação?

Não funciona! Querer fazer o mesmo, mas com profissionais em sua maioria de baixo crivo analítico, com salários pouco atrativos, em um mercado onde a cultura do GC ainda está sendo estabelecida – não dá! Só empresas multinacionais, com profissionais bem qualificados, que conhecem os processos praticados em outros mercados conseguem se enquadrar nos processos. A grande maioria não sustenta a parceria e leva a relação como um projeto que passa de mão em mão e não atinge um resultado consistente.

Na minha visão, os profissionais de GC precisam sempre trabalhar para que as parcerias sejam processos claros e bem estabelecidos. Tudo deve ser formalizado e documentado – e as etapas do GC (...as 8 etapas mesmo, clássicas e base do GC, desenhadas pelo Brian Harris) devem ser levadas em consideração, para que os resultados de médio e longo prazo aconteçam.

GC não é trade canal/categoria! GC não deve basear-se em projetos de visibilidade, GC não deve ser simplesmente ferramenta de curto prazo para "agradar" cliente. GC pode, e deve, apoiar outros times dentro da companhia, pois possui um olhar crítico e abrangente das categorias, mas isso não pode tornar-se função-fim da área e, sim, um algo a mais.

* Gustavo Leitão é coordenador de Trade marketing e Gerenciamento de Categorias da Seara

*** **Balanced Scorecard** – é uma sigla que, traduzida, significa Indicadores balanceados de desempenho. É uma metodologia de medição e gestão de desempenho desenvolvida pelos professores da Harvard Business School (HBS) Robert Kaplan e David Norton, em 1992.*

Pressupõe que é necessário monitorar, além de indicadores econômico-financeiros internos, desempenho de mercado, clientes, processos, entre outros. No GC é de extrema relevância para a gestão efetiva de todo o processo e de um monitoramento efetivo para avaliar se as decisões tomadas atenderam, de fato, às necessidades do shopper e trouxeram resultados.

Segundo Gustavo Leitão, é importante para o controle interno da área que todas as informações de clientes se concentrem em um único lugar. O que pode gerar até uma grande vantagem competitiva. Há vários modelos de Scorecard, abaixo uma matriz sobre o conteúdo básico para elaboração do mesmo:

SCORECARD

Ambiente de Varejo (Canais)
(Key Account, Regionais)
Cadeias
Bandeiras

→ **PERÍODO** → **CATEGORIA SOLUÇÃO** → **INDICADORES** → **COMPARATIVO MERCADO**

Dentro de uma quebra de ambiente de varejo, pode-se consultar as informações de cada cliente parceiro (formatos, bandeiras, regiões)

Categoria
Família
Grupo
Sub Grupo
Segmento
Marca
Segmento
Embalagem

Básicos:
Vendas Valor
Volume
Rentabilidade
Se possível:
Transação
Penetração
Frequência
Cupom

Devemos sempre considerar as informações de mercado (ex.: Nielsen)

Além de apresentar e explorar as informações sobre o negócio é importante ter o controle das diferentes etapas do processo. Assim, faz-se necessário um cronograma que contemple além dos prazos e atividades, os responsáveis e contatos nos clientes / parceiros e qual o pacote de entrega acordado (nível de informação e serviço e frequência de visitas). Devemos considerar ainda a documentação os planogramas acordados que refletem as estratégias de exposição das categorias para cada cluster, análises Adhoc (arquivos com a base de todas as informações disponíveis desagregadas), One Page (sumário executivo/ resumo geral do negócio). Veja desenho abaixo.

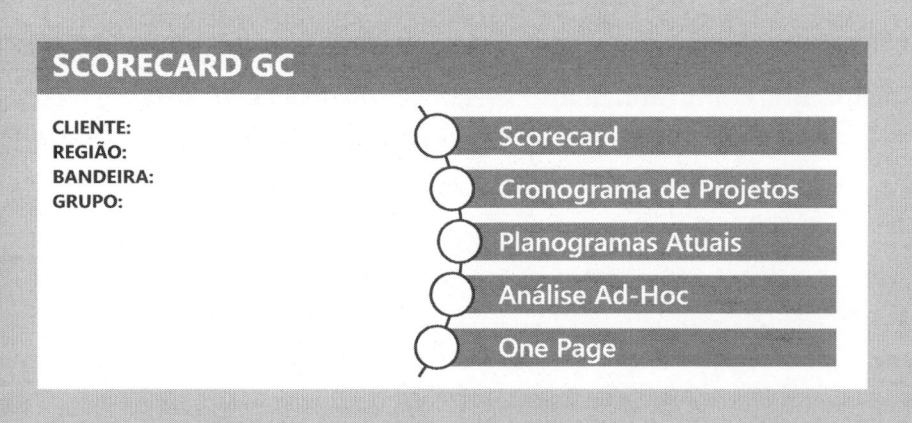

SCORECARD GC

CLIENTE:
REGIÃO:
BANDEIRA:
GRUPO:

- Scorecard
- Cronograma de Projetos
- Planogramas Atuais
- Análise Ad-Hoc
- One Page

2.1
Por que conhecer o cliente é crucial?

Que conhecer o shopper e consumidor, seu perfil, seus hábitos, comportamento, seus desejos e necessidades, seu processo de compra e tomada de decisões, é essencial para o desenvolvimento de estratégias e táticas que permitam maior efetividade nas ações, ninguém tem dúvida.

Mas por que, ainda, este tema é tão pouco explorado e efetivo? Por que pouco se investe nesta busca de conhecimento e uso destas informações para desenvolver ações mais direcionadas?

Na prática, do desenvolvimento de produtos, embalagens, comunicação, mídia, de abertura de lojas, layoutização, sortimento, promoções, entre outros, **tudo**, sem exceção, deveria ser pautado pelo shopper e consumidor.

> *"O shopper é o cara que está ali comprando a solução, e o consumidor, que pode ser ele ou não, estará aguardando suprir sua necessidade. Teremos que aprender, sempre, com esses dois. Por um lado, como a gente atrai um para loja, e de outro, como entrega uma solução para o consumidor final."*
>
> Celso Renato Dias Ferreira, diretor comercial e de Marketing da rede Lopes Supermercados

Assim, o primeiro passo seria identificar quem são eles, suas características sociais e demográficas, estilo de vida, hábitos e comportamento ao ir às compras, atitudes no PDV, características familiares, valores, identificar o que compram, quando, as possíveis razões da compra e da não compra, suas diferentes escolhas e missões. Pilares básicos para desenhar estratégias e táticas efetivas para atração, engajamento, conversão e retenção.

A grande questão é que para se conhecer, de fato, o cliente exige-se investimentos: recursos monetários, tecnológicos, humanos, de tempo. Exige-se, também, metodologia e processo que vão desde o planejamento à execução de estudos, pesquisas, análises. E, por fim, pessoas capacitadas, treinadas para transformar dados em insights acionáveis.

"Sempre digo que o GC é algo vivo, porque a cada dia o consumidor está mudando e exigindo mais."

Celso Renato Ferreira, diretor da rede Lopes Supermercados

Hoje, contamos com inúmeras ferramentas e metodologias para lidar com a complexidade no entendimento do comportamento do shopper e consumidor.

Aos tradicionais métodos de pesquisa como, por exemplo, entrevistas pessoais, grupos de discussão, observação no ponto de venda, somam-se técnicas mais modernas e novas ferramentas que têm como objetivo obter maior precisão e consistência nos estudos de shopper, além de agilidade nas entregas e facilidade nas análises e aplicações.

> ### ALGUMAS TÉCNICAS INOVADORAS PARA ESTUDOS DE SHOPPER
>
> **Neuromarketing** – estuda a essência do comportamento do consumidor. Procura entender os desejos, impulsos e motivações das pessoas através do estudo das reações neurológicas a determinados estímulos externos.
>
> **Eye Tracking** – óculos especiais que permitem saber para onde, de fato, o shopper está direcionando seu olhar enquanto circula pela loja, corredores e prateleiras.
>
> **Identificação por radiofrequência** – para garantir a rápida reposição de itens na área de vendas, identificando as movimentações dos produtos das lojas por meio de "etiquetas inteligentes".
>
> **Simuladores de Lojas 3D** – através de sistemas de computadores, simulam uma loja em 3D, na qual os consumidores andam como se estivessem na loja e compram por meio de um painel *touch screen*. Esta técnica é muito usada para o desenvolvimento de planogramas, ações promocionais e materiais de ponto de venda, por exemplo.
>
> **Ferramentas de CRM** – análises das transações e dados de programas de fidelidade.

Informações de check-outs – ajuda a entender o potencial para promoções, vendas cruzadas e fidelidade dos clientes às marcas e permite criar modelos para desenvolver ofertas mais efetivas.

Pesquisas em tempo real – metodologia aliada à alta tecnologia, e com um preço acessível, com a qual pode-se obter maior agilidade e rapidez em pesquisar e medir as ações do shopper, envolvendo pesquisas de preços, comportamento do shopper no PDV, auditorias de execução, entre outros.

Estudos de árvore de decisão – descreve o processo mental de escolha do shopper sobre um produto.

Seja qual for a ferramenta, a técnica e/ou metodologia escolhidas, das mais tradicionais às mais sofisticadas, o importante é ter clareza no objetivo e no propósito para garantir o resultado esperado e a efetividade do uso.

Fonte: *Extraído e adaptado do livro "Meu cliente não voltou, e agora?" Fátima Merlin. Editora Poligrafia 2014*

QUAL A DIFERENÇA ENTRE CONSUMIDOR E SHOPPER? POR QUE DIFERENCIÁ-LOS?

Até pouco tempo, considerávamos consumidor tanto aquele usuário dos produtos quanto quem ia ao ponto de venda e decidia a compra para quem consumia/utilizava um produto. Reconhecer as diferenças entre os papéis e atitudes de cada um ajuda a direcionar ações específicas, já que, em muitos casos, podem ser pessoas distintas, que assumem papéis muito específicos e, portanto, exigem ações diferenciadas.

Enquanto na decisão do consumidor os protagonistas são o produto em si, a marca, os benefícios que a mesma entrega, para o shopper ganha peso na decisão os aspectos relacionados à experiência de compra, e, neste processo, devemos considerar toda a jornada de compra, que vai desde o deslocamento até a loja, disponibilidade do produto, informação como apoio à tomada de decisão, interação com o ambiente, exposição, até a compra em si.

E COMO GERAR INSIGHTS ACIONÁVEIS SOBRE SEU SHOPPER?

Ao entender o que influencia o shopper e suas decisões, é possível gerar "*insights*", ou seja, "descoberta específica" sobre seu comportamento, com o objetivo de desenvolver ações direcionadas e efetivas (de valor e diferenciadas) para influenciar as suas decisões no ponto de venda e inspirá-lo a comprar mais e melhor.

> **FATORES QUE PODEM INFLUENCIAR AS DECISÕES DOS SHOPPERS**
>
> Desde o ambiente em si, a organização da loja, a exposição dos produtos, a comunicação, a sinalização, a disponibilidade do produto, promoções, embalagens, serviços diferenciados, ações de marketing e merchandising no ponto de venda, entre outros.

Para gerar *insights* relevantes sobre o shopper, portanto, faz-se necessário a busca de informações e análises cruzadas de várias fontes (dados internos e externos sobre a cesta de compra, comportamento, atitudes no ponto de venda, perfis, entre outros). Trata-se de buscar informações sobre:

QUEM – identificar quem é o cliente. Perfil, características sociais e demográficas, estilo de vida, atitudes no ponto de venda, missões, tc.; permite explorar segmentos específicos e desenvolver ações direcionadas

O QUE – identificar o que o shopper compra (cesta de compra). Permite explorá-la, identificando superposição de categorias e oportunidades de oferecer soluções personalizadas, categorias complementares; organizar melhor os setores e gôndolas, executar ações de *cross-merchandising*, entre outros

QUANDO – identificar o período da semana e do mês, bem como horários em que o shopper realiza suas compras. Permite aprimorar os processos de abastecimento/distribuição, garantir disponibilidade do produto e/ou da marca desejada, minimizar rupturas, desenvolver ações promocionais, entre outros

OS POR QUÊS e NÃOS – identificar as possíveis razões da compra e não compra e das escolhas. Permite identificar que atributos/estímulos influenciam a compra e decisões, quais seus critérios de escolhas do canal/loja (variedade, localização, preço/promoção, etc.), e critérios para escolha do produto/marca (preço, exposição, embalagem, etc.)

COMO – identificar como os clientes se comportam quando vão às compras, considerando cada uma das etapas de sua jornada de compra. Identificar a frequência, o tíquete gasto por ocasião, a compra média, as diferentes ocasiões de compra e/ou consumo, tipo de compra (planejada ou não), entre outros.

Somente a partir deste conhecimento – integrando diferentes fontes e dados – é que é possível gerar *insights* relevantes e acionáveis para estabelecer ações diferenciadas e direcionadas para influenciar positivamente o shopper a favor da marca e da loja.

Os resultados obtidos através de insights são expressivos e eficientes, se bem estruturados, com metodologia e processos adequados. E, adicionalmente ao crescimento de vendas e margens, agregam valor à loja, à marca e ao cliente, melhorando sua satisfação e a retenção do mesmo.

MAS ATENÇÃO: DIFERENTES CLIENTES, DIFERENTES NECESSIDADES

Cada um de nós é único; temos nossos próprios valores, crenças, cultura, modo de ser e de enxergar as coisas, nossas particularidades. E o que é bom para um, não o é, necessariamente, para o outro. Portanto, o grande desafio é tratar clientes diferentes de maneiras diferentes. Torna-se imprescindível segmentar a base de clientes.

Podemos segmentar nossos clientes levando em consideração diferentes aspectos, individualmente e, até mesmo, conjuntamente, a saber:

A. **Características sociodemográficas** – segmentar de acordo com a classe social, faixa etária, gênero (masculino e feminino), ciclo de vida (pessoas morando sozinhas, casais sem filhos, casais com filhos pequenos), entre outros.

B. **Estilo de vida** – segmentar levando em consideração a maneira com que as pessoas vivem e/ou se relacionam; exemplo, se prati-

cam ou não esportes, os hobbies que possuem e/ou os eventos que frequentam.
C. **Hábitos de compra** – considerando tíquete e frequência de compra, tempo gasto, itens/quantidade comprada, etc.
D. **Atitudes** – segmentar considerando as reações das pessoas mediante situações específicas. Uma segmentação atitudinal em relação ao ponto de venda, por exemplo, pode mostrar pessoas que decidem as compras orientadas a promoções, outras por preço baixo, as que buscam brindes, as orientadas a marca, etc.

Veja exemplo a seguir, considerando atitudes no PDV.

DIFERENTES PERFIS DE SHOPPER
(Segmentação atitudinal)

SÃO APRESSADOS — 21%
alto grau de concordância nas questões de rapidez, praticidade e organização

SÃO DECIDIDOS — 15%
baixa suscetibilidade a mudanças, sabe o que quer e age de forma racional

SÃO OBSERVADORES/ ANALÍTICOS — 22%
alto grau de concordância com temas relativos a informações

SÃO EXPERIMENTADORES — 24%
alto grau de concordância em relação a inovações e lançamentos

SÃO BUSCADORES DE PREÇO/ PROMOÇÃO — 18%
preço é o fator mais importante na decisão

Fonte: *Kantar Worldpanel - Revista SuperHiper*

Cada grupo possui suas particularidades em relação a produtos, marcas e canais, portanto, exige estratégias e táticas específicas.

CASO DE SUCESSO

Uma rede varejista de São Paulo, estudando seus clientes, criou uma segmentação considerando o valor gasto, a frequência e o tíquete de compra, chegando a três grandes grupos:

Segmento 1 – clientes de maior valor – alta frequência e alto tíquete – demandam grandes quantidades de produtos e serviços – o que justifica um tratamento diferenciado.

20% dos clientes respondem por 65% do valor

Palavra de ordem: **Reter**

Todos os varejistas possuem clientes de maior valor. E embora possam estar em seu limite de compras com sua empresa, é importante uma política especial de relacionamento, pois perdê-los poderia ser um grande prejuízo.

Segmento 2 – clientes de alto potencial – compra esporádica, baixa frequência – têm seu valor, mas compram com frequência nos concorrentes, dedicando boa parte do orçamento lá.

Devem ser conquistados através de ações especiais e de uma política de relacionamento e atendimento diferenciada.

30% dos clientes respondem por 25% do valor

Palavra de ordem: **Desenvolver/explorar**

Segmento 3 – clientes ocasionais – baixo tíquete e baixa frequência, sem perspectivas de melhoria.

Não significa que devem ser eliminados, porém não devemos direcionar esforços e/ou implementar ações especiais.

50% dos clientes respondem por 10% do valor

A partir desta segmentação, e do entendimento do perfil de cada grupo, foi possível determinar políticas e desenhar ações mais direcionadas para trabalhar cada segmento.

Ao grupo 1, de maior valor, o foco foram ações para retenção – neste caso, introduziu-se itens relevantes e que não faziam parte do mix; executou-se campanhas personalizadas, presenteando os mesmos em datas comemorativas (bolo para o aniversário, cestas de Natal, ovos de Páscoa, entre outros mimos). Foi lançado, também, um programa de fidelidade com prêmios bem interessantes. A retenção chegou a 98%, o tíquete médio aumentou 18% e a rentabilidade sobre a cesta deste grupo aumentou 3 pontos percentuais.

Ao grupo 2, cujo o desafio era estimular a recompra e o aumento do valor da transação, com o gerenciamento por categoria foi possível a revisão de mix, e a oferta de "soluções" direcionadas, ampliando o tíquete médio. No grupo de homens, por exemplo, com a solução "cuidado com a barba", aumentou o tíquete médio em mais de 40%, ampliando receita e lucratividade.

Outra forma de segmentar é levar em conta a Missão de Compra, que tem como base o tamanho da cesta, número de categorias compradas, valor do tíquete, entre outras questões.

No caso do autosserviço, as missões de compra mais comuns são:

- Consumo imediato ou urgência
- Necessidade específica, conveniência, ocasiões especiais
- Reposição
- Abastecimento ou despensa.

É a missão de compra do shopper que definirá a escolha do canal. Diferentes missões possuem diferentes atributos para a escolha, como, por exemplo, variedade, promoções, conveniência, preço, diferenciação, localização, proposta de valor, entre outros.

Conhecer a missão de compra do shopper que predomina em um ponto de venda é uma das mais importantes segmentações da atualidade. Ela auxilia o varejista na melhor ambientação e layout da loja, nas ações de comunicação, no posicionamento de preço e, até mesmo, na negociação com os fabricantes sobre o melhor sortimento em termos de itens, embalagens, packs/combos, entre outros. Da mesma forma, orienta a indústria sobre a melhor proposta de sortimento e execução. A verdade é que políticas específicas por canais, orientadas pela missão de compra, traz resultados significativos para todos.

Lembram-se da Maria Andrea? Considerando, por exemplo, produtos de higiene e perfumaria, para atender as suas necessidades mais básicas (de banho, limpeza do cabelo, higiene bucal), ela concentra seus gastos no hipermercado. Já quando o tema é cuidado específico da pele, ou se precisa de um tratamento para o cabelo, é no canal farma que ela busca atender a estas necessidades.

É claro que as segmentações não param por aí; é possível segmentar os clientes considerando uma mistura de variáveis e ampliar o leque analítico.

AS DIFERENTES MISSÕES DE COMPRA[1]

NECESSIDADES ESPECÍFICAS
15% Caracteriza-se por uma compra pequena para atender determinadas necessidades (soluções)

URGÊNCIA/ CONSUMO IMEDIATO
5% Caracteriza-se por uma compra de necessidade imediata – no geral, uma categoria

REPOSIÇÃO
30% Caracteriza-se por uma compra de reposição contínua – itens da cesta regular

ABASTECIMENTO
50% Caracteriza-se pela compra do mês – pouco relevante no canal farma

Fonte: *Kantar Worldpanel - Revista SuperHiper*

CASO REAL

Insights acionáveis com base no conhecimento do shopper: dietas especiais

Inúmeras pesquisas de mercado apontavam a tendência de "saudabilidade" e o crescimento dos produtos relacionados a dietas especiais.

---

1. Essas missões são readequadas quando tratamos, por exemplo, do canal Farma ou do setor de Material de Construção.

Para um varejista de São Paulo, detectamos através de uma pesquisa via internet, com um breve questionário, que um em cada quatro shoppers tinha algum tipo de restrição alimentar (diabetes, intolerância à lactose ou glúten, entre outros) e interesse em adquirir itens específicos para atender suas necessidades.

Com base em análises internas dos tíquetes de compras, detectamos que a maior parte das categorias, relacionadas a este segmento, tinha presença inferior a 2% e pouca superposição entre as correlatas – a compra média era de, no máximo, 2 ou 3 itens por mês (fonte base interna). Exceção aos produtos diet/light.

Ao observar o ponto de venda, detectamos que as categorias estavam alocadas em corredores distintos e sem nenhuma lógica na exposição.

Através de uma entrevista pessoal com clientes que estavam comprando algum item de dietas especiais, descobrimos que a maioria comprava uma "cesta" bem interessante, mas não na loja. E a compra não ocorria: ou porque o shopper achava que a loja não trabalhava com o item, ou porque não o encontrava, ou porque não sabia onde encontrar, ou porque sequer lembrava de procurá-lo. Em nenhuma abordagem havia restrições de compra, eram simplesmente barreiras causadas pela falta de organização, exposição, sinalização, entre outros.

Como não eram itens que os shoppers estavam acostumados a comprar regularmente neste PDV, como não estavam expostos organizadamente em soluções, como não havia estímulos que inspirassem o shopper a comprar, a compra em si não se efetivava.

Na visita a concorrentes aos quais os clientes mencionavam comprar mais itens, detectamos que tais produtos estavam expostos em um único corredor, o que facilitava o processo de decisão e estimulava o shopper a comprar.

O insigth: Criar uma solução "dietas especiais", organizando todos os produtos em um mesmo local, ambientando e sinalizando adequadamente, expondo os produtos por necessidade (sem lactose, sem glúten, diet, light, orgânicos), o que facilitaria, sem dúvida, todo o processo de atração e conversão.

Aplicação prática do *insight*: executamos inicialmente o projeto em uma loja-piloto e acompanhamos por um mês o resultado.

Resultado: A categoria cresceu dois dígitos, enquanto nas demais lojas da rede cresceu abaixo de 5%. O expressivo ganho em vendas, margem e as inúmeras manifestações positivas e espontâneas dos clientes estimulou o varejista a, rapidamente, fazer o *roll out* (implantar o projeto) em todas as demais lojas, com adaptações específicas, de acordo com os perfis dos clientes.

Algumas informações básicas sobre o shopper:

POR QUE CONHECER A ÁRVORE DE DECISÃO E OS ATRIBUTOS VALORIZADOS PELO SHOPPER?

Conhecer a árvore de decisão das diferentes categorias é de extrema relevância ao processo de GC.

A maneira com que as pessoas compram produtos é muito particular, com processo de escolha específico para as diferentes necessidades.

Assim, cada categoria possui uma hierarquia de decisão distinta: a tão falada **árvore de decisão**. Ela ajuda a definir a **segmentação para a categoria**, considerando como o shopper compra – leva em conta seu processo mental de escolha. De posse destas informações, pode-se ter maior efetividade na definição do melhor mix e na exposição.

Para comprar itens de primeira necessidade, por exemplo, as *commodities* como arroz e feijão, o shopper costuma levar em conta poucos atributos para a escolha do produto, e o preço passa a ser um fator decisivo. Já em outras categorias, atributos como tipo, sabores, fragrâncias, marcas e embalagens são levados em conta e se alteram, dependendo da categoria em si, da necessidade a ser atendida, do grau de fidelidade do shopper, entre outros.

"Quando contemplamos no desenho da estrutura mercadológica a árvore de decisão, os momentos de uso e consumo nos permitem criar novas formas de agrupar os itens, de considerar novos atributos, produzir novas análises e, portanto, encontrar novas oportunidades."

Daniela Monteiro Mota, head de Desenvolvimento de Categorias da Nestlé Brasil

Exemplos de Árvore de decisão

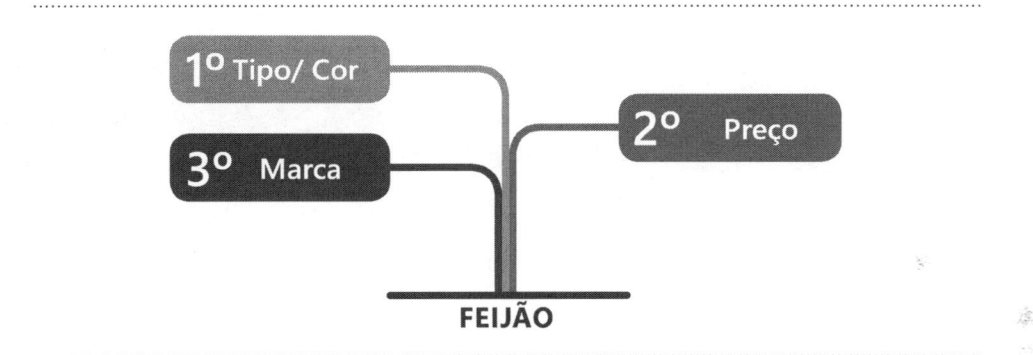

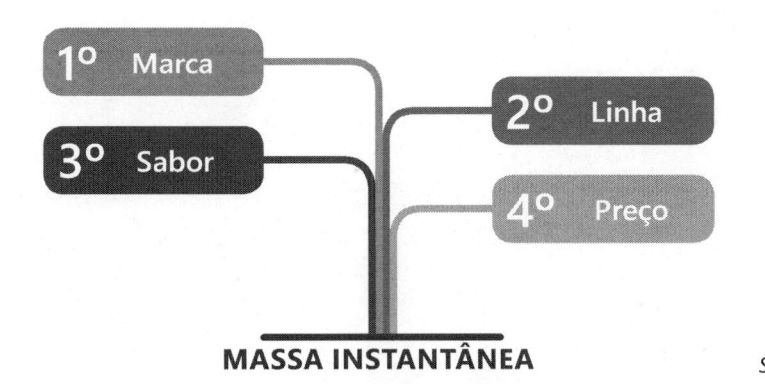

DESODORANTE
- 1º Gênero
- 2º Aplicador
- 3º Marca
- 4º Preço/Promoção
- 5º Benefício
- 6º Fragrância

FEIJÃO
- 1º Tipo/ Cor
- 2º Preço
- 3º Marca

MASSA INSTANTÂNEA
- 1º Marca
- 2º Linha
- 3º Sabor
- 4º Preço

Fonte: *Revista Supermercado Moderno*

TINTA

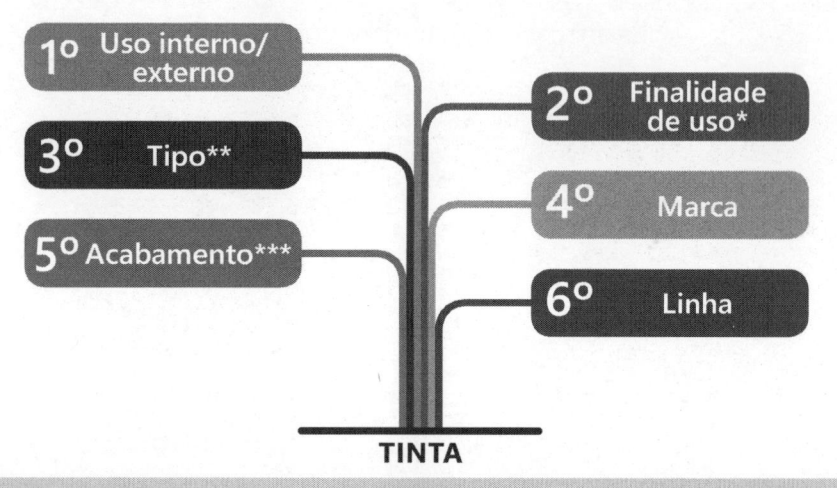

- 1º Uso interno/externo
- 2º Finalidade de uso*
- 3º Tipo**
- 4º Marca
- 5º Acabamento***
- 6º Linha

*Finalidade de uso: piso, parede, azulejo, madeira, etc.

**Tipo: há duas diferentes visões – a 1ª segmenta por acrílica, látex, etc. E a 2ª visão segmenta por premium, standard e econômica

*** Acabamento: fosco, acetinado, semibrilho, fosco aveludado, etc.

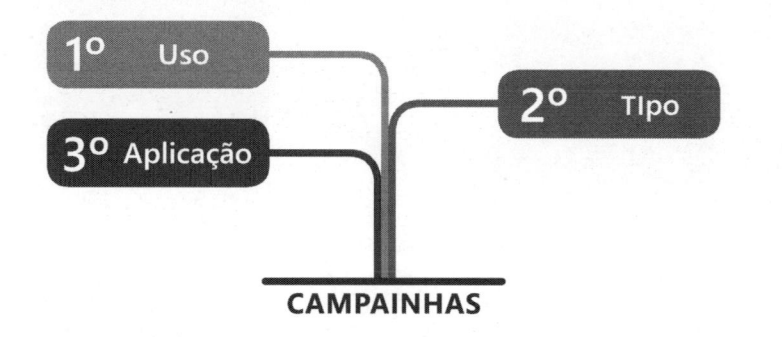

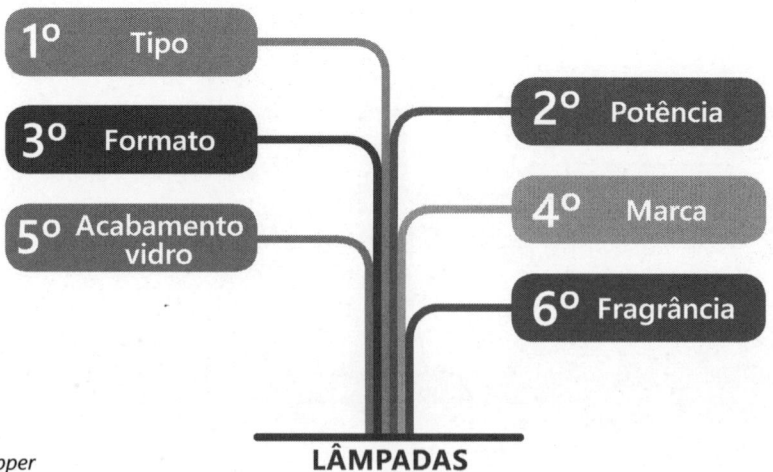

CAMPAINHAS

- 1º Uso
- 2º Tipo
- 3º Aplicação

LÂMPADAS

- 1º Tipo
- 2º Potência
- 3º Formato
- 4º Marca
- 5º Acabamento vidro
- 6º Fragrância

Fonte: *Connect Shopper*

POR QUE CONHECER A CLASSE SOCIAL?

No geral, entre 70%-80% do mix são itens básicos, essenciais, porém, entre 20%-30% deveriam ser definidos a partir de marcas, segmentos e versões orientadas ao shopper-alvo da loja.

Vamos a um caso real de GELEIA

Executando o GC para uma rede varejista do interior de São Paulo, porém com perfis distintos de lojas, fabricante líder no mercado de geleia desenvolveu uma matriz de sortimento considerando diferentes lojas e diferentes perfis.

LOJAS	CLIENTES AB	CLIENTES CD
PP	X	
P	X	
M	X	
G	X	X

Na loja G, voltada para o público AB, o mix era constituído com aproximadamente 40 itens e 5 marcas. Já para público CD, era de apenas 25 itens e 3 marcas.

Fonte: *Connect Shopper*

POR QUE CONHECER A FAIXA ETÁRIA?

Como cada faixa etária tem padrões de consumo específicos, identificá-las ajuda a retratar o padrão de consumo dos diferentes perfis e adequar produtos, versões e segmentos.

Supondo que uma boa parte de seu shopper de alto valor seja de pessoas com mais de 60 anos, o que se pode fazer para este público?

- Definir seu sortimento: alimentos ricos em proteínas, vitaminas, produtos orgânicos, cosméticos e produtos específicos para a terceira idade
- Melhorar a sinalização: cartazes e etiquetas com letras maiores, lupas nas gôndolas
- Disponibilização: serviços bancários na fila do caixa, quantidade maior de caixas prioritários, com banco
- Instalações da loja: pisos antiderrapante

"Como exemplo de GC bem-sucedido, cito nossa perfumaria. Conseguimos departamentalizar com foco no shopper e no consumidor. Isso proporcionou crescimento de vendas maiores do que o verificado no mercado."

Celso Renato Ferreira, diretor da rede Lopes de Supermercados

POR QUE CONHECER O GÊNERO DO PÚBLICO?

Homens e mulheres têm hábitos e comportamentos distintos. Os homens querem agilidade, praticidade – entrar e sair rapidamente e maior relação custo-benefício. Já as mulheres estão mais predispostas a circular e a observar mais; se relacionam e compram de forma distintas. Assim, ao saber qual gênero se destaca em sua loja é possível planejar melhor todas as ações – de sortimento, oferecendo itens específicos para os diferentes públicos, organização e exposição orientadas a eles, além de desenvolver ofertas e promoções mais direcionadas.

HOME CENTER – atua na região de Maceió (AL)

Embora atuasse fortemente em material elétrico, a venda se concentrava em fios e cabos. Ao conhecer mais a fundo seus shoppers: homens, classe BC, profissionais da área, desenvolveu uma proposta de GC para melhorar os resultados do setor.

O que fez?

Revisou o sortimento, segmentou melhor a categoria, fez a adequação da exposição levando em conta etapas da obra e passou a oferecer soluções completas para diferentes necessidades.

Objetivo: permitir ao shopper encontrar facilmente o que necessitava, em um único lugar, e aumentar o tíquete médio e a rentabilidade.

Resultado: Aumento de mais de 20% no tíquete médio, afinal, aquele cliente que comprava "fios e cabos" passou a comprar outros produtos necessários para o trabalho a ser executado.

E o melhor: com todo este trabalho, tiveram aumento substancial na margem do setor.

POR QUE CONHECER A FREQUÊNCIA DE COMPRA?

Identificar com que frequência o shopper vai a determinada loja e compra as diferentes categorias é relevante, pois facilita o planejamento de promoções e o abastecimento da loja.

POR QUE CONHECER AS TRANSAÇÕES/TÍQUETE MÉDIO?

Uma maneira prática e importante de conhecer seus clientes é por meio de análises do tíquete de compra ou por observação da cesta de compra do shopper.

A partir da análise do número de cupons emitidos (transações), é possível entender a conversão de clientes por categoria, segmento, itens, marcas, identificar a superposição das mesmas, e ainda o desembolso do cliente para verificar que tipo de promoções são mais eficazes, entre outros.

> ### CASO REAL – Batata-palha
>
> Acompanhando os tíquetes de compra dos clientes, um varejista com uma loja de 800m², localizada no Ceará, descobriu, por exemplo, que na maior parte das ocasiões que o cliente comprava batata-palha, comprava também verduras e creme de leite. Mas em nenhuma ocasião comprava outros salgadinhos, que geralmente estavam no mesmo local onde a batata-palha estava exposta.
>
> Por que isso acontece? No geral, para o shopper, a batata-palha não é consumida, como salgadinho, e sim um complemento alimentar, ou seja, é usada no cachorro quente, no estrogonofe e em saladas.
>
> O que fez ele? Expôs a categoria além da área natural (com salgadinhos), juntamente com verduras e também no setor de molhos prontos e próximo ao creme de leite.
>
> O resultado? Venda da solução ao cliente com incremento de 18% nas vendas das categorias correlatas (creme de leite, catchup, etc.)

Conquiste a mente e o coração de seus clientes

Há diferentes forças impactando o resultado das empresas varejistas e os desafios são crescentes. Dentre estas forças destacam-se as transformações demográficas, tecnológicas, ambientais e concorrenciais. O contexto no qual as empresas operam está mais complexo e sujeito a transformações abruptas. Do ponto de vista prático, para as lojas físicas, de forma generalizada, constata-se uma redução da área de influência da loja, do número de clientes, do tíquete médio. Junta-se a isso, o fato de o brasileiro se situar entre os povos que mais apreciam as promoções e uma concorrência na qual predominam as ações de redução de preço. Além disso, pela ausência de um posicionamento da bandeira varejista e pelos clientes terem muito mais opções de produtos e locais de compra, as vendas ganham um caráter transacional, ou seja, tudo se reduz a preço. Entretanto, concorrer neste ambiente traz várias implicações para o negócio varejista, mas o principal é que uma estratégia concorrencial, baseada fortemente no preço, não é um diferencial competitivo sustentável no longo prazo.

Neste ambiente, os varejistas desenvolvem todo tipo de ação promocional ou redução de preços para atrair consumidores para as lojas e alcançarem suas metas de vendas. No geral, estas ações geram resultado no curto prazo em termos de vendas, mas não, necessariamente, contribuem para a sustentabilidade da empresa no longo prazo. Dentro deste contexto, faz-se necessário ter um propósito, um posicionamento, satisfazer de maneira mais ampla o público-alvo primário, ter colaboradores que entendem este posicionamento e atuem neste sentido, se

— Por Olegário Araújo*

sintam engajados e identifiquem um significado em suas ações, remunerando a todos de forma adequada e tendo recursos para investir no médio e longo prazo. Para alcançar resultados é fundamental alcançar a mente e também o coração de colaboradores e clientes.

Em tempos de Shoppercracia – um contexto que o consumidor/ shopper realmente tem poder, por estar mais informado, por ter mais produtos e locais de compras e inclusive ter tal poder na ponta dos dedos, no seu telefone celular –, conhecer, entender para conquistar sua mente tornou-se condição básica para competir. É mudar para que o consumidor-shopper seja o promotor da loja e não ficar parado esperando que ele seja um detrator.

Programas de coalizão, fidelidade às ações dos varejistas para lidar com a crise

Muitos varejistas já estão fazendo uso de programas de coalizão, próprios ou uma combinação dos dois. Alguns varejistas utilizam tais ferramentas para atrair o shopper para a loja por meio de promoções, ou seja, como uma maneira de atingir suas metas de vendas, muitas vezes sacrificando o lucro, gerando um grande tráfego na loja e promovendo qualquer tipo de produto, mas sendo tudo para todos. Em outras palavras, sem construir um posicionamento ou conquistar o engajamento do shopper com a sua loja. Indiscutivelmente, as promoções atraem o shopper para a loja, mas ações isoladas, sem uma estratégia de marketing, não permitem a construção da marca varejista no longo prazo. Entretanto, há varejistas que estão fazendo um uso tático e estratégico destes programas. Estes varejistas estão atuando para conquistar a mente e o coração dos seus clientes.

A fidelização é uma ação estratégica, que deve ser construída com uma perspectiva de médio e longo prazo e precisa ser nutrida constantemente. O conhecimento do cliente é o primeiro passo. O segundo passo é a construção de um relacionamento com este cliente. É necessário dialogar com este cliente, fazendo uso dos cinco sentidos e ser multimídia. A construção do relacionamento levará à fidelidade, mas o objetivo deve ser o engajamento. Um cliente engajado está emocionalmente tão envolvido que, em um momento de insatisfação, dialogará com a empresa varejista e fará sugestões. Embora não seja o foco aqui, mas os novos clientes da empresa já nasceram dentro de um novo contexto tecnológico e, naturalmente estão envolvidos com o compartilhamento e a cocriação. Mas, como em todas as situações, há a lei de reciprocidade e a recompensa, de diferentes formas, é parte deste processo.

Missões de compra e ciclos de vida dos clientes

A análise dos cupons de compra permite compreender que tipo de compras os clientes fazem na loja varejista. É uma compra de abastecimento, de reposição, conveniência ou emergência? Quando cada tipo de compra ocorre? Em qual momento do mês ou dia da semana? Este é um cliente que começou a comprar na minha loja agora, é um cliente contínuo ou compra esporadicamente? Só compra promoções ou está abandonando minha loja? É um cliente de baixo valor, ativo, de alto valor, está me abandonando ou já se tornou inativo? Entender estas dinâmicas é fundamental para saber o quanto participamos da vida deste cliente e definir estratégias de retenção e de aumento das compras. Qual foi a última compra que este cliente fez na minha empresa? Com que frequência visita a minha loja, qual o valor do seu desembolso, que produtos ele compra e há quanto tempo compra aqui? Qual o seu valor ao longo do tempo? Há empresas que calculam como participam no bolso do cliente; outras, no estômago; algumas, nos cuidados com a saúde ou nos cuidados com a beleza do cliente. Compreender esta dinâmica é fundamental.

Vilfredo Pareto foi um economista e também sociólogo. No mundo empresarial conhecemos mais o economista por meio das regras de Pareto. Este conceito é muito prático e, por meio das análises dos cupons e do entendimento dos clientes, podemos compreender quais são os 10% dos meus clientes que respondem por 50% das minhas vendas! A análise do tíquete também permite segmentar a base de clientes e definir ações de marketing bem especificas, para cada grupo. Além disso, é possível estabelecer metas para cada grupo e mensurar tais resultados.

Ademais, a análise do tíquete também permite aprimorar o gerenciamento por categorias por meio de melhor definição dos papéis das categorias, que estarão associados à missão de compra.

A jornada do cliente e áreas de influência da loja

Qual o nível de esforço que este cliente faz para chegar até a minha loja? Quão distante ele mora? Para fazer suas compras, qual o caminho que ele percorre? Como chega aqui? Neste percurso, além das compras no mundo digital, com quais concorrentes ele se depara? Quais são as barreiras naturais que este cliente encontra na sua jornada? Quais sacrifícios ele tem que fazer?

O conhecimento do cliente, seu tíquete de compra e sua geolocalização permitem, dentre várias atividades possíveis, obter maior eficiência na decisão e distribuição de tabloides. Permite ainda o envio de tabloides digitais, facilitando a segmentação das ações e permitindo medir o resultado destas ações.

O que o cliente leva para casa ou consome na loja?

Adicionalmente, a análise do tíquete permite compreender o que o cliente compra na loja e, consequentemente, junto aos clientes principais, compreender qual é a fortaleza da empresa em termos de categorias de produtos e permite oferecer soluções customizadas para otimizar as vendas e também o lucro. O tíquete é revelador porque não é uma crença, não é um achismo. É um fato, é o que passou pelo caixa. O entendimento do tíquete também permite levantar questões relevantes, como, por exemplo, as razões de não comprarem produtos de determinados departamentos, categorias ou marcas. Aprofundar nestas questões é fundamental para definir uma estratégia para se posicionar de forma adequada e definir metas para a equipe.

Já a análise das marcas dos clientes-chave permite definir, com maior segurança, o papel das categorias (destino, rotina, conveniência). Além disso, ao ter informações demográficas mínimas, torna-se possível atuar junto com os fornecedores das marcas para se obter mais sinergias e gerar maior lealdade e recompra de determinadas marcas. A penetração, a experimentação e a recompra estão no centro das decisões de marketing da indústria.

A construção de uma estratégia de posicionamento e diferenciação de longo prazo permitirá que a empresa varejista construa sua marca por meio do melhor entendimento do comportamento de compra do cliente. É esta estratégia que permitirá conquistar a mente e também o coração do cliente e, dentro de uma equação que considera os benefícios e os custos de trocar de loja, o cliente manterá sua empresa entre as lojas de seu repertório.

Questões relevantes

- De onde os clientes estão vindo?
- Quais itens eles compram consistentemente na minha loja?

- Quais itens eles compram consistentemente na concorrência?
- O quanto meus clientes variam em idade, renda, ocupação e tamanho da família?
- Que tipo de refeições eles costumam fazer?
- Qual deve ser o papel da categoria para os clientes que fazem 50% das vendas das lojas?

A área de Inteligência de Mercado de um varejista precisa incorporar novas ferramentas analíticas para poder contribuir para a construção de uma estratégia que incorpore um diferencial competitivo, sendo sustentável no longo prazo.

ANÁLISE ESPECIAL

A GS Group (ZoOmBOX)* fez um processamento especial com sete lojas entre 1.500m² e 3.000m² da Grande São Paulo e também do interior do Estado de São Paulo. As informações consideraram três meses de dados (outubro a dezembro de 2016). Foram analisados 1.566.098 carrinhos de compras e mapeados 86.857 clientes.

Quais são os clientes mais importantes?

PARETO	FATURAMENTO	CLIENTES
TOPO	50%	15%
MEIO	40%	38%
BASE	10%	47%

Fonte: *ZoOmBOX – GS Group*

Nas sete lojas de supermercados analisadas, 15% dos clientes eram responsáveis por 50% do faturamento. A necessidade destes clientes provavelmente tem peculiaridades que precisam ser compreendidas para se prestar um melhor serviço e se diferenciar da concorrência.

Qual é a missão de compra de seus clientes?

De acordo com a GS Group, a missão de compra dos clientes nos supermercados, de forma predominante, pode ser classificada como emergência (até 4 itens*), conveniência (entre 5 e 11 itens), reposição (entre 12 e 25 itens), abastecimento (acima de 25 itens).

TIPO DE COMPRAS	%
Emergência (até 4 itens*)	47,9%
Conveniência (5 a 11 itens)	30,0%
Reposição (12 a 25 itens)	14,8%
Abastecimento (acima de 25 itens)	7,4%
TOTAL DE COMPRAS	100,0%

*Critério adotado para itens: se o shopper comprou 5 latas de refrigerante e 5 quilos de batata, consideramos aqui que foram comprados dois itens.

Fonte: *ZoOmBOX – GS Group*

E cada missão de compra reflete uma necessidade, a exemplo da compra rápida (emergência). Esta compra deve ser considerada pelos varejistas em seus planejamentos. O shopper é multitarefa, tem pressa e se dirige à loja de vizinhança para resolver questões emergenciais.

Conforme se pode observar acima, a maioria dos tíquetes da loja é de até no máximo 11 itens.

Qual a distância que percorrem os seus clientes para vir até a sua loja?

Ao identificarmos o cliente, podemos compreender de onde vem e quanto cobrimos, em termos de clientes de cada área. Uma pergunta de negócio consiste em saber porque potenciais clientes que estão a até 1.000m de distância não fazem compras na loja? Quem é meu concorrente? O que os impedem de compra na minha loja? A informação também reforça a relevância de atuar junto à comunidade para fortalecer a marca do varejista na região. Mapear os clientes, identificar os que compram regularmente na loja e aprofundar no entendimento de sua jornada de compras, por meio de pesquisas/informações analíticas, permitem levantar inúmeras questões de negócio que, bem encaminhadas, garantem o planejamento e execução de ações mais assertivas para fortalecer a imagem, aumentar as vendas de um departamento e criar sinergia com as marcas dos fornecedores.

ÁREAS DE INFLUÊNCIA	CLIENTES MAPEADOS	% ATENDIDO
Até 500m	8.995	65,9%
Entre 500m e 1.000m de distância	11.233	34,9%
Entre 1.000m e 2.000m de distância	24.991	25,3%

Fonte: *ZoOmBOX – GS Group*

A verdade é que analisar o tíquete correlacionado com informações de georreferenciamento traz um grande potencial analítico.

Olegário Araújo é diretor da Inteligência de Varejo e Pesquisador do GVCEV – Centro de Excelência em Varejo da Fundação Getúlio Vargas

Agradecimentos especiais a Fernando Gibotti e Evandro Alampi do departamento de inteligência de mercado da GS Group (grupo de empresas que trabalha com inteligência e inovação) pelo processamento dos dados para este artigo.

2.2
Insights acionáveis: Informação para a ação

Quando analisava o futuro do varejo, Leonard Berry[1] dizia que os tempos da concorrência simples, baseada no preço, estavam ficando para trás. "Daqui para frente, os varejistas deverão se adaptar ao modelo de criação de valor para os seus clientes, o que implica em maximizar benefícios valiosos, minimizar os custos, e adotar algum diferencial em relação aos concorrentes, diferencial esse que esteja em mutação para não ser imitado."

Pelo que verificamos, tal futuro, previsto por Berry, chegou. E para atingir tal objetivo, o mínimo necessário é estar pautado por informações relevantes, que nos permitam tomar decisões mais direcionadas aos nossos shoppers e que, ao processo do GC, tornam-se vitais.

Informação para o GC é palavra de ordem, é um dos componentes essenciais, seja sobre o shopper-alvo *(que de tão relevante que é, dediquei um bloco inteiro a ele)*, seja sobre o mercado em que se atua, da(s) categoria(s) que se pretende gerenciar, além dos concorrentes e das marcas.

Mas o que se precisa saber, na prática?

- **Em relação ao varejo:** deve-se considerar os indicadores internos básicos sobre vendas em volume e valor, rentabilidade – estas cruzadas por setores –, categoria que se pretende gerenciar e cada produto (SKU), além das categorias correlatas e até substitutas, seja no total da rede (para referência) e loja a loja ou ao menos da loja-piloto em que será executado o GC e loja-controle (loja similar para testar os efeitos sem o GC).

    A estas informações básicas, se possível, é preciso agregar dados sobre a presença em cupons das categorias e itens, estoque (valor, giro, dias), ruptura, nível de serviço (abastecimento pela indústria – agenda com fornecedores, *lead time*[2], *fill rate*[3]), entre outros.

- **Sobre as lojas em si:** o tipo (formato, estratégia), layout, setorização e localização das categorias e seus respectivos espaços ocupados, quantidade e largura de módulos e prateleiras e, dentro das possibilidades, informações sobre a disposição visual dos produtos nas prateleiras – fotos/imagens. É preciso também incluir fluxo de cliente pelos corredores, verificando pontos quentes e frios, informações sobre clientes, entre outros. Dependendo do porte da empresa varejista, faz-se necessário clusterizar as lojas, a exemplo do que fazem muitas redes de atuação nacional, como Carrefour, Grupo Pão de Açúcar, Walmart, mas também várias redes regionais como Coop, Muffato, Zaffari, Angeloni, entre outras.

    O Pão de Açúcar, por exemplo, além de segmentar as lojas por bandeiras – uma voltada a um público de alto padrão, outra de apelo mais popular, segmenta também por região, tamanho, entre outras variáveis, sendo que cada uma atende a perfis diferentes de consumidores, com estilos de vida, comportamentos e missões de compra distintos.

- **Em relação a dados de mercado:** deve-se considerar informações sobre tendências, shopper, categorias, hábitos, dados de performance das categorias, segmentos, marcas, vendas em volume, valor, evolução, penetração, importância, informações sobre a concorrência

---

1. **Leonard Berry** é um dos maiores especialistas em comércio varejista e marketing de varejo da atualidade. Diretor do Centro de Estudos sobre Varejo da Texas A&M University, nos EUA, desde 1980, tinha antes a cátedra de comércio da McIntire School da University of Virginia. Foi presidente da Associação Americana de Marketing entre 1986 e 1987. Editor de um boletim especializado em varejo, publicado pela firma de consultoria Arthur Andersen, Berry também é autor de muitos artigos e vários livros, entre os quais se destacam *Serviços de Satisfação Máxima – Guia Prático de Ação* (Editora Campus) e *Serviços de Marketing* (Editora Maltese).
2. **Lead time** – tempo de aprovisionamento ou, ainda, o período entre o início de uma atividade, produtiva ou não, e o seu término. A definição mais convencional para *lead time* em Supply Chain Management (SCM) é o tempo entre o momento do pedido do cliente até a chegada do produto no mesmo.

    A definição clássica de *lead time* em Engenharia de Produção é a seguinte: "O tempo decorrido entre a chegada de um pedido efetuado por um cliente até que este pedido seja entregue".
3. **Fill rate** – taxa de preenchimento – É o tempo interno para o processamento do pedido, ou seja, o tempo médio para realizar o *fulfillment* do pedido, desde o *picking, packing* até a expedição para a transportadora ou meio de entrega escolhido. Como são as etapas do processo sob maior controle do varejista, tende a ser o ponto de busca por maior eficiência e otimização de recursos.

- neste ponto, participação em mercado, desempenho, estratégia, execução, preços. Aliás, sobre preço, por ser um tema de extrema importância ao GC, discutiremos em um bloco específico.
- **Sobre a categoria a ser gerenciada:** deve-se buscar indicadores de performance, segmentos, marcas, medidas de produtos (altura, largura e profundidade) e imagens (fotos de cada SKU). Importância da categoria, bem como penetração, volume e valor são alguns dos indicadores.

PERFORMANCE DA CATEGORIA E IMPORTÂNCIA PARA O MERCADO

Esta informação é importante para compararmos o desempenho e os pesos das categorias no mercado em que se atua *versus* a rede, lojas onde ocorrerá o GC e lojas espelhos.

MARCAS E ITENS MAIS RELEVANTES DA CATEGORIA

Conhecer as marcas e os itens mais relevantes da categoria é crucial para garantirmos um mix adequado. Permite compararmos o mix atual da rede e lojas em que será executado o GC *versus* o mercado em que as mesmas atuam. Esta análise permite identificar GAPs e oportunidades em relação ao mix atual. Permite identificar se é necessário introduzir algo relevante do mercado, com o qual a loja não trabalha ou, ao contrário, se há marcas e/ou itens sem relevância e que poderemos excluir. O tema análise de sortimento será tratado com profundidade à frente, em capítulo específico.

CASO REAL
Varejista de atuação regional - Grande São Paulo

Categoria – "Cuidado com o banheiro"

1º Passo – fomos entender o processo que a shopper utilizava para o cuidado com o banheiro e as categorias que faziam parte, bem como entendimento do processo de compra – (árvore de decisão). Analisando o comportamento de compra de Maria Andrea e de suas amigas clientes da rede em questão, observamos que elas tinham uma maneira específica de cuidar do banheiro. Neste contexto, repensamos até mesmo o layout, considerando a lógica das shoppers da rede, sendo que a shopper desse varejista segmentava a compra da seguinte forma:

Processo de limpeza/Cuidado com o banheiro

Limpeza
- Azulejos
- Louças e metais
- Espelhos e box
- Chão
- Acessórios

Perfumação
- Desinfetante
- Desodorizadores

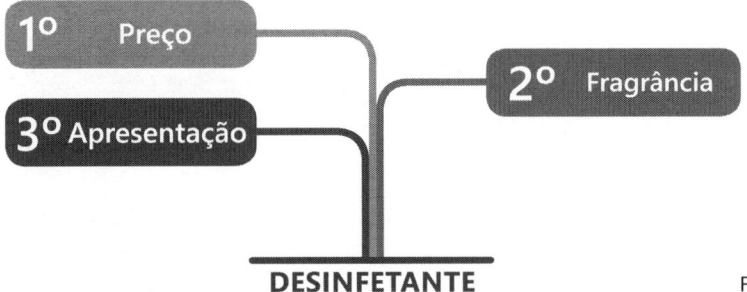

Árvore de Decisão

1º Preço
2º Fragrância
3º Apresentação

DESINFETANTE

Fonte: *Connect Shopper*

2º Passo – analisamos a situação atual da categoria, segmentos, subsegmentos, marcas, variantes no mercado *versus* dados internos da loja-piloto, da loja-espelho e da rede para identificar *gap's* e oportunidades, considerando diferentes indicadores:

- Vendas Valor
- Vendas Volume
- Participação
- Contribuição
- Tíquete Médio
- Penetração
- Margem Absoluta e %
- Tendências da Categoria (inovação).

Neste aspecto, detectamos

- A categoria na loja crescia 8%, enquanto no mercado crescia 20%, sendo que o indicador mais negativo era retração no tíquete médio.

A) Através de dados Nielsen – identificamos as marcas, segmentos e itens relevantes, comparando-os com o mix atual e observamos a necessidade de introduzir algumas variantes de segmentos específicos.

Alguns exemplos detectados, de produtos relevantes no mercado de atuação do varejista, mas que não constavam no seu mix:

- Lipex Pedra 3 unidades: 3º item em Nielsen na região de atuação
- Sanol Lilac 2L: 4º item em Nielsen na região de atuação
- Sanol Desinfetante Herbal 2L: 5º item em Nielsen na região de atuação

B) Realizamos uma pesquisa qualitativa em concorrentes diretos – visita nos pontos de venda dos concorrentes com auditoria, observação e fotos – para identificar a quantidade e relação de marcas, itens, espaço ocupado, modelo de execução, entre outros.

Neste tópico identificamos

- Ausência do **Limpador Bactericida** diferentes versões

Ao visitar os concorrentes, percebemos que, em todos os casos, nós dedicávamos um espaço inferior para a solução **cuidado de banheiro**, em especial, para **limpadores**.

Também identificamos que nos concorrentes, purificadores de ar estavam expostos na solução "Cuidado com Banheiro", enquanto na loja estudada estavam perdidos no setor de limpeza.

3º Passo – avaliamos como a categoria estava executada em loja. Neste caso, pudemos observar que:

- A exposição dos produtos não seguia uma ordem clara e objetiva
- Alguns segmentos relevantes, como o de limpadores, estavam com o espaço muito reduzido
- O planograma não estava de acordo com a árvore de decisão de compra do shopper

Mas onde buscar tais informações de mercado, de concorrentes, da categoria, das marcas?

Boa parte das informações podem ser obtidas através de institutos de pesquisas, como Nielsen, Kantar, IMS, por exemplo. E, também, encontradas em sites e disponíveis em diferentes revistas especializadas, como as revistas e sites *Supermercado Moderno*, *SuperVarejo*, *SuperHiper*.

Além disso, os próprios fabricantes e fornecedores são fontes de muitos estudos e pesquisas sobre tendências, sobre a categoria e marcas, dados de mercado da área analisada, regionalização, entre outros. E nos processos de GC, a partir do modelo de parceria estipulado, podem compartilhar tais informações.

> *"No GC, precisamos de pesquisa de mercado, pesquisa do shopper e, pesquisa para conhecer concorrência, conhecer a casa do cliente, entender por que no café da manhã ele vai comprar um produto ou outro, entender soluções do mercado que o cliente gosta, e trabalhar muito o pilar das pessoas, com treinamento, desenvolvimento. Como consequência disso, a gente sempre vê a evolução do resultado e, principalmente, engajamento e o motivacional das pessoas."*
>
> Bruno Bragancini, diretor-geral da rede Enxuto Supermercados

COMO TRANSFORMAR DADOS EM INSIGHTS ACIONÁVEIS

Se até pouco tempo atrás, o grande desafio era obter informações, hoje elas estão aí, vindas das mais variadas fontes e metodologias, bastando um *click*.

Vivemos em um momento em que a todo instante somos bombardeados por dados, e onde o X da questão passa a ser o quê e como garimpar aquilo que é realmente relevante para transformá-lo em informações para uso na tomada de decisão.

O excesso de dados, por vezes, nos paralisa e dificulta a tomada de decisão.

É diante deste cenário que nos deparamos com o grande desafio da atualidade: Sermos capazes de garimpar as informações que sejam, de fato, relevantes, adequadas às particularidades do nosso negócio, para gerar conhecimento e *insights* acionáveis a partir das mesmas e, sobretudo, transformarmos todo o conhecimento em ações efetivas e direcionadas.

É neste contexto que a área de inteligência de mercado, inteligência comercial, inteligência competitiva – cada qual com sua essência –, além do cunho estratégico, ganham força e espaço como uma atividade tática/operacional, com um crescente número de organizações que investem em suas práticas para crescer, se sobressair aos concorrentes e, por vezes, sobreviver.

Na prática, ou a empresa busca essa inteligência para tomar decisões mais consistentes ou se prepara para ser engolida pelo concorrente em um futuro muito próximo.

Para desenvolver/praticar inteligência de mercado e adotar estratégias eficientes é preciso conhecer em profundidade as necessidades, a realidade do negócio, o mercado setorial em que se atua, os clientes, a concorrência e, sobretudo, ter metodologia, processos claros e métricas efetivas para monitorar as ações.

Embora muito se fale, na prática, dentre os pequenos e médios varejistas, há ainda um grande caminho a seguir.

De acordo com uma pesquisa que realizamos, em maio de 2013, envolvendo questões sobre a estrutura e o papel da área de Inteligência de Mercado, as atividades realizadas e os principais obstáculos e desafios enfrentados, detectamos que apenas um em cada dez varejistas respondentes tinha, de fato, uma área de inteligência bem estruturada, com monitoramento contínuo e processo regular de planejamento, garimpo de informações, análises, disseminação das informações e adotavam um modelo de análise de valor.

A área tem um importante papel no monitoramento, consolidação e disseminação de informações para, além de atender as demandas rotineiras e temas específicos, coordenar, planejar e/ou executar projetos das mais variadas pesquisas, monitorar vendas, preços, concorrentes, analisar mercado e concorrência, antecipar tendências, estudar o cliente e seu comportamento, com o objetivo de recomendar e propor ações, desde uma simples constatação, passando pela correção de rotas, até identificação de novas oportunidades de negócios, entre outros.

Nos dias atuais, o que os varejistas mais monitoram, ainda que, em muitos casos, de maneira informal – sem processos e metodologias específicas –, são preços nos concorrentes e vendas. E saibam que nestes pontos há grandes oportunidades.

De acordo com o estudo, **quase a metade dos respondentes**, de alguma forma, utilizava-se de dados secundários, dos mais variados institutos, para obter informações gerais de mercado.

PRINCIPAIS MONITORAMENTOS/ANÁLISES

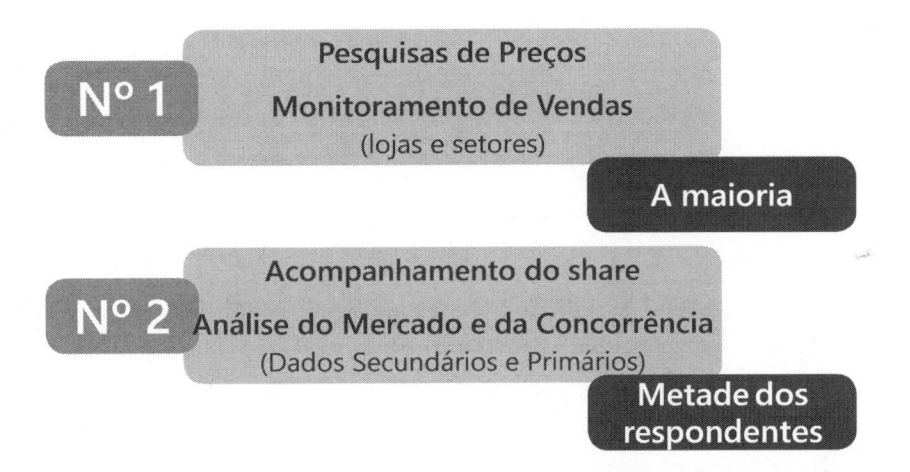

Nº 1
Pesquisas de Preços
Monitoramento de Vendas
(lojas e setores)
A maioria

Nº 2
Acompanhamento do share
Análise do Mercado e da Concorrência
(Dados Secundários e Primários)
Metade dos respondentes

Uma fonte muito utilizada para busca de informações são as revistas setoriais e, em muitos casos, os próprios fornecedores, que servem de fonte de informações sobre tendências, mercado, categorias.

Conforme já citei, análises sobre o fluxo de cliente e de tíquete médio, imprescindíveis para melhor gestão do negócio, ainda que pareça algo básico a se monitorar, pouco são explorados: **apenas um em oito varejistas monitoram continuadamente**. Esses inicadores são de extrema relevância para o varejo maximizar resultados já que podem apoiar e ajudar a orientar o sortimento adequado, alinhado ao que o cliente quer encontrar – a ter ações mais direcionadas de promoções, e até mesmo auxiliar marketing e comunicação no PDV, que facilite a jornada de compra do cliente.

Falar sobre potencial de consumo da região, estudos para identificar o local ideal para instalar novas lojas, conhecimento mais profundo sobre os concorrentes, estudos de área de influência, imagem de marca, entre outros, restringia-se à época do estudo, a apenas **um em dez varejistas de pequeno porte**.

Embora no século 21 e na era do Big Data, *boom* de informações, há muitos varejistas com controles apenas informais de seu negócio, sem métricas, processos e padrão de mensuração e controle, com total desconhecimento do comportamento e do perfil de cliente, para citar alguns exemplos.

Para quem não possui informações estruturadas – situação muito comum no varejo de hoje –, e sem muitos recursos para tal, o primeiro passo é definir quais as informações devem ser monitoradas e criar um processo sistematizado de coleta, análise e disseminação.

Para começar, é preciso um planejamento detalhado do que se quer atingir e excelência na execução.

No processo de planejamento, temos que considerar os recursos/investimentos necessários (monetários, tecnológicos, humanos), construir e adotar uma metodologia bem delineada e um processo contínuo de trabalho (coleta de dados, geração de informação/análises, disseminação), bem como estabelecer um modelo de comunicação e engajamento da equipe para este novo modelo de negócio.

Para implementar a área de inteligência e/ou criar um modelo de informações estruturadas deve-se eleger um patrocinador – que terá a atribuição de "vender" a ideia do projeto para todos na empresa e engajá-los nesse novo modelo de negócio.

É importante que esse patrocinador seja o principal executivo da empresa: presidente, diretor, proprietário, com a capacidade de quebrar as barreiras existentes para se iniciar um novo modelo de negócio, pautado e orientado por informações.

Sem dúvida, a mudança cultural é a maior barreira para a implementação e continuidade da área de Inteligência. Por isso, é de extrema importância ser bem planejada e estruturada, contando com o apoio e engajamento de toda a equipe em cada etapa do processo, informando o que é e qual será o papel da área, alinhando expectativas, entre outros.

Na sequência, o patrocinador do projeto deve escolher um líder que estará totalmente respaldado pela diretoria e que será o responsável por mapear quais informações existem (dados internos e externos), onde e como as informações são coletadas/adquiridas/geradas, qual o processo e a capacidade de geração e de armazenamento, onde e como acessá-las, e possíveis formas de disseminá-las.

Há muitos casos em que a informação só pode ser gerada através do TI, e há um processo para solicitação/acesso das mesmas. Rever e validar o processo é de crucial importância para agilizar e otimizar processo, e se possível, automatizá-los.

Caso não possua nenhum procedimento ou critério, deve-se criar um padrão de consulta para garantir que as demandas serão atendidas nos prazos necessários.

Algumas questões básicas devem ser respondidas para garantir efetividade no processo de coleta, de armazenamento, de processamento dos dados/automatização, de análises e disseminação.

1. O que precisamos saber? Que informações coletar?
2. Como coletá-las?
3. Como processaremos/armazenaremos estas informações?
4. Que decisões poderão ser tomadas com elas?
5. Qual será a dinâmica/processo de acesso, atualização, gestão das mesmas?

Se é mesmo tão importante, por que muitos varejistas não possuem tais informações, ao menos estruturadas e sistemáticas?

As dificuldades mencionadas por varejistas são inúmeras. De acordo com a pesquisa realizada, os principais obstáculos para uma gestão eficiente da informação são: falta de verba, equipe e baixa qualificação da mão de obra, sobretudo no tocante a análise, gestão e uso de informação.

PRINCIPAIS OBSTÁCULOS

9 em cada 10
Verba restrita é o principal atributo para o desenvolvimento da área para a maioria dos respondentes

4 em cada 10
Equipe e Capacitação dos mesmos, obtenção e organização dos dados de fontes secundárias e transformá-los em conhecimento estão na lista de dificuldades

Desafios

1. Mudança Cultural + Engajamento das Áreas
2. Planejamento
3. Investimento/Recursos (Tecnológico e Humano)
4. Mapeamento Inicial
5. Definição do Papel da Área e Responsabilidades
6. Criação do Modelo e Processos
7. Execução
8. Comunicação Contínua
9. Modelo de Análise de Valor
10. Disseminação de Informação

COMO DEVE SER O PROCESSO DE ANÁLISE DE VALOR?

Modelo de Proposta de Análise de Valor

- IDENTIFICAÇÃO DAS NECESSIDADES (Briefing/ Rotina)
- PLANEJAMENTO
- COLETA GARIMPO DE DADOS INFORMAÇÕES
- DIAGNÓSTICO ANÁLISE-INSIGHTS RECOMENDAÇÕES
- ALINHAMENTO DISSEMINAÇÃO
- PLANO DE AÇÃO MENSURAÇÃO E CONTROLE

Fonte: *Connect Shopper*

A primeira etapa é levantar as possíveis necessidades e planejar efetivamente o que se deseja obter com as informações colhidas; em síntese, qual a questão-chave e quais serão as decisões a serem tomadas com as informações, para garantir efetividade na busca de dados e geração de *insights* acionáveis. Portanto, é na etapa de planejamento que temos que definir o propósito/objetivo de nosso estudo, análise, pesquisa.

A identificação das necessidades – questões-chaves – é efetuada por meio de Key Intelligence Topic (KIT). Os KITs são desdobrados em Keys Intelligence Questions (KIQ), que se traduzem em questões a serem respondidas e que serão monitoradas constantemente pelos colaboradores da área de Inteligência. Ou seja, são *drivers* de busca de informação relevante para a composição do produto de inteligência.

> Os KITs são, segundo Jan Herring, uma expressão da necessidade de inteligência pelo corpo gestor, mais bem definida por sua intenção de aplicação nos negócios.

Avançando nesta jornada, com base no propósito/objetivos definidos, iniciamos a etapa de coleta de dados.

Neste ponto, são necessárias as decisões sobre que fontes de dados serão utilizadas. Fontes secundárias, ou seja, já existentes, como dados internos já coletados regularmente, dados de institutos, revistas especializadas, associações, internet e/ou se é necessária uma pesquisa de mercado construída para fim específico.

Definidas as fontes e/ou projeto de pesquisa, com as informações em mãos, iniciamos o diagnóstico que nada mais é que mapear e identificar o "problema e/ou oportunidade".

Nas análises e geração de *insights*, devemos explorar as principais hipóteses sobre o tema estudado para sermos capazes de construir recomendações acionáveis e identificar as possíveis ações para atingir o objetivo traçado.

O processo de conhecimento e gestão das informações precisa ser bem planejado e executado, com propósitos, métodos e processos claros, bem definidos e estruturados para que, ao final, se obtenha o que, de fato, se necessita e que possa ser eficaz como apoio ao desenvolvimento da estratégia e do plano de ação.

As novas tecnologias oferecem recursos que nos permitem processar a informação, estruturá-la de forma estratégica e aplicá-la na gestão de negócios empresariais de forma mais prática, simples e ágil.

ALGUNS INDICADORES-CHAVES QUE O GC INDICA MONITORAR

Além de acompanhar sistematicamente faturamento, volume, margens, giro, estoque, ruptura, comportamento, perfil do shopper e árvore de decisão da categoria, devemos considerar:

- Transação ou Operação – número de cupons emitidos e a presença de itens por cupom, quantos e quais
- Tíquete de compra – valor gasto por ocasião de compra (por viagem)
- Vendas e rentabilidade por metro quadrado ou metro linear – diferentes setores, categorias, segmentos.

Onde buscar informações relevantes – Fontes de dados

Nielsen http://www.nielsen.com/br/pt.html

Kantar http://br.kantar.com/

https://www.kantarworldpanel.com/br

Supermercado Moderno http://www.sm.com.br/gps-guia-pratico-de-sortimento

SuperVarejo http://www.supervarejo.com.br/pesquisa-cinco-mais

SuperHiper http://www.abras.com.br/economia-e-pesquisa/lideres-de-venda/

http://www.abras.com.br/economia-e-pesquisa/ranking-abras/as-500-maiores/

Negociação baseada em fatos, dados e estratégias

Por Bruno Bragancini*

A visão que eu tinha de Gestão de Categoria era, pura e simplesmente, definir os espaços com base no retorno financeiro e de volume de vendas. Fazia uma ponderação do faturamento, da quantidade e da rentabilidade e depois ia desdobrando até o nível de SKU; definia quantas frentes dedicaria ao produto, como executá-lo no meu ponto de venda, e parava por aí.

Hoje, eu já percebo a evolução, pois conhecia muito pouco de GC. Há muitos tipos de cruzamentos de informações para auxiliar na tomada de decisão, para definir uma estratégia. É algo novo para nós. Na verdade não é tão novo, porque já estamos nesse processo há um ano – mas passamos a verificar a penetração de itens por meio do cupom, a performance por embalagem, a performance por preço. Informações que passamos a utilizar também na nossa negociação.

Saímos daquela velha briga volume-preço e a negociação, agora, é baseada em fatos, dados e estratégia. E entram várias análises: por que vou comprar esse tipo de embalagem se o mercado não a está aceitando? Por que vou ter esse volume de SKU, se o que vende realmente são 20% ou 30% disso? Então, a negociação do comprador e do vendedor fica cada vez mais técnica. Foi algo que o GC nos trouxe.

Estamos, ainda, em um processo de mudança, mas a cabeça do comprador já começou a mudar. Ele entende a importância de levar os dados e de ter estratégia na mesa de negociação.

E foi justamente para elevar o nível de profissionalização que resolvemos entrar no processo de GC. O varejo deixou de ser amador faz algum tempo, e percebemos que, se não mudássemos, seríamos engolidos pelo mercado. Daí a necessidade de trabalhar mais com fatos e dados, com argumentos, com melhor organização e planejamento, para negociar melhor com a indústria.

Até o momento, não vi nada de negativo no GC. Desde que a gente saiba fazer e envolver as pessoas, eu só vejo questões positivas, porque, mais uma vez, passamos a tomar decisões em cima de fatos e dados e não de achismo. E o achismo é um erro fatal hoje em dia. Se você não parar para pensar, vai errar mais do que acertar, e se você errar mais do que acertar, o seu concorrente vai acertar mais do que você e vai crescer mais rápido, vai ter melhores resultados.

Bruno Bragancini é diretor-geral da Rede Enxuto Supermercados

2.3
Cadastro, cadastro, cadastro
Por que ele é tão relevante?

Ter um cadastro adequado e uma estrutura mercadológica que reflita as necessidades do shopper são pilares básicos para uma gestão eficaz e eficiente.

Segundo os membros do Comitê de Gerenciamento por Categoria do ECR Brasil, o cadastro é a base da gestão da cadeia de abastecimento. É nele que se registram todos os produtos transacionados, bem como suas características, necessárias às diferentes áreas intervenientes no processo de produção, estocagem, distribuição, abastecimento, comercialização, tributação, entre outros.

> *"Ter um conjunto comum de padrões de identificação de produtos, como códigos de barras em cada produto, tem sido essencial, pois permite que cada produto individual seja rastreado em toda a cadeia"*
>
> Prof. dr. Brian Harris, chairman da The Partnering Group

Porém, mesmo com todo o avanço da tecnologia, com todas as pesquisas de shoppers e consumidores, com a maior acessibilidade às inúmeras ferramentas, com o avanço da automação e códigos de barras, ainda há muitas oportunidades no tocante ao **Cadastro de Produtos** e à **Estrutura Mercadológica**.

Conforme já citei no início do capítulo 2, para que a implantação do processo de GC aconteça de fato, é necessário, antes, construir os alicerces básicos que sustentem todo o processo e que permitam o gerenciamento adequado.

Um destes alicerces básicos é justamente o Cadastro e a Estrutura Mercadológica. Esta última, por levar em conta como o shopper compra a categoria, deveria se chamar "**Estrutura Mercadológica**".

Mas, na prática, encontramos inúmeras oportunidades perdidas ao avaliar as bases de nossos clientes varejistas ou tratar a base através das indústrias que nos contratam.

Os problemas encontrados são:

1. **Erros de alocação** – produtos cadastrados erroneamente em segmentos, grupos ou categorias sem estar relacionados com a mesma
2. **Falta de padronização na descrição** – cada produto é cadastrado de uma maneira
3. **Falta de segmentação** – em muitos casos, encontramos apenas dois ou três níveis e uma estrutura mercadológica inadequada.

Veja alguns exemplos abaixo:

1. ERROS DE ALOCAÇÕES - Itens alocados em segmentos e subsegmentos equivocados

CATEGORIA	SEGMENTO	SUB SEGMENTO	DESCRIÇÃO	SEGMENTO CORRETO
BISCOITO	RECHEADOS	CHOCOLATE	BISC PASSATEMPO 60G GOTAS DE CHOCOLATES	COOKIES
BISCOITO	RECHEADOS	CHOCOLATE	BISC NESTLE 140G MINI TORTA MOCA	TORTINHA
BISCOITO	RECHEADOS	CHOCOLATE	BISC NESTLE 140G MINI TORTA BONO CHOC	TORTINHA
BISCOITO	RECHEADOS	CHOCOLATE	BISC NESTLE 140G MINI TORTA PRESTIGIO	TORTINHA
BISCOITO	FINOS	COBERTURAS	CREME CHOC HERSHEYS 39G C/ BISC WAFFER	
BISCOITO	FINOS	COBERTURAS	CREME HERSHEYS CREAMY 315G CHOC	
BISCOITO	FINOS	COBERTURAS	CREME HERSHEYS 135G POTE	CREME DE AVELÃ
BISCOITO	FINOS	COBERTURAS	CREME CHOC BCO HERSHEYS 39G C/ BISC WAFFER	

(OUTRO SEGMENTO; OUTRA CATEGORIA)

Note que, no primeiro item **Bisc Passatempo 60g gotas de chocolate**, o segmento correto seria Cookies, mas o produto foi cadastrado erroneamente em Recheados no subsegmento Chocolates.

Da mesma forma, erros foram encontrados também nas minitortas, que deveriam ser cadastradas no segmento Tortinha, mas encontravam-se em Recheados.

Por fim, veja o item **Creme Hershey's 135g pote**; na verdade ele se enquadra em outra categoria – Creme de Avelã, e não biscoito.

Nos dois outros exemplos a seguir, encontramos em biscoitos tradicionais itens que deveriam estar em integral e sem glúten.

BISCOITOS TRADICIONAL	INDIVIDUAIS	BISC BELVITA C/3 30G LEITE
BISCOITOS TRADICIONAL	INDIVIDUAIS	BISC BELVITA C/3 30G COCO
BISCOITOS TRADICIONAL	INDIVIDUAIS	**BISC BELVITA C/3 30G MEL** → INTEGRAL

BISCOITOS TRADICIONAL	INDIVIDUAIS	COOKIES HUE 120G BANANA SOJA/ACUC. MASC.
BISCOITOS TRADICIONAL	INDIVIDUAIS	**COOKIES HUE 120G AC S/GLUTEN SOJA ZERO** → SEM GLÚTEN
BISCOITOS TRADICIONAL	INDIVIDUAIS	COOKIES HUE 120G SOJA/ACUCAR MASC C PARANA
BISCOITOS TRADICIONAL	INDIVIDUAIS	COOKIES HUE 120G SOJA ZERO AC BANAN/CANELA
BISCOITOS TRADICIONAL	INDIVIDUAIS	COOKIES HUE 120G AC CAST.CAJU SOJA ZERO
BISCOITOS TRADICIONAL	INDIVIDUAIS	COOKIES HUE 120G AC COBERTURA CHOC. SOJA ZERO
BISCOITOS TRADICIONAL	INDIVIDUAIS	COOKIES HUE 120G AC CAST.PARA SOJA ZERO

CASO REAL

Um determinado varejista tinha aproximadamente 200 itens alocados em biscoitos recheados, mas 60 não pertenciam a este segmento.

Com isso, considerando a estrutura anterior, recheados representavam **25% das vendas** de biscoitos, porém, com o ajuste da base e realocação dos itens corretamente, na verdade recheados representavam apenas **15% das vendas**.

Qual o impacto disso para o negócio? Dava-se mais relevância do que, de fato, o segmento merecia. Como consequência, havia investimentos no sortimento de recheados superior ao necessário, o que gerava superestoque, espaço nas gôndolas superior ao necessário e maior esforço de venda.

2. FALTA DE PADRONIZAÇÃO NA DESCRIÇÃO – Cada produto é cadastrado de uma maneira

DESCRIÇÃO
TEMPERO C/ PIMENTA KITANO PCT 1KG
TEMPERO SABOR AMI ALHO&SAL PAC 1 KG
TEMPERO COM PIMENTA SABOR AMI 5 KG
TEMPERO SABOR AMI C/ PIMENTA PAC 1KG
TEMPERO S/ PIMENTA SABOR AMI BD 5 KG
TEMPERO SABOR AMI S/ PIMENTA PAC 1KG

Note, acima, que não se tem padrão na descrição. Ora vem segmento em primeiro lugar, ora vem marca, ora embalagem; em comum apenas produto e gramatura.

Descrição adequada dos itens

Fazer a descrição adequada dos produtos facilitará a elaboração dos relatórios de análise de desempenho e a execução no PDV.

Critérios para uma boa descrição (veja o exemplo com a categoria Tinta)

- **Especificação de produto** – Tinta
- **Qualificação do produto** – Piso/Parede - Premium/Standard
- **Qualificação de embalagem** – Galão/Lata x ml
- **Características** – (cor) – branca – color, (subtipo) – acrílica/látex
- **Marca**
- **Medida** (peso/ml)

3. FALTA DE SEGMENTAÇÃO – estrutura mercadológica inadequada

O que mais encontramos na prática são estruturas com limitações em termos de segmentações (apenas dois ou três níveis) como, por exemplo, a categoria "Cuidado Infantil". É comum tal categoria estar dentro de perfumaria e apenas com um totalizador (**Perfumaria, Cuidado Infantil, Fraldas, Marcas**), sem a segmentação, por performance (básica, intermediária, premium, etc.), e muito menos a subsegmentação por tamanho (RN, P, M, G, GG).

"VAREJÊS"

CADASTRO E ESTRUTURA MERCADOLÓGICA
ANTES DO PRÉ-GC – ONDE ESTÃO OS ERROS?

SETOR/SEÇÃO	ALIMENT. COMPLEMENTAR
CATEGORIA	BISCOITOS
GRUPO	BISCOITOS FINOS
SUBGRUPO	CHAMPAGNE COBERTURAS
GRUPO	BISCOITOS RECHEADOS
SUBGRUPO	BAUNILHA CHOCOLATE MORANGO
GRUPO	BISCOITOS SALGADOS
SUBGRUPO	AGUA E SAL CREAN CRACKER DIET - LIGHT INDIVIDUAIS SAGADOS ESPECIAIS
GRUPO	BISCOITO TRADICIONAL
SUBGRUPO	COCO INDIVIDUAIS LEITE MAIZENA MARIA ROSCAS SORTIDOS
GRUPO	BISCOITOS WAFFER
SUBGRUPO	CHOCOLATE INDIVIDUAIS LANCHINHOS MORANGO
GRUPO	TORRADAS
SUBGRUPO	TORRADAS

SHOPPERLÓGICA

CADASTRO E ESTRUTURA MERCADOLÓGICA
REVISADA

SETOR/SEÇÃO	ALIMENT. COMPLEMENTAR
CATEGORIA	BISCOITOS
GRUPO	DOCE
SUBGRUPO	AMANTEIGADO CHAMPANHE COOKIE SAUDÁVEL COOKIE TRADICIONAL FINO E COBERTO INTEGRAL LANCHINHO PÃO DE MEL RECHEADO ROSQUINHA SEM GLÚTEN SEQUILHO TORTINHA TRADICIONAL WAFER
GRUPO	SALGADO
SUBGRUPO	ÁGUA ÁGUA E SAL APERITIVO RECHEADO APERITIVO SIMPLES CREAM CRACKER INTEGRAL
GRUPO	TORRADAS
SUBGRUPO	CANAPÉ REGULAR SAUDÁVEL

Diante do exposto, recomendo dedicar tempo e esforços a uma avaliação profunda da base de cadastro de produtos e da estrutura mercadológica atual, para que a mesma reflita de maneira adequada as necessidades e a maneira que os shoppers compram a categoria. O que vai reforçar a importância dos estudos de shopper e da árvore de decisão, já explicadas anteriormente. Afinal:

- Como poderemos gerenciar categoria sem uma estrutura mercadológica adequada e sem um cadastro correto e de qualidade?
- Como gerenciar categoria com apenas dois ou três níveis abertos na base?
- Como gerenciar categoria sem garantir que os itens estejam alocados corretamente?
- Como gerenciar categoria sem padronizar as descrições das mesmas?
- Como gerenciar categoria sem antes adotar um modelo padrão de cadastro?

Estas são apenas algumas das ações que devemos procurar executar antes de iniciar qualquer processo de GC. Afirmo, com convicção, que depois de anos executando processos de GC, nas mais variadas empresas, o cadastro de produtos e a estrutura mercadológica são um dos pilares básicos essenciais, se não o mais relevante, para o sucesso do processo de GC e, diria mais, da gestão do negócio como um todo.

Voltemos ao caso de Maria Andrea e Ricardo

É final de ano, e Maria Andrea quer preparar sua casa para o Natal. Uma de suas necessidades é "pintar" a casa. Como Maria Andrea não entende nada sobre o tema, prefere contratar um profissional da área. O profissional vem à sua casa, faz orçamento e, após o de acordo, fornece a lista de materiais necessários.

Ela escolhe um home center próximo à sua região. A escolha se deu pela promessa de "tudo em um só lugar" e pelo preço e promoções.

Dois problemas ocorrem na ida de Maria Andrea às compras.

O primeiro é que ao chegar à loja e iniciar sua jornada, mesmo com sua lista em mãos, enfrenta uma grande dificuldade em encontrar o que procura. Na prática, a loja, a distribuição dos produtos, a exposição, por não ter sido pensada, efetivamente, pela ótica do shopper, não facilita nada a vida de Maria Andrea.

O segundo é que, embora o profissional tenha dado a lista pronta a Maria Andrea, ela não entende nada de pintura, e se ateve à lista recomendada. Mas ao voltar para sua casa, descobriu que o profissional se esqueceu de vários produtos – a maioria acessórios e complementos como, por exemplo, fita crepe, bandeja, removedores para o pós-obra, etc.

Mas o que isso tem a ver com o cadastro e com a **Estrutura Shopperlógica**?

Tudo. Se a ótica do shopper tivesse sido levada em consideração desde a base de cadastro de produtos até a execução dos mesmos no PDV (ponto de venda), sem dúvida, Maria Andrea teria uma experiência melhor.

Veja porquê.

COMO SE DÁ O PROCESSO PARA A PINTURA DA CASA?

No geral, o processo ocorre de uma forma lógica, considerando as **etapas da obra**:

- **PREPARO**
- **APLICAÇÃO**
- **FINALIZAÇÃO**

Sendo que na fase 1, aqui denominada **Preparação**, temos os produtos mais relevantes justamente para "preparar" a parede para receber a pintura – incluindo acessórios. Já na fase **Aplicação**, temos os produtos utilizados para o acabamento (tintas e afins). E na **Finalização**, produtos específicos para o "pós-obra" – limpeza.

FASE		
PREPARO	APLICAÇÃO	FINALIZAÇÃO
• lixas • massas • impermeabilizantes • aderentes • seladores e zarcão • espátulas • fundo preparadores • aditivos • desempenadeiras • protetores para pintura	• tintas e esmaltes • verniz • texturas • resina acrílica • corantes • trinchas e pincéis • rolos • broxas • colas • bandejas para pintura	• removedores e solventes • blocos de espuma • escovas para pintura • esponjas

(PRODUTO)

Ainda considerando a compra de **tinta** em si, se da mesma forma a estrutura de **tintas** fosse desenhada seguindo a ótica do shopper (do cadastro ao PDV), considerando como o shopper compra a categoria e, portanto, aplicando a **Estrutura Shopperlógica**, teríamos:

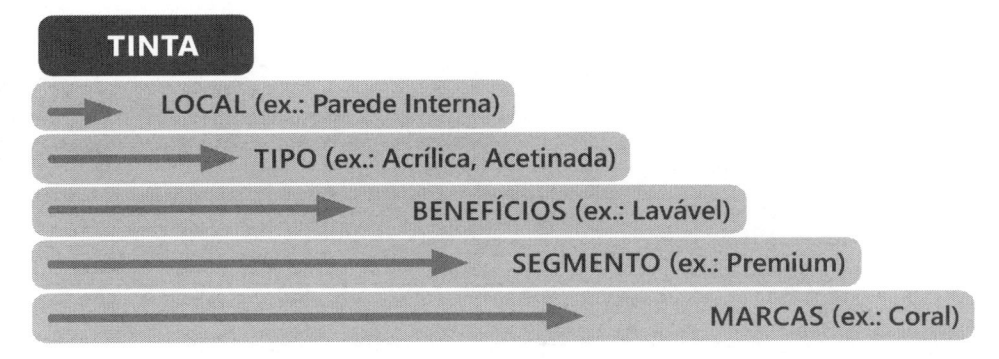

TINTA
→ LOCAL (ex.: Parede Interna)
→ TIPO (ex.: Acrílica, Acetinada)
→ BENEFÍCIOS (ex.: Lavável)
→ SEGMENTO (ex.: Premium)
→ MARCAS (ex.: Coral)

Com esta segmentação executada no PDV, Maria Andrea encontraria de uma maneira muito mais fácil e prática tudo aquilo que foi comprar. E pode apostar, compraria e gastaria muito mais, já que seria inspirada a comprar outros itens que não estavam na sua lista de compra. Afinal, teríamos uma "gôndola" organizada de uma maneira mais lógica.

> "Um dos grandes benefícios de iniciarmos o trabalho de GC foi o processo de ajuste da árvore mercadológica da empresa (foi satisfatório em todas as áreas)."
>
> Mário César, gestor do Home Center Carajás.

O mesmo problema ocorre quando Maria Andrea vai ao supermercado. Vamos imaginar que ela necessite de "biscoitos" (ou bolacha, dependendo a região do País). A primeira decisão recai sobre para quem ou para que momento Maria Andrea necessita a categoria. Seria para os filhos? Ou consumo familiar? Seria para alguma ocasião especial?

Se a "Shopperlógica" fosse aplicada, tais necessidades estariam sendo retratadas na hora de varejistas e fornecedores executarem a categoria "Biscoito" no ponto de venda. Veja exemplo abaixo de uma exposição orientada ao shopper.

DOCE					SALGADO	
DOCE						
DIFERENCIADOS					BÁSICOS	
SAUDÁVEL	ESPECIAIS COOKIES	RECHEADO	TORTINHA	WAFER	MAIZENA	OUTROS BÁSICOS

DOCE			SALGADO	
SALGADO				
DIFERENCIADOS			BÁSICOS	
SAUDÁVEL	PERSONAL CRAKER	APERITIVOS	ÁGUA E SAL	CREAM CRAKER

Fonte: *Tabelas extraídas da apresentação da Nestlé em evento da Abras e Asserj, no dia 27 de abril de 2017 – Rio de Janeiro*

Mas, na prática, o que acontece é que pouca ou nenhuma Shoppercracia é aplicada. Não consideramos, de fato, o shopper no centro das decisões:

- Seja para o desenho e execução da estrutura de cadastro – o que permitiria uma gestão mais eficiente do negócio, do sortimento, efetividade na decisão do nível de cobertura
- Seja na exposição dos produtos nas gôndolas – em muitas loja e para a maioria das categorias, o que encontramos são **exposições por fabricantes e/ou marcas**, quando **deveríamos levar em conta momentos de uso e consumo e a hierarquia de decisões do shopper** (árvore de decisão).

ANTES DO GC

PÓS-GC – SHOPPERLÓGICA

Há, sem dúvida, muito trabalho a ser executado. E não há simplificações e caminho fácil, mas os resultados são expressivos – financeiros, estruturais, e também na produtividade.

CASO REAL

Iniciamos um trabalho de GC para Biscoitos em um médio varejista do Sul do País porque a categoria no segmento biscoito doce apresentava queda, supostamente influenciada por recheados, enquanto o mercado crescia. Este cliente tinha um cadastro com apenas **três níveis** em sua estrutura mercadológica – **SETOR → CATEGORIA → SEGMENTO** e, logo na sequência, a marca e a descrição do item.

Com apenas três níveis, como os compradores e gestores poderiam avaliar os subsegmentos dentro de biscoitos doces? De onde vinham as quedas? Onde estavam os GAPs? Como estava o desempenho de recheados, wafer, tortinhas, cookies, por exemplo? Será que tínhamos os itens adequados de "Saudáveis" – sendo este um dos subsegmentos que mais crescia? E em termos de versões/variantes, qual era a performance? Qual o sabor com o melhor ou pior resultado? Qual a embalagem que se destacava? Será que a estrutura refletia como o shopper comprava a categoria? Já vimos, acima, que não! E como seus clientes compravam? Quantos itens? Quantos segmentos? Estes foram apenas alguns dos inúmeros questionamentos, sem respostas, em um primeiro momento. Afinal, a estrutura estava restrita à análise total biscoito doce.

Para começar a, de fato, construir os pilares essenciais ao GC, como primeira atividade, nos reunimos com a equipe do cliente – TI, comercial, cadastro para:

1. Avaliar a possibilidade de abertura de novos níveis – chegamos a seis no total.
   SETOR → CATEGORIA → SEGMENTO → SUBSEGMENTO → SUB-SUB → VERSÃO → MARCA e a descrição do item
2. Criar a nova estrutura – saindo de **Estrutura Mercadológica** para **Estrutura Shopperlógica** – tendo como base a árvore de decisão do shopper.

CADASTRO E ESTRUTURA MERCADOLÓGICA
ANTES DO PRÉ-GC

SETOR	CATEGORIA	SEGMENTO	MARCA	DESCRIÇÃO DO MATERIAL
MERCEARIA DOCE	BISCOITO	DOCE	PANCO	BISC PANCO MARIA 400G

CADASTRO E ESTRUTURA REVISADA
ESTRUTURA SHOPPERLÓGICA

SETOR	CATEGORIA	SEGMENTO	SUBSEGMENTO	SUB-SUBSEGMENTO	VERSÃO	MARCA	DESCRIÇÃO DO MATERIAL
MERCEARIA DOCE	BISCOITO	DOCE	COOKIE	TRADICIONAL	CHOCOLATE	CHOCOOKY	BISC. COOKIE CHOCOOKY 120G CHOCOLATE
MERCEARIA DOCE	BISCOITO	DOCE	COOKIE	SAUDÁVEL	CACAU E AVEIA	BAUDUCCO	BISC. COOKIE BAUDUCCO INT 40G CACAU E AVEIA

3. Alocar os itens adequadamente em cada segmento, subsegmento e subsub
4. Padronizar a descrição e criar regras para cadastrar os produtos:
CATEGORIA (sem abreviação)/**SEGMENTO/SUBSEGMENTO/ SUB-SUB** (abreviar 4 letras)/**VERSÕES** (abreviar 4 letras)/**MARCA** (sem abreviação)/**DESCRIÇÃO DO ITEM**

EXEMPLO: BISCOITO (sem abreviação); **DOCE; COOKIES; TRAD; CHOC; BAUDUCCO** (sem abreviação); **DESCRIÇÃO COMPLETA.**

De posse desta nova segmentação descobrimos, por exemplo, que recheados caía apenas via tradicional, mas que cookies, um segmento específico, estava alocado dentro de recheados. Ele que crescia substancialmente no mercado, não estava sendo trabalhado – encontramos apenas 2 itens na base de cadastro e na gôndola.

Ademais, não tinham a abertura de "saudáveis, dietas especiais", havia apenas um (1) item alocado em doces, subsegmento que crescia mais de 40%, segundo dados de mercado.

Note como muda totalmente a perspectiva e gestão do negócio com um cadastro e uma estrutura mercadológica, que reflete com propriedade a categoria, as necessidades do shopper e como ele compra a mesma.

MAS POR ONDE COMEÇAR A REESTRUTURAÇÃO DE MEU CADASTRO?

Comece pelo básico:

1. Revise seu cadastro
2. Ajuste as inconformidades
3. Padronize as descrições e como cadastrar o produto
4. Ajuste sua estrutura mercadológica pela ótica do shopper - **Shopperlógica**
5. Aloque os itens adequadamente
6. Faça revisões periódicas
7. Crie um processo para cadastramento
8. Crie ficha padrão com dados obrigatórios

2.4
Qual é o papel e a relevância de cada área no GC?

Como já falamos anteriormente, proporcionar uma melhor experiência de compra passa por ter o shopper no centro das decisões. Para tanto, é necessário identificar o "shopper-alvo" e garantir o sortimento correto, uma boa exposição, a quantidade adequada, preços competitivos, no momento que o cliente necessitar e com promoções inspiradoras para obter resultados positivos para fabricantes e varejistas. Uma das ferramentas mais poderosas para atingir esse objetivo é, sem dúvida, o GC. E para que ele saia do papel e seja implementado a contento, é preciso que haja a soma de um bom planejamento com o envolvimento e sinergia de diversas áreas da empresa. As atividades e processos exigidos, para tornar o GC efetivo, envolvem todas as áreas da empresa, e todos, sem exceção, são responsáveis pelo êxito deste processo.

É um processo que exige mudanças culturais, processuais, estruturais, tecnológicas, atitudinais, comportamentais. É uma missão que deve ser incorporada à cultura de toda a empresa que pretende executá-lo.

De acordo com o superintendente do ECR Brasil, Claudio Czapski, tudo muda com o GC. "É muito importante que o supermercadista tenha em mente que nenhum departamento é mais importante que o outro, pois todos têm o seu papel e devem agir de maneira orquestrada", esclarece o especialista.

> *"A definição de responsabilidades exatas de cada área (GC, logística, marketing, pricing, comercial etc.) no processo é o principal benefício. Com isso, há união entre as áreas, e a continuidade do trabalho de GC proporciona os bons resultados de forma mais integrada e rápida."*
>
> Leonardo Myiao, diretor comercial do Grupo Pereira

A verdade é que o GC, por si só, não funciona se todos os interlocutores que se relacionam direta ou indiretamente com o processo, e todas as engrenagens, não estiverem adequadas. Não adianta planejar o GC e adquirir ferramentas se não prepararmos e engajarmos as equipes. Não há GC que resista se o marketing não comunicar bem, se as promoções não forem eficientes, se a sinalização não estiver adequada, se o comercial não construir as políticas de marcas, se os produtos não tiverem a correta precificação ou, ainda, se tivermos falhas no abastecimento.

A equipe do GC tem uma grande missão, que vai além do processo em si: a missão de engajar a equipe e inspirá-la a mudar a forma com que faz as coisas. Segundo Jorge Felizardo, especialista em GC, é preciso matar as "Gabrielas" que existem em cada área e em cada um de nós. *(Veja artigo no final do capítulo).*

> *"Como já tive algumas experiências com GC anteriormente, o primeiro ponto, antes de qualquer ação, é fazer com que o time acredite nele, que realmente tenha o GC como o apoio para busca de soluções junto ao shopper. Nós trabalhamos com a Connect Shopper para estruturar toda área de GC, tanto no processo de formação das pessoas e nos processos que englobam todo mecanismo de marketing, comercial do negócio, até chegar, realmente, no cliente final. E o processo evoluiu muito quando houve o comprometimento das pessoas e de todas as áreas. Eu conhecia GC de empresas grandes, e uma das maiores dificuldades era fazer uma integração das áreas do GC, no Lopes, até por ser uma empresa média, tanto no planejamento estratégico, como em todas as frentes de projeto que atuamos, há a facilidade de envolver todas as áreas de negócio. A consultoria entendeu isso e nos ajudou a, realmente, não só desenvolver área de GC, a área comercial e de pricing, mas também passar o GC para todas as áreas da empresa. Hoje, se a gente pegar qualquer área, todo mundo sabe o que é GC, e qual o seu papel no GC. Quando eu chamo a área de BackOffice, seja parte de cadastro ou controladoria, ela sabe o que é GC e realmente sabe a contribuição que tem de dar para aquilo. O GC motivou toda a empresa a dar algo a mais, e entregar algo melhor para o cliente."*
>
> Celso Renato Ferreira, diretor comercial e de marketing do Lopes Supermercados

O RH E O GC

Vamos às áreas especificamente. Começo destacando a importância de recursos humanos no GC. E você deve estar se perguntando, o que recursos humanos tem a ver com GC?

Eu digo, tudo! Conforme já comentado, o GC é um processo que exige mudanças culturais, engajamento, formação, capacitação.

O RH tem um papel crucial, que vai desde disseminar o conceito de GC até a formação e capacitação de toda a empresa em seus fundamentos básicos. O objetivo é desenvolver profissionais com atitudes e habilidades diferenciadas, capazes de relacionar na sua rotina diária uma real orientação, para o mercado e o cliente, e implementar as práticas e processos do GC.

Dica: Sempre que iniciamos algum trabalho de GC em nossos clientes, a primeira atividade é um **Workshop de Engajamento** e de definições do papel de cada um no processo.

Em paralelo, sempre lançamos um boletim regular para gerar curiosidade e conhecimento sobre o tema. A ideia com estas atividades é ajudar a "vender" o GC para todos e torná-lo parte integrante da cultura da empresa.

Em alguns clientes, incluímos nas metas de PLR ou bônus da equipe – do alto escalão aos executivos mais *juniors* – percentuais relacionados ao processo do GC. Ao comercial, por exemplo, cumprimento das políticas de marcas e itens e manutenção do mix de margem. À operação, percentuais relacionados à manutenção do planograma.

"Vários motivos nos levaram a investir no GC, como entender as necessidades do shopper, organizando as categorias de maneira que ele possa encontrar todas as soluções no seu momento de compra, a oportunidade de aumentar as vendas, rentabilidade, melhorar os níveis de estoques com adequações do sortimento. No entanto, as barreiras iniciais são, principalmente, as mudanças de paradigmas. Temos a missão de engajar toda a equipe no mesmo objetivo. Mostrar que o GC contribui muito para melhorias de venda, rentabilidade e percepção de sortimento. Temos que provar que há resultados efetivos."

Almir de Souza Peres, gerente de Suporte e Inteligência Comercial do Grupo Roldão Atacadista

A ÁREA COMERCIAL E O GC

Assim como a área comercial é vital para a empresa, sendo que para muitos comerciantes ela é considerada o "coração", é também ao GC e, neste tema, temos inúmeras oportunidades.

E as oportunidades vão desde temas relacionados a uma necessidade de maior desenvolvimento e crivo analítico, passando por uma gestão mais profissionalizada das categorias, até o movimento mais recente de sair de relações meramente transacionais, em que ainda imperam visão e ações de curto prazo, oportunismo, verbas e mais verbas, para dar lugar a uma gestão colaborativa, ganha-ganha-ganha.

É o time comercial, com ênfase na estratégia, que deve ter clareza e validar com cautela políticas de marcas, políticas de introdução e exclusão, os papéis das categorias – é o papel da categoria que direciona e define o processo e a estratégia do sortimento a ser oferecido em todos os aspectos: número de itens, variedade, profundidade e amplitude. Além das ações promocionais, ativação, entre outros, e garantir os acordos comerciais sem prejuízo à empresa, aos parceiros estratégicos e ao shopper. Trataremos este tema em um capítulo específico.

"Em minha opinião, o GC deveria ficar dentro do comercial, mas o gestor da área (gerente ou diretor) tem que ter maturidade para tomar algumas decisões, porque, às vezes, terá que ir contra a filosofia de seu trabalho."

Bruno Bragancini, diretor-geral do Enxuto Supermercados

Com o avanço dos processos e maior matturidade, o próprio GC pode assumir o papel de definir e recomendar o sortimento.

A LOGÍSTICA E O GC

A logística também é crucial para que os resultados aconteçam. Afinal, tudo parte de ter disponibilidade do produto – o produto certo, na quantidade certa – para que o mesmo seja adequadamente oferecido aos consumidores/shoppers.

No mínimo, garantir uma política de abastecimento eficiente para minimizar rupturas e estoques excessivos e monitorar indicadores estratégicos, como ruptura, giro de estoque, agenda de fornecedores, *lead time, fill rate*, etc., e propor planos de melhorias no caso de desajustes. Aprofundaremos o tema mais à frente.

O MARKETING E O GC

O marketing, cujo escopo é bastante amplo, também possui um papel fundamental no GC. Cabe a este setor zelar pela comunicação visual, analisar a concorrência e o comportamento do mercado e desenvolver estudos e métodos de análise e relacionamento com os clientes, além do compromisso de informar, comunicar de maneira consistente.

O PRINCING E O GC

Pricing (em inglês) é o processo de colocar preços nos produtos e serviços. E é de extrema relevância para o GC.

Seja em qual área estiver, a estratégia de precificação é um fator crítico para o sucesso. Acompanhe na próxima página o que diz o especialista Fernando Menezes.

A clareza do que significa pricing!

Por Fernando Menezes*

Em tempos de crise, todos os envolvidos com o mercado varejista, no geral, buscam alternativas e soluções para aumentar as vendas, com mais margem, e ter mais clientes nas suas lojas e a estratégia de precificação entra em cena.

Quando falamos em estratégia de precificação, temos que lembrar de duas etapas anteriores ao processo simples de captação de preços e ajustes de regras de negócio, temos que verificar a "Proposta de Valor da Companhia" e pesquisar o shopper, como ele percebe isso. É o que sugerimos como o primeiro passo.

No segundo momento, começamos a desenhar a avaliação estratégica de precificação, em que a leitura e a definição de preços fazem parte do processo, mas outros elementos também possuem uma relevância significativa, como identificar quem são meus concorrentes ofensores, e em quais categorias, desenhar o mapa estratégico do concorrente, entender as ações comerciais, definir a régua de margem e a rentabilidade esperada. E não esquecer da definição de sortimento, gerenciamento de categoria e como estão a experiência e a percepção do consumidor do preço justo.

Reforço nossa recomendação: o pricing não se resume em apenas captar os preços e alterá-los; mas quem identificar que o pricing é um pilar estratégico dentro da Célula de Inteligência de mercado estará um passo à frente do seu concorrente.

*Fernando Menezes é sócio-fundador da Pesquisejá

OPERAÇÕES E O GC

Você já deve ter escutado esta frase: "é na loja que tudo acontece"! Pois isso é fato. Mais de 70% das decisões do shopper ocorrem no PDV.

Neste contexto, a equipe de operações tem uma enorme missão no processo de GC. Do que adianta ter um bom time de comercial, uma logística eficiente, uma política de precificação e comunicação estratégica, se o produto não estiver adequadamente exposto – disponível, visível, acessível.

A equipe operacional da loja, além das atividades regulares, deve garantir a execução e zelar pela manutenção do planograma ou, na falta deles, dos referenciais de exposição.

> *"A operação é um outro ponto de grande resistência ao GC. Por que? O que os gestores de loja utilizam para definir espaço? A visita do promotor, que, se for aliado do líder da loja, consegue mais espaço e até espreme o outro que pode deixar a rentabilidade melhor, mas que por não ter promotor e ser uma indústria menor sofre com isso. A operação também perde o poder. O líder se ressente por não poder mais definir o espaço. Então o desafio é fazer com que eles entendam isso, o que é melhor para o resultado do negócio e participem da mudança."*
>
> Bruno Bragancini, diretor da rede Enxuto

Mas as áreas que impactam no GC não param por aí. O setor de cadastro de produtos, o TI (tecnologia da informação), por exemplo, também são áreas de grande relevância ao GC, com um papel crucial para garantir desde a qualidade das informações até o fácil acesso às mesmas.

A CONTRIBUIÇÃO DE CADA ÁREA PARA O GC

COMERCIAL
- Criar e manter a política da marca
- Criar e garantir a política de introdução e exclusão de itens
- Garantir acordos comerciais favoráveis à companhia e ao shopper
- Avaliar as propostas de revisões de itens

SUPPLY
- Criar e garantir a política de abastecimento das lojas
- Gerar, validar e acompanhar os parâmetros de qualidade e eficiência
- Monitorar indicadores de rupturas, nível e giro de estoque, e outros

MARKETING
- Desenvolver e padronizar política de comunicação visual
- Executar estudos e pesquisas com os clientes
- Executar estudos de mercado: preços, concorrência

PRICING
- Desenvolver e padronizar política de precificação
- Acompanhar e zelar pelo mix de margem

OPERAÇÕES
- Garantir equipe para a execução no PDV
- Garantir equipamentos adequados aos funcionários
- Garantir cumprimento e manutenção do planograma ou guia de exposição

RH
- Apoiar o fortalecimento da cultura colaborativa entre as áreas
- Promover política de capacitação focada no GC

CADASTRO DE PRODUTOS
- Garantir o padrão das nomenclaturas
- Garantir a veracidade de todos os códigos

TI
- Garantir agilidade na geração de relatórios para a gestão das categorias
- Zelar pela eficiência dos sistemas de gestão

Fonte: *Connect Shopper*

A ÁREA DE TECNOLOGIA E O GC

É a área que deve garantir a qualidade, acessibilidade e disponibilidade de informações. Lembrando que informação é palavra de ordem para o GC.

A área de TI para o GC atua no apoio, revisão e adequação de ferramentas e plataformas, criação de relatórios, automatização de análises diferenciadas demandadas pelo GC, automatização de processos ou, ainda, na aquisição, teste e implementação de novas e mais modernas ferramentas e tecnologias.

Com o avanço tecnológico, hoje temos inúmeras ferramentas amigáveis para análises, para definição e gestão de sortimento e para execução e auditoria de planograma.

Mas aqui cabe um alerta: cuidado com promessas milagrosas. O GC é formado por **Processos, Pessoas e Plataformas**, um ou outro, sozinho, não funciona. Ou seja, de nada adianta você investir em ferramentas, por mais automáticas que sejam, sem investir, antes, em construir **Processo**, estabelecer regras e políticas e, sobretudo, sem **formar e engajar as pessoas**. Conforme declara o próprio prof. dr. Brian Harris, "a busca por 'simplificações', 'automatizações' e maneiras rápidas de querer fazer GC podem ser as razões pelas quais o GC não se firmou, de vez, por aqui".

O GC COMO PROCESSO

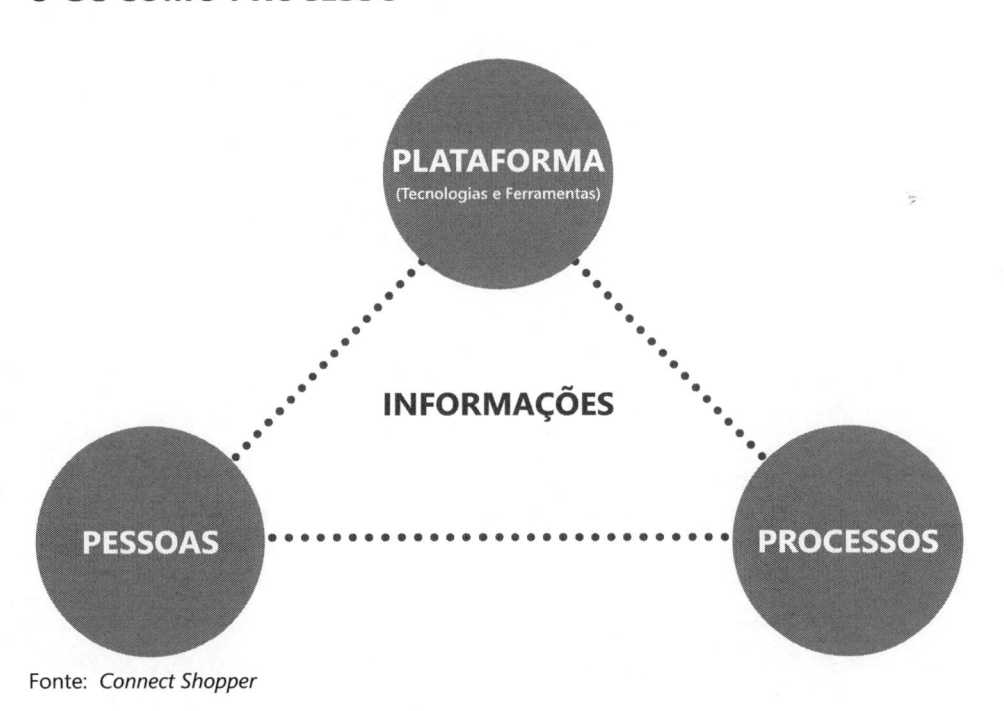

Fonte: *Connect Shopper*

Dica: forme a equipe, estruture a área, crie as políticas e processos mínimos necessários, faça a equipe executar alguns projetos, mesmo que de uma forma mais manual, para que se crie a cultura do GC. Forme e informe a todos, para que o GC possa, daí sim, ganhar corpo e você investir em inovações tecnológicas.

Em inúmeras empresas que já implementamos os processos de GC, a sustentação e sucesso veio justamente a partir da construção dos pilares básicos (Pré-GC). Em todos os casos, as ferramentas vieram num segundo momento, daí sim, como consequência da necessidade de se agilizar, acelerar e automatizar algumas das atividades. Mas todos já sabiam exatamente o que fazer e como.

> *"Mesmo que você tenha processo, mesmo que você tenha sistema, se as pessoas não acreditarem no processo e não acreditarem no sistema, você não consegue por nada para frente, porque o GC depende de pessoas. Precisamos de pessoas capacitadas para coletar dados, para analisar, para desenhar uma proposta e executá-la. E se você não tiver engajamento, capacitação, nada vai funcionar. Processo e tecnologias você pode adquirir, criar, desenvolver, mas, se você não tiver pessoas que possam executá-los, você morre na praia, mesmo que tenha ótimas ferramentas de sistemas, ótimos processos. Tudo depende de gente."*
>
> Mario Corazza, diretor de Marketing e Produto da Queensberry

Engajamento – Ajuda ou Fogo Amigo

Por Jorge Felizardo*

Em um processo de gerenciamento, é sabido que necessitamos engajar todos os parceiros, mas o que acontece em muitos casos é que, sem saber, "dormimos com o inimigo" ou temos aquele fogo amigo no setor vizinho.

Como isso, muitas vezes acontece, precisamos nos transformar de parceiros em "assassinos". Sim, em "assassinos da Gabriela". Esse trocadilho é necessário porque, assim como versava o poema, "Eu nasci assim, eu cresci assim... eu sou Gabriela", é necessário "MATAR" a Gabriela do comodismo e da zona de conforto que assola e sabota os projetos.

Vejamos alguns exemplos.

Time de Trade Marketing – É o nosso parceiro do lado da indústria, e tem como premissa lutar pelos interesses do varejista dentro da indústria e nos ajudar a fazer a "ponte" com o time de merchandising.

Gabriela – Em muitos casos, legisla em causa própria, buscando os interesses do *share* do fabricante e esfola o time de merchandising. Nunca foi a uma loja ou fez compra para saber o que é uma experiência de compra. Às vezes, nem tem esclarecimento sobre o conceito de "shoppers". Apenas ouviu dizer ou teve conversas com a sua "doméstica, porteiro ou copeira da firma". Realmente isso não ajuda – Matem essa Gabriela!

Time de Cadastro – Tem que nos ajudar com as informações "básicas" no sistema, mas a "Gabriela" entra em ação quando aparece o "jeitinho" para ser mais rápido e se esquece de algumas informações ou indica outro NCM*, e com isso cadastra o produto em outra subfamília para não aparecer no quantitativo. Mais uma vez, estamos dormindo com o inimigo!

Time de Abastecimento – Em nosso mundo ideal, o da Shoppercracia proposto por Fátima Merlin, a equipe envia para as lojas somente os itens em quantidade que atendam a demanda. A loja "vende" para depois "comprar" do CD ou fornecedor, certo?........Errado!

Gabriela – Muitas vezes tem indicadores de estoque e tesouraria, ou mesmo de inventário, e para se "livrar" de problemas, empurra tudo para a loja sem grade ou mesmo nota fiscal. Aí meu caro, já era! Mesmo com a maior boa vontade do mundo, não há GC que aguente com a loja entupida de mercadoria e, em muitos casos, fora de linha.

Outra ação que se torna costumeira, é falar que o sortimento está inchado e que precisamos cortar radicalmente os itens de baixo giro, ou seja, vamos vender apenas os supersensíveis e de alto giro... Assim fica fácil, né?

Time de Recebimento – Na loja perfeita, assim que chega uma mercadoria é feita uma conferência minuciosa dos itens da "nota fiscal", indicando aos promotores que guardem primeiro os itens PAR e cada um no seu setor ordenadamente.

Pois bem, a Gabriela precisa ser esquartejada nesse caso, porque na vida real a conferencia é feita depois de algumas horas, no mínimo, ou quando o motorista do CD ou fornecedor já está a léguas de distância. Ainda assim, a conferência é feita até onde a vista enxerga, se tiver algum item de PAR, "que

Deus ajude que não tenha sido danificado". E se a loja estiver às vésperas do balanço ou no dia de feirão, pode ter certeza, ficará tudo com "shrink" em um canto até terminar a ação. A nota também só entrará depois. Pelo amor de Deus, isso é uma Gabriela ou não é?

Time de Marketing – Tem que mostrar o "novo" para os clientes, assim como nas categorias mais novas. Precisa acertar com a indústria e montar materiais explicativos que ensinem os shoppers e consumidores.

Mas na prática, a resposta de praxe é: "Não tenho verba, meu foco ou *job* agora é na campanha do patrocinador ou na ação de *trade*". Não é preciso ter uma boa grana envolvida, porque uma testeira, sem ser da "Nasa", é muito mais acessível ou barata que muita demanda ou *job*.

Time de Operações – Em nosso mundo ideal é preciso zelar pela experiência de compra e conhecimento profundo da clientela, e manter o layout definido. Mas na vida real, a "chapa esquenta"

Quando o time de GC sai do escritório e vai para a loja, a primeira frase que geralmente se ouve da operação é: Aqui é o meu mundo, EU CONHEÇO o meu cliente e acho que ELES não vão aceitar AQUELE layout que você mostrou para o patrão; aqui, quem manda sou eu! GABRIELA TOTAL!

Meu amigo, se fosse só o diretor falando assim, estava bom. Mas ainda há o encarregado, o subgerente, o supervisor, ou seja, é uma "casta" ou "feudos" que se instalam no chão da loja e que para penetrar, haja alinhamento e serra elétrica para matar essa irmandade de Gabrielas.

*Jorge Felizardo – especialista em gestão por categoria

2.5
O jogo do perde-perde-perde
Não destrua seu negócio, COMBATA A RUPTURA!

A falta do produto nas prateleiras dos varejistas é o que, no "jargão" popular, se conhece por ruptura.

Se o montante perdido com a ruptura fosse uma empresa de varejo, de acordo com estatísticas de mercado, ocuparia a 3ª posição no ranking de supermercados – isso somente considerando o varejo alimentar. Imagine se incluirmos nessa estatística, materiais de construção, medicamentos, varejos especializados em higiene e perfumaria, roupas, sapatos, entre outros.

O fato é que a ruptura, além da frustração ou irritação que causa ao consumidor, por não encontrar o que foi buscar, gera perda de vendas e margens dos produtos faltantes e, eventualmente, de itens complementares, além de estimular o cliente a buscar tais produtos em outro lugar, e afetar a imagem do estabelecimento e a fidelidade à marca e à loja.

E por que isso acontece?

Uma vez que o varejista define o sortimento de produtos e serviços, ele cria uma "promessa" e gera expectativa no cliente em relação à entrega dela. Muitas vezes, a escolha/preferência pela loja pode ocorrer exatamente pela oferta adequada.

Neste contexto, a ocorrência de rupturas é a quebra da promessa.

Claro que as decisões do shopper vão depender do grau de fidelidade ao produto e à marca, registrando-se índices mais elevados em itens como alimentos para bebês e cosméticos (raramente substituídos) e mais baixos em produtos do tipo *commodities*, como óleo, farináceos, arroz, feijão e, também, do tipo de compra e da urgência da mesma.

Embora a ruptura seja danosa para todos, ela é ainda muito mal administrada. Poucos têm indicadores consistentes e de qualidade ou monitoram as mesmas de maneira regular e efetiva. E são poucos, também, aqueles que identificam as causas e que possuem processos para combatê-las.

E o desconhecimento ou a baixa qualidade dos indicadores de ruptura podem estar relacionados, em uma primeira instância, à falta de um bom cadastro e de uma estrutura **Shopperlógica**.

Explico melhor. Normalmente, quando iniciamos processos de GC, identificamos oportunidades na estrutura e no cadastro, conforme já comentei.

Vamos considerar a categoria **Biscoito**. A maioria dos varejistas possui apenas em seu cadastro o segmento doce e salgado. Outros poucos indicam o subsegmento doce tradicional, recheados e diversos. Porém, há inúmeros segmentos relevantes e que precisam constar separadamente, a exemplo de lanchinhos, cookies, wafer, integrais, entre outros.

Assim, com esta estrutura extremamente genérica, ao levantarmos os níveis de ruptura junto aos nossos clientes, no início gira em torno de 8% a 12%. Em muitos casos, na média, é isso mesmo. Mas, média é um parâmetro muito complicado. Se um segmento tem 1 e o outro, 10, em média, o índice é 5.

Eis que, ao segmentar a base de maneira adequada, o que descobrimos? Segmentos (ex. biscoitos recheados) superestocados tendo estoques 2 ou 3 vezes maiores do que o necessário, e outros segmentos (ex. cookies), ao contrário, com rupturas da ordem de 30%, 40%. Já chegamos a identificar segmentos com 80% de ruptura, segmentos estes relevantes para o negócio e que de acordo com dados Nielsen, eram os que apresentavam as maiores taxas de crescimento.

Um exemplo, bem interessante, ocorreu em um varejo da Região Sudeste. Fomos executar a categoria de Iogurtes e, segundo os indicadores iniciais, a ruptura era da ordem de 8,7%. Quando revisamos a estrutura, reclassificamos os itens considerando os diferentes momentos de consumo (ex. sobremesa, lanchinho, sem lactose, entre outros), e as descobertas nos deixaram chocados.

Em vários segmentos relevantes, que antes do Pré-GC não estavam estruturados, o nível de ruptura ultrapassava 40%.

> Neste varejista, o mesmo ocorreu na categoria de Biscoito. Em cookies, por exemplo, o segmento que crescia dois dígitos na região possuía apenas um item cadastrado e, pasmem, sem estoque.

Diante dessas situações, o que o consumidor faz quando não encontra o produto que deseja?

O QUE FAZ O CONSUMIDOR QUANDO NÃO ENCONTRA O PRODUTO QUE DESEJA?

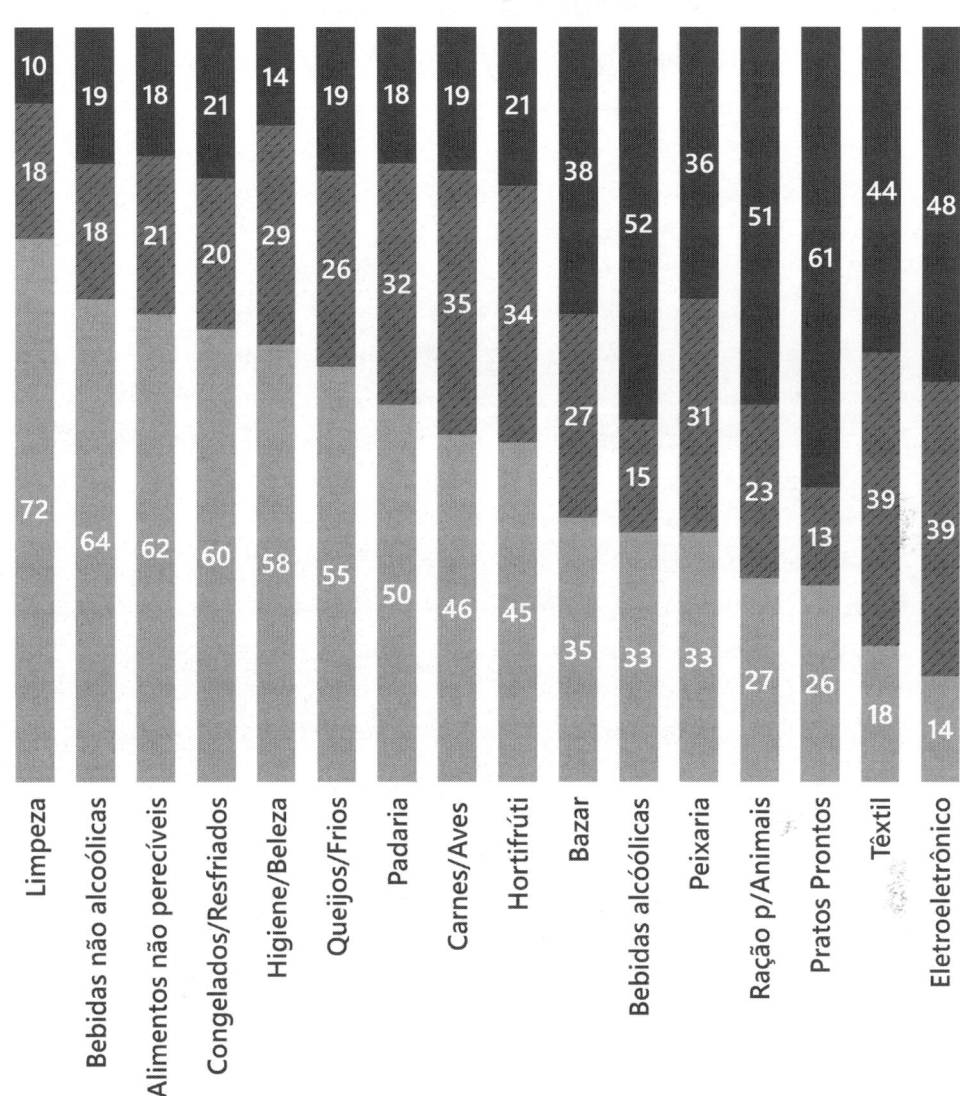

Categoria	Não leva	Muda de Loja	Muda de Marca
Limpeza	10	18	72
Bebidas não alcoólicas	19	18	64
Alimentos não perecíveis	18	21	62
Congelados/Resfriados	21	20	60
Higiene/Beleza	14	29	58
Queijos/Frios	19	26	55
Padaria	18	32	50
Carnes/Aves	19	35	46
Hortifrúti	21	34	45
Bazar	38	27	35
Bebidas alcóolicas	52	15	33
Peixaria	36	31	33
Ração p/Animais	51	23	27
Pratos Prontos	61	13	26
Têxtil	44	39	18
Eletroeletrônico	48	39	14

Fonte: *ECR Brasil*

PRINCIPAIS CAUSAS DAS RUPTURAS

Temos três principais causas das rupturas: comerciais, operacionais, sistêmicas (estoque virtual). E ocorrem, entre diversas causas, devido a:

- **Falta de conhecimento:** não possui indicadores de rupturas ou possui indicadores genéricos
- **Venda de espaço:** seja promovida pela área comercial ou pela loja (bonificações para aumentar o espaço, exposição em locais diferenciados, incentivos, etc.), na maioria das vezes, esta "venda" não respeita os espaços e locais adequados recomendados por análises estruturadas. Esta prática, em muitos casos, pode fomentar superestoques e rupturas
- **Falta da definição dos papéis das categorias[1]:** há uma forte tendência em trabalhar todas as categorias igualmente, comprando a mesma quantidade de marcas, independentemente do papel que esta categoria assume
- **Falta de técnicas para definição do sortimento:** pouco crivo analítico, pouca gestão da informação e de análises para tomada de decisão. Muito se decide olhando, simplesmente, a concorrência, *feeling*, "delargando" ao fornecedor a decisão de sortimento (compra o que o fornecedor vende). Em muitos casos, realiza uma compra de oportunidade em detrimento ao sortimento inteligente
- **Falta de critérios e de políticas de marcas e de introdução/exclusão de produtos**: grande tendência em concentrar esforços em ter muitas marcas (similaridade), não se preocupando de maneira adequada com a variedade – fundo de sortimento, complementos de linha, entre outros
- Entregas fora do prazo, quantidades menores do que as acordadas, sistema falho de reposição, agenda com fornecedor, picos de vendas, desordem no depósito, caixas de despacho com a quantidade mínima vendida superior à necessidade de cobertura de vendas da loja ou que acarretam perdas.

---

1. **Papéis de categorias** - determinam a relevância da categoria para o varejista, levando em conta a estratégia do mesmo, o shopper-alvo, o mercado em que atua. É o papel da categoria que direciona e define o processo e a estratégia do sortimento a ser oferecido em todos os aspectos: número de itens, variedade, profundidade e amplitude. Além das ações promocionais, ativação, entre outros.

"Em nossa primeira loja que passou pelo GC, desde que ele foi implantando, ela passou a ser a melhor em índice de ruptura. Estamos fazendo roll-out das demais lojas e elas começam a melhorar questões de ruptura e de venda, porque começamos a acertar todo o processo de negócio: processo comercial, processo de oferta, até chegar na entrega de uma melhor experiência para o cliente."

Celso Renato Ferreira, diretor comercial e de Marketing, da rede Lopes de Supermercados

Veja na tabela abaixo um caso de ruptura em rede de material de construção.

RUPTURAS REAIS – DETECTADAS PÓS-ATIVIDADES DE PRÉ-GC
ABRAÇADEIRAS / QUADROS ELÉTRICOS

CATEGORIAS	% RUPTURA
DIMMER	50%
ABRAÇADEIRAS	45%
QUADROS ELÉTRICOS	40%
ELETROFERRAGENS	35%
DISJUNTORES	33%
CANALETAS	31%

Fonte: *Connect Shopper*

Mas lembre-se, do lado da indústria também há vários fatores:

- Forçar o mix total em detrimento ao sortimento inteligente
- Atrasos na entrega
- Pedidos imprecisos, incompletos, entre outros.

Quem promete, CUMPRE!

Talvez, por eu ser de outros tempos – ultrapassados? –, aprendi logo cedo o valor do cumprimento das promessas.

Na verdade, acredito que esta expectativa faça parte de nós, da nossa cultura, desde a mais tenra idade, sendo a base da confiança nos pais, mais tarde nos amigos, no sistema educacional, no funcionamento dos objetos, e por aí vai.

Se comprarmos uma geladeira que não gela, uma máquina de lavar que não lava ou um relógio que não marca as horas ou uma garrafa de refrigerante com o conteúdo pela metade, ficamos, no mínimo, aborrecidos; e se não forem tomadas medidas reparadoras adequadas por quem nos vendeu o produto, certamente não perdoaremos e usaremos a maior arma que temos como consumidores: nunca mais voltaremos ao ponto de venda que nos atendeu mal nem compraremos produtos de quem nos decepcionou.

A mesma verdade se aplica à relação entre um supermercadista e os clientes de sua loja.

Ao definir o sortimento do estabelecimento, o varejista está prometendo a seus clientes que, a qualquer hora que venham a uma de suas lojas, terão à sua disposição cada um dos itens que compõem o mix.

E a promessa não é dos itens A, mas de TODOS os produtos do sortimento.

Qualquer produto que falte certamente tem impacto negativo para o varejista, o shopper e o fabricante – em diferentes proporções, e de natureza diversa, conforme o papel da categoria e a missão de compra a ela associada.

— Por Claudio Czapski*

Vejamos as funções estratégicas de cada papel da categoria:

PAPEL	FUNÇÃO PARA O CONSUMIDOR	FUNÇÃO PARA O VAREJISTA
Reposição	Abastecer a casa do básico, grande volume	Fluxo de clientes e volume de vendas
Destino	Produtos e serviços diferenciados ou exclusivos, muito apreciados	Fluxo exclusivo, valor agregado, identidade e fidelidade
Ocasional	Solucionar necessidades de um período ou ocasião específico	Oportunidade de volume e margem por período limitado
Conveniência	Facilidade ou indulgência	Venda com boa margem

Assim, se faltarem na loja itens do sortimento – que o shopper acredita sempre poder encontrar – estaremos arriscando perder fluxo, volume, margem, credibilidade, fidelidade, vendas de outros itens da mesma ocasião de consumo ou até o cliente.

Nossa promessa perde valor, como também nossa imagem se desgasta, e corremos o risco de passarmos a ser uma loja qualquer e não mais a loja preferida.

Se vender é a essência do negócio do varejista, não ter o que vender é a base de sua ruína.

E se o varejista tem uma base de clientes que lhe dão preferência, não ter na loja produtos e serviços, que os fez desenvolver esta relação, é a melhor maneira de entregá-los à concorrência – e, dependendo do caso, poderão falar mal da loja. É a ruína do negócio e da reputação de quem o construiu.

Fica evidente a necessidade de adotar ações efetivas no combate à ruptura.

A primeira atividade poderia ser intitulada ARRUMANDO A CASA. É a base da gestão, é ter controles e números que permitam entender o que acontece e fundamentar decisões.

São controles dos indicadores de venda e de margem (da rede, por loja, por categoria, por fornecedor, por item, por período, etc.), de giro, de cobertura de estoque, de custos (compra e abastecimento), volumes de estoques, dias de cobertura de vendas, faltas, tempo de espera e por aí vai.

Sem isso, estaremos dirigindo a empresa como se estivéssemos conduzindo um carro em meio a uma espessa neblina.

Uma vez tendo a casa arrumada, controles gerenciais, criados a partir de dados confiáveis, podemos passar à segunda atividade, que é GARANTIR O ABASTECIMENTO.

A ideia central é cumprir a promessa, fazer com que o shopper encontre sempre o sortimento completo. Para isso, é preciso integrar os controles do varejista com a indústria e, se for uma rede de varejo que tenha um ou mais centro de distribuição (CDs), deve-se integrar também estes com as lojas, pois de nada vale ter o produto no CD ou na retaguarda da loja. O que se busca é ter o produto na gôndola, pois se estiver em qualquer outro local, a venda estará perdida.

Só a partir do sucesso nesta empreitada, tendo um altíssimo percentual dos produtos do mix na prateleira, é que podemos nos aventurar a ingressar na terceira etapa: AUMENTAR AS PROMESSAS AO SHOPPER.

O instrumento para isso é o GC, que procura entender os diferentes perfis de consumidores e shoppers, definindo quais necessidades de consumo o varejista quer atender e de que forma (sortimento, mix, serviços, etc.).

É nesta etapa que se criam os diferenciais competitivos mais sólidos – desde que as promessas sejam cumpridas.

Prometer e não cumprir – na maioria das vezes por ter pulado as etapas 1 e/ou 2 (ou partes relevantes delas) – resulta apenas em ampliar a frustração e o risco de danos irreparáveis à imagem.

*Cláudio Czapski é Superintendente do ECR Brasil

Minimizando a Ruptura Operacional

A ruptura operacional ocorre quando o produto está no estoque da loja, mas não na área de vendas (não está exposto para o cliente).

Isto até parece estranho e você pode achar que isso não acontece? Ledo engano! Tanto acontece, que no caso da nossa empresa, o Tenda Atacado, identificamos índices superiores a 20%.

E aí veio a grande questão: como resolver este problema?

O primeiro passo foi sistematizar a rotina de operações e, em seguida, adquirir uma ferramenta que, dentre inúmeras funções, sugere rotinas e procedimentos para o reabastecimento automático das gôndolas.

Mas de nada adianta ferramentas se não há capacitação e engajamento da equipe, se não há processo adequado e rotinas para maximizar o uso e o potencial da mesma.

Assim, o segundo passo que demos foi estabelecer as rotinas, formar a equipe deixando claro o papel de cada um, estabelecendo, inclusive, metas para as rotinas com impacto nos resultados de todos os envolvidos. Criamos um programa de premiações para todos que atingissem os resultados estabelecidos no combate à ruptura operacional.

Dentro desse contexto, a equipe de loja conseguiu organizar estoques, melhorar a arrumação e a disponibilidade de produtos nas gôndolas, além de otimizar o trabalho dos repositores em ação.

Por Fernando Alfano*

A utilização da ferramenta nos permitiu simplificar os processos, desde ações para checagem e atualização de preços, até o atendimento aos clientes.

Mas já adianto que são imprescindíveis: disciplina, controles e métricas para avaliar se a equipe está seguindo à risca as rotinas.

A solução analisa regularmente as vendas item a item, e se detectar itens que não foram vendidos, envia uma tarefa de abastecimento. Geram-se rotinas para avaliar se eles estavam disponíveis em loja ou não e, em caso negativo, buscar estes produtos e, consequentemente, organizá-los na loja.

Além de ajudar a ajustar o mix de vendas (produtos que não giram e em estoque), também foi possível gerar controle sobre quebra e furto. E, ainda, solucionar problemas com estoque virtual.

Todas estas ações permitiram ganhos reais que contribuíram para obter melhor resultado operacional, tanto financeiro quanto de automação dos processos (houve redução de gastos com mão de obra e os processos tornaram-se precisos).

Adicionalmente, houve a promoção de melhor atendimento ao cliente final – quando um cliente procura itens em lojas tem informações imediatas e precisas de sua localização, estoques, preços e variantes. Para tanto, basta ler um código de barras de um item e ter acesso a uma infinidade de informações importantes.

A ferramenta permite, ademais, a geração de tarefas para as equipes de "chão de loja". Por exemplo, no caso de detectar uma gôndola mal arrumada ou produtos avariados pede-se correções imediatas.

Hoje, existem inúmeras soluções, por vezes muito abrangentes e que possibilitam a realização de diversas atividades (inventários, controle de preços, datas de validade, controle de promotores, controle do recebimento em lojas, etc.); o grande desafio está em capacitar e engajar a equipe.

RESULTADO: De uma ruptura operacional superior a 20%, reduzimos para patamares inferiores a 2%.

Fernando Alfano é diretor de Operações do Tenda Atacado

2.6
Parcerias estratégicas
Colaboração é pilar vital para o GC

No contexto atual, de alta competitividade, de busca por eficiência, produtividade, ganhos na cadeia produtiva, o tema colaboração ganha espaço na pauta de varejistas, fornecedores, atacadistas, distribuidores.

Segundo a Advantage Group, a colaboração é um caminho sem volta, e embora no Brasil ainda esteja aquém do ideal, em patamares intermediários, já ocupa a lista dos temas prioritários ao varejo e fornecedores.

"O Brasil ainda se encontra em um estágio mediano de relacionamento. Nossos indicadores apontam para um índice próximo a 20 pontos (em uma nota que vai de -100 a +100) e poucas são as empresas no mercado brasileiro que praticam, de fato, um trabalho colaborativo", comenta Ana Claudia Fioratti, CEO da Advantage Group Brasil.

Este avanço lento do tema se dá por conta de que as parcerias estratégicas pressupõem engajamento e comprometimento das "operações" dos dois lados para obter resultados sustentáveis para todos. Pressupõe sair de relações transacionais, da busca por vantagens individuais e atingimento de objetivos de curto prazo e negócios oportunistas para uma evolução a negócios colaborativos com resultados positivos para ambos os lados e a busca de fidelização do consumidor e recompra de produtos.

E, na prática, boa parte das redes varejistas e seus fornecedores, para não dizer a maioria, se quer possui instrumentos para avaliar as relações de parceria. Fator este que dificulta identificar em qual estágio de colaboração estamos na prática. Em muitos casos, se quer se tem troca de informações, geração de conhecimento conjunto para iniciar um modelo colaborativo. Muito menos objetivos comuns.

> *"Ainda hoje prevalecem as relações muito mais transacionais. Mesmo tendo grandes indústrias multinacionais no Brasil, que têm conceitos de GC maravilhosos e até cases em mercados espalhados pelo mundo, na prática, o foco é ainda no resultado individual ou de uma categoria específica do que num trabalho para ter uma loja melhor, uma loja pensada para o shopper, pensada sobre como ele vai conseguir visualizar melhor, escolher melhor os seus produtos e ter maior interação."*
>
> Marcio Corazza Almeida– diretor de Marketing e Produto da Queensberry

Se a colaboração é um movimento crescente e relevante, ao GC é vital. Para que o GC aconteça faz-se necessário ter a colaboração como pilar essencial da empresa (estar na cultura, no DNA, no planejamento estratégico). É necessário, comprometimento e engajamento das lideranças e equipe, alinhamento dos objetivos comerciais e operacionais entre os parceiros e indicadores comuns avaliados continuamente na busca de oportunidades.

O QUE É NECESSÁRIO DEFINIR ANTES DE SELECIONAR O PARCEIRO?

- Ter certeza de que sua empresa está disposta a colaborar
- Ter clareza de propósito
- Ter definido o shopper-alvo
- Ter definidas as categorias a serem gerenciadas.

> *"É preciso ter um cuidado especial na escolha do parceiro, optar por aqueles que estão realmente dispostos a abrir as suas informações, compartilhá-las, construir um plano conjuntamente e executá-lo a contento. Estratégia, processo de confiança entre as equipes envolvidas, credibilidade, compartilhamento de informações, cumprimento dos planos são fatores críticos do sucesso."*
>
> Marcio Corazza Almeida – diretor de Marketing e Produtos da Queensberry

E COMO ESCOLHER OS PARCEIROS?

- Identificar aqueles parceiros que estejam alinhados e partilhem do mesmo propósito
- Selecionar aqueles que sejam relevantes para o seu negócio

- Selecionar aqueles que tenham interesses mútuos – que partilhem do mesmo objetivo e shopper comum
- Que sejam líderes no mercado em que atuam e/ou na região
- Que invistam em inovações na categoria que atuam
- Que tenham níveis de serviços adequados e cobertura geográfica.

Obs: *Ao concentrar esforços em um número restrito de parceiros, pode-se obter níveis de colaboração que tragam mais eficiência e ganhos adicionais.*

Seja do lado da indústria ou do varejo, sugiro criar uma matriz com os pontos fortes e fracos de cada um dos potenciais parceiros para apoio às suas decisões.

De posse destas informações, faz-se o convite oficial ao potencial parceiro. Na indústria, conhecido como "capitão da categoria".

Após o aceite do convite, faz-se necessário definir a forma de parceria:

1. **Parceria limitada à troca de informações:** disponibilização de informações sobre a categoria a ser gerenciada e como o shopper compra a mesma, como segmentá-la e executá-la no ponto de venda. Além de ser possível, compartilhar informações sobre o racional de exposição, entre outros
2. Parceria para análise de sortimento, racional de exposição e planograma padrão
3. **Gerenciamento por Categoria parcial:** apoio em algumas atividades relacionadas ao GC
4. **Gerenciamento por Categoria completo:** do planejamento das ações à implantação em loja e monitoramento de resultados.

Seja qual for o nível de parceria adotada, a próxima atividade é assinar o contrato de parceria e confidencialidade, para a oficialização das regras e papéis de cada um – indústria e varejo –, sempre valorizando a ética e a imparcialidade.

Uma vez firmada a parceria, normalmente se realiza uma reunião inicial, que chamamos, tecnicamente, de *"kick off meeting"*, na qual se define todo o escopo e diretrizes do trabalho: troca de informações para conhecimento mútuo, escolha da categoria a ser trabalhada, estratégia associada a ela e o cronograma de trabalho em si. É importante, nesta reunião, compartilhar e alinhar as expectativas, visão estratégica sobre a categoria, identificar prioridades, limitações e traçar conjuntamente as estratégias, objetivos comuns e plano a ser executado.

> *"Ao alinhar expectativas e traçar objetivos comuns, unificam-se parâmetros na estratégia, no planejamento, na execução e indicadores, garantindo que todos os envolvidos caminhem em uma mesma direção. Todos saberão onde estão, onde querem chegar e como chegarão lá."*
>
> Claudio Czapski, superintendente do ECR Brasil

A partir daí, elabora-se o plano detalhado da categoria, valida-se mutuamente cada detalhe e, uma vez aprovado, parte-se para a execução.

Após a implementação do GC em loja, monitora-se os resultados e se necessário, corrige-se rotas.

Trabalhar em colaboração ajuda a atingir os resultados de um modo mais rápido, mais barato e com menos riscos, além de fortalecer a capacidade de inovar.

> *"A colaboração efetiva entre fabricantes e varejistas tem sido um princípio fundamental do GC desde o início. Relações colaborativas é um dos quatro "Componentes habilitadores" do GC. Ambas as partes trazem valor sinérgico ao processo, sendo que os fabricantes tipicamente têm informações mais aprofundadas sobre os consumidores e shoppers da categoria, tendências do mercado, etc; os varejistas têm mais informações sobre seus shopper – ou deveria ter - e a performance de uma categoria em seus formatos e lojas. Combinar estas inteligências complementares é o momento em que se pode identificar claramente oportunidades reais em uma categoria. Além de tornar o processo mais eficiente".*
>
> Prof. dr. Brian Harris, chairman da The Partnering Group

Mas nem sempre conseguimos estabelecer parcerias e colaboração. Há barreiras importantes a serem transpassadas:

A. Desconfiança entre parceiros
B. Desconhecimento – o varejo pouco conhece, de fato, do seu próprio shopper, e do lado da indústria, pouco se conhece da operação e das limitações para execução no varejo, para citar alguns

C. Ausência de fornecedores dispostos a fazerem GC em inúmeras categorias e/ou para pequenos e médios varejistas
D. Entrega de pedidos incompletos, imprecisos e fora do prazo, entre outros.

> "Foram poucas as experiências que tivemos com o GC. E como líderes no mercado, o que nos motivou foi a necessidade de nortear o rumo para a categoria. Como líderes, temos o dever de organizar a categoria, de orientar como a categoria deve ser executada, de trazer inovações para a categoria, de trabalhar junto com o varejista para desenvolver a categoria, de mostrar o quão relevante é essa categoria para o varejo e quantas oportunidades temos, se bem executada."
>
> Cristiano Moraes, diretor comercial da Queensberry

O varejo trabalha com mais de 150 categorias e, para muitas delas, não existe a figura do capitão ou indústrias interessadas em executar GC. Neste caso, qual seria a saída?

Criar um processo de GC internamente, ou seja, o varejista liderar e fomentar o GC. A exemplo de muitos, como Lopes Supermercados, Grupo Pereira, Enxuto, entre outros, que criaram a área, formaram equipe, estabeleceram processos e se estruturaram para viabilizar o GC.

Premissas importantes na parceria para consolidação do processo do GC

- Forte comprometimento do alto escalão das empresas
- Relacionamento de confiança e transparência
- Definição de uma liderança do processo
- Definição de uma equipe multifuncional – participação de todas as áreas envolvidas
- Intensa troca de dados e informações entre as empresas
- Investimento em pesquisa com o consumidor e shopper
- Tecnologia
- Adequação de um plano, considerando a realidade de cada loja.

Fonte: *Adaptado de Category Management, 1995; ECR Brasil, 2001*

Como podemos observar dentro do que já discutimos, o GC é um conjunto estruturado de atividades em etapas, projetado para o desenvolvimento e implementação de um Plano de Negócios de uma categoria. Assim, para que ele aconteça e permaneça, é importante considerar os pilares básicos, já evidenciados, avaliar o nível de profundidade, investimento e tempo necessários, estabelecer as mudanças nas rotinas de trabalho, nos processos e na comunicação, começando com a comunicação entre os parceiros, além de preparar toda a equipe, gerar informações necessárias para que o GC saia do papel.

Desafios na implementação de uma área de Shopper Marketing & GC

Por Diogo Alves de Oliveira*

O grupo 3corações está presente em toda q América do Sul, é líder no segmento de cafés no Brasil, no qual possui 23% de *market share*, segundo dados da Nielsen, são mais de 5 mil colaboradores e 320 mil pontos de venda atendidos. A empresa atua em vários segmentos, sendo que os principais são os cafés torrado e moído e grãos, além de cappuccino em pó, café com leite, solúvel, filtros de papel, além de uma linha de produtos derivados de milho, temperos, achocolatado em pó, refresco em pó e acompanhando as tendências do mercado, lançou a solução TRES que é uma máquina multibebidas para preparo de cápsulas.

Com toda a responsabilidade como indústria líder no segmento de cafés e diante das grandes mudanças, tanto nas dinâmicas de consumo, como no comportamento de compra do shopper, nasceu a necessidade de se criar uma área voltada para o entendimento do shopper, para o GC e shopper marketing, com o objetivo de desenvolver a categoria de cafés. Afinal, o relacionamento com o varejo também vem caminhando cada dia mais para uma relação mais cooperativa na construção de planos de negócio em conjunto.

O estímulo para criação dessa área no Grupo 3corações surgiu devido a convites do próprio mercado, pois a empresa foi convidada para ser capitã de categoria por importantes redes varejistas, tanto regionais quanto nacionais. Apesar de trabalharmos com café, uma *commodity*, elas reconhecem que a categoria passa por um processo profundo de mudanças e inovações, pautadas principalmente pelo crescimento do mercado de cafés em cápsulas, que devido aos seus diversos sabores atende a públicos distintos e apreciadores de uma bebida com qualidade. E o segmento da linha de torrado e moído e grãos está mais *premium*, com uma qualidade muito superior, embalagens diferenciadas que agregam valor ao produto final.

E com isso, podemos dividir todo o processo de criação da área desde seu início em 4 macroetapas:

1. Desafios Internos
2. Desafios Externos
3. Próximos passos
4. Consolidação da área na Cia.

Desafios Internos

O primeiro passo foi planejar como seria a estrutura dessa área, e de que forma seria a atuação inicial. Precisa ser destacado aqui que o mais importante é que os objetivos traçados devem ser pautados pelos objetivos estratégicos da organização, envolvendo todo *board* da companhia, gerências de inteligência de mercado, *trade* e marketing, desde o início do projeto. Após essa etapa de planejamento pronta, foi preciso validar com a diretoria todo passo a passo e investimento necessário, até chegarmos nos primeiros resultados.

A fim de obter o conhecimento e entendimento do que era necessário para começar, realizamos os seguintes passos:

1. Capacitação do gestor responsável pela área na 3corações através de cursos, *workshops* e mentoria voltados para o tema. Pois a liderança desse processo internamente deve ser forte e chancelada pela diretoria, assim passa a influenciar

positivamente as áreas que precisam estarem envolvidas durante todo percurso

2. Foram realizados vários *benchmarkings* com empresas na qual a área de GC está consolidada e com profissionais experientes de outros segmentos, para entender quais eram os projetos atuais, como estavam estruturados em termos de equipe e processos. Dessa forma minimizamos os riscos de erros no início do projeto e também recebemos recomendações de parceiros que poderiam trabalhar conosco
3. Realizamos diversas reuniões com consultorias especializadas na área (estudo de shopper, agências especializadas em GC, software para elaboração de planogramas, banco de imagens dos produtos), que após um *briefing* detalhado apresentaram suas propostas de serviços.

O objetivo era para a empresa definir qual seria a melhor forma de iniciar:

- Com equipe interna própria?
- Com uma parte do trabalho terceirizado por um parceiro com expertise?
- Se era necessário investimento em software/sistemas no início? Quais ferramentas são necessárias para começar?
- E, principalmente, qual modelo de trabalho adotaríamos junto ao varejo?

Os principais critérios para definição das consultorias que vão prestar o atendimento, vão desde análise do seu histórico no mercado (trabalhos já realizados, recomendações de outras indústrias), proposta de serviços coerente com a realidade da empresa, custo de seus serviços e dedicação ao nosso atendimento.

Como o investimento inicial é alto, principalmente devido ao estudo de comportamento de compra de shopper, afim de negociar da melhor forma possível prazos e valores dos contratos, deve haver transparência total com todos os fornecedores, e ficar claro que a área está sendo estruturada e precisa dos primeiros resultados para conquistar a credibilidade tanto no mercado (varejo) quanto internamente.

Desafios Externos

Após a realização dos passos iniciais, já temos definidas as consultorias que iriam nos auxiliar e quais seriam as próximas etapas.

Uma das fases mais importantes de todo o projeto é o estudo de hábitos e comportamento de compra do shopper. Ele é essencial, pois os resultados desse aprofundado entendimento vão pautar toda estratégia das categorias, e capacitar a indústria para que em colaboração com o varejo entregue ao shopper a melhor experiência de compra, sortimento e exposição adequados às suas necessidades, consequentemente gerando melhor performance em vendas e rentabilidade da categoria.

A definição dos parceiros estratégicos (varejos), para juntos desenvolvermos a categoria, passa tanto pela estratégia da própria indústria, quanto a maturidade do escolhido em relação a metodologia e processos de GC. Como é o primeiro *case* e os resultados vão nortear passos futuros nesse processo, é de suma importância o varejo ter uma cultura forte da metodologia, processos internos definidos, relacionamento bom com a indústria e confiança. Para uma área em estágio inicial, é preciso trabalhar para ganhar credibilidade junto ao mercado, e assim o varejo acatar as recomendações para desenvolver a categoria, por isso é importante pós resultados iniciais compartilhar os aprendizados através dos meios de comunicação como revistas voltadas aos varejistas, associações de supermercados e sites específicos.

Próximos Passos

Para que haja o entendimento e engajamento de toda companhia nesse projeto, é necessário realizar treinamentos, que têm por objetivo despertar um novo olhar no PDV, com foco no shopper da categoria, tanto com a diretoria e lideranças do time comercial, *trade* e marketing. É de suma importância capacitarmos o time para essas novas práticas, enfatizando a necessidade do trabalho por meio da colaboração com o varejo, e o diferencial competitivo que esse elo indústria-varejo trará.

Os resultados do GC devem ser compartilhados com o mercado e a equipe interna. O conhecimento adquirido ajuda na definição da melhor forma de exposição, sortimento ideal, de acordo com a proposta do canal de vendas e, principalmente, a maior satisfação do shopper.

A partir dos resultados do primeiro caso, é imprescindível definir o modelo de trabalho que devemos dar sequência para consolidação da área, que *a priori* terá 2 modelos, por isso precisam ser definidos:

1. Quais parceiros estratégicos vamos trabalhar no processo tradicional de GC (Metodologia de 8 passos) com foco no desenvolvimento da categoria
2. Quais parceiros vamos apoiar com os principais direcionamentos quando se trata de exposição e sortimento, compartilhando os principais *insights* do estudo de shopper, além de auxiliar na implementação dessas recomendações sem troca de base de dados ou revisão de sortimento

Para definição do modelo de GC que a indústria vai adotar, é importante rever os objetivos estratégicos da companhia, a atual estrutura da área para comportar o trabalho operacional nos diversos varejistas e os ganhos já obtidos.

Consolidação da área

Para a indústria, o maior desafio e a maneira de aumentar exponencialmente os ganhos obtidos por meio das parcerias estratégicas de GC com os estudos de shopper é internalizar os aprendizados e dividir com toda equipe, para que apliquem nas suas rotinas no PDV.

Algumas perguntas norteiam a resposta para essas necessidades:

- Como disseminar a cultura de shopper, como foco no *sell out* e todo conhecimento e aprendizado gerado?
- De que forma colocar tudo em prática pelos times no campo comercial e *trade*?
- Como traduzir a estratégia das marcas desenvolvidas pelo time de marketing para o PDV?
- Como o estudo de shopper pode contribuir com P&D e marketing de maneira a apoiar os novos projetos, desenvolvimento de embalagens e novos produtos?
- E, principalmente, como criar uma cultura de shopper nos processos das áreas de *trade* marketing, marketing, P&D?

A metodologia de GC pode chocar com os objetivos da área comercial em um primeiro momento, pois estamos tratando de revisão de sortimento, por exemplo – consequentemente corte de alguns itens com baixa performance em vendas e que não trazem diferenciação e variedade ao sortimento. Diante disso, é necessária uma mudança cultural, o time da área comercial precisa entender que, cada vez mais, ele é um consultor no PDV, e a importância dele para tangibilizar o *sell out*.

A solução para a maioria dessas respostas chama-se treinamento, em alguns encontros com o time podemos aprofundar os temas relacionados ao GC e o comportamento de compra de shopper, trazendo ações práticas para que eles coloquem em ação no PDV e transformem sua relação com o varejo, para oferecer também uma postura mais consultiva. Devo ressaltar, que se faz necessário que a alta liderança da indústria (corpo diretivo) reforce a importância do trabalho para estratégia da companhia. Dessa forma a área de shopper estará fortalecida internamente para promover as mudanças que precisa, e conseguir implementar seu plano, tendo a aprovação necessária.

Outro canal importante para disseminar os aprendizados é o guia de execução ou manual de merchandising. Nele podemos concentrar toda estratégia das categorias e dos canais, o sortimento ideal por canal, a melhor forma de exposição no PDV, tanto no ponto natural como nos pontos extras, materializando todo conhecimento gerado para que não se perca. O guia deve servir como ferramenta e deve ser transmitido para toda a cadeia do *trade* e, principalmente, para treinamento do time de promotores, pois o envolvimento e capacitação deles no processo é essencial para cumprimento das estratégias na ponta.

Com as áreas de marketing, *trade* e P&D se fazem necessárias a criação de processos conjuntos, na qual se insira o conhecimento do shopper da categoria e se trabalhe com os *inputs* gerados, desde a proposta para criação de uma nova embalagem, por exemplo, quanto a confecção de um *display* para comunicar um lançamento de produto. Trabalhar a comunicação nos materiais do PDV, de forma assertiva e que impacte o shopper e o influencie a optar pela minha marca em detrimento de outra.

A área de shopper marketing e GC de uma indústria tem a missão de ganhar credibilidade junto ao mercado, através de trabalho imparcial e internamente trazer o aprendizado e descobertas para mostrar seu valor e conquistar seu lugar como geradora, apoiadora e executora das estratégias da companhia.

*Diogo Alves de Oliveira é coordenador de shopper Marketing e Gestão por Categorias do Grupo 3corações

CAPÍTULO 3

O Gerenciamento por Categorias: Do Planejamento à Execução

Conforme já citamos, o GC é um processo que consiste em definir categorias de produtos conforme a necessidade que atendam (cuidado com a pele, cuidado com o cabelo, higiene bucal) e gerenciá-las como se fossem unidades estratégicas de negócios.

"O GC tem como objetivo aumentar a venda e a lucratividade do varejista, tornar o mix de produtos mais aderente à demanda do consumidor, estimulando mais o impulso de compra." (Sebrae, 2014).

> **E QUAIS SÃO OS FUNDAMENTOS DO GERENCIAMENTO POR CATEGORIAS?**
>
> O produto certo, disponível (sem ruptura), no momento em que o cliente necessita e deseja, na quantidade adequada, com as variações de preço que o cliente quer pagar, bem sinalizado e exposto adequadamente de modo a facilitar o processo de compra e decisão do cliente.
>
> *Adaptado ECR Brasil*

Um dos componentes essenciais no processo de GC é a **Informação** e a definição e identificação sobre a razão de ser (**propósito**), ou seja, clareza sobre o perfil da loja, o público-alvo (para quem), perfil de compra dos clientes, informações sobre o mercado em que atua, sobre os concorrentes, entre outros, já discutido anteriormente.

Em essência, o GC visa oferecer soluções para as necessidades do consumidor, agrupando os produtos por afinidade, momento de uso/consumo ou categoria.

Quando pensamos na Maria Andrea e seu esposo Ricardo, para suprirem a necessidade de lavar louça, considerando a Shoppercracia, eles encontrariam lojas onde os produtos para atender esta necessidade fossem agrupados em uma categoria denominada "cuidados com as louças" ou "cuidados com a pia".

Neste sentido, em um mesmo espaço de venda, estariam todos os produtos para lavar a louça e/ou cuidar da pia (detergente líquido, esponja de aço, esponja sintética, rodinho, pano multiúso, limpa alumínio, sabão em pasta, etc.).

E é justamente a definição da categoria o primeiro passo do processo do GC.

REVISÃO DA CATEGORIA

1. Definição da Categoria
2. Papel da Categoria
3. Avaliação da Categoria
4. Cartão de Metas da Categoria
5. Estratégias da Categoria
6. Táticas da Categoria
7. Implementação do Plano

1. **Definição da categoria:** o objetivo deste passo é determinar os produtos que formam a categoria e suas segmentações a partir da perspectiva do consumidor.
2. **Papel da Categoria:** Desenvolver e atribuir um papel à categoria, com base na comparação multicategoria, considerando as informações sobre consumidores, mercado e varejistas.
3. **Avaliação da Categoria:** Realizar uma análise das subcategorias da categoria, segmentos, etc., examinando as informações sobre consumidores, mercado e varejistas.
4. **Cartão de Metas da Categoria:** Estabelecer as medidas do desempenho da categoria e suas metas.
5. **Estratégia da Categoria:** Desenvolver estratégias de Marketing e de Abastecimento de produto que realizem o papel da categoria e os objetivos do Cartão de Metas.
6. **Táticas da Categoria:** Determinar as táticas mais favoráveis de sortimento, preço, apresentação nas prateleiras e de promoções que assegurem a implementação das estratégias da categoria.
7. **Implementação do Plano:** Implementar um plano de negócios da categoria, mediante um cronograma e lista de responsabilidades específicas.
8. **Revisão:** Análises e monitoramentos para ajustes, se necessários.

Fonte: *ECR Brasil*

1 - DEFINIÇÃO DA CATEGORIA

É nesta etapa de definição da categoria que se determina quais os produtos que irão compor a solução. Define-se a abrangência da categoria: qual será o "universo" coberto com a categoria. Exemplo: ofereceremos aos nossos shoppers a categoria Fraldas ou a solução "Cuidados para o Bebê"?

O que implica esta decisão? Quando decidimos por fraldas, teremos que administrar um mix exclusivo deste produto, sem esquecer de suas segmentações por tamanho, atributo, que são extremamente relevantes ao shopper.

Já, ao prometermos a solução "Cuidado para o Bebê", além de fraldas teremos que considerar no mix outros produtos que compõem a solução: toalha umedecida, pomada para assadura, higiene infantil, puericultura, alimentos infantis, entre outros.

Assim, definir a categoria consiste em estabelecer a relação de produtos que fazem parte da mesma solução de compra para o consumidor e identificar os produtos correlacionados e os substitutos, que podem ser trabalhados nas ações táticas das lojas.

Segundo passo é garantir a aplicação adequada da estrutura mercadológica da categoria. Vamos a um exemplo considerando o setor de materiais de construção, "Mundo Pintura".

Considerando a necessidade/fase da obra:

- **Fase inicial** – massa corrida, vedação, impermeabilização
- **Fase aplicação** – tintas + materiais para fazer texturas e efeitos
- **Pós** – produtos de limpeza, etc.

Para tomar a melhor decisão, sempre devemos avaliar a forma como o consumidor segmenta e hierarquiza a categoria (árvore de decisão) – se por marca, tipo, segmento, embalagem, preço.

Recomendamos aplicar esta segmentação lá no cadastro para facilitar a gestão.

Ainda nesta etapa, deve-se fazer a categorização dos produtos – a forma que o varejista define seu mix em termos de variedade e amplitude.

Entende-se por categoria um agrupamento de determinados produtos, que os consumidores e shoppers percebam inter-relacionados e/ou substituíveis entre si para a satisfação de suas necessidades e que formam a solução de consumo deste determinado grupo de consumidores-shoppers.

> **Exemplo:**
>
> - **Definição** – Café da manhã
> - **Shopper-Alvo** – Paulistano, zona oeste, classe A/B
> - **Abrangência** – Produtos que propiciam uma solução para o café da manhã – café, leite, pães, cereais matinais, achocolatado, adoçante...
> - **Correlatos e substitutos** – Filtros de café, cafeteiras, xícaras, etc.
>
> **O que você deve levar em consideração para definir a categoria?**
>
> - Estratégia/Propósito do varejista
> - O perfil dos shoppers-alvo – clientes atendidos pela loja
> - Localização do ponto de venda
> - Quantidades de fornecedores disponíveis
> - Espaço de exposição de mercadorias
> - Concorrentes
> - Como o varejista deseja ser percebido pelos seus clientes, etc.

Após definida a categoria que será executada, estabelece-se qual será o seu papel.

2 - PAPEL DA CATEGORIA

É de extrema relevância para a gestão do negócio e do GC que o varejista tenha clareza da definição e da importância do papel de cada uma das categorias.

A intensidade do esforço e investimentos que o varejista fará nas diferentes categorias irá justamente variar de acordo com os diferentes papéis.

É o papel da categoria que direciona e define o processo e a estratégia do sortimento a ser oferecido em todos os aspectos: número de itens, variedade, profundidade e amplitude. Além das ações promocionais, ativação, entre outros.

As categorias exercem diferentes papéis em diferentes ambientes de varejo. Os tradicionais são:

- **Destino (5%-7% das categorias)** – são essenciais ao shopper. Ele sai de casa especificamente para comprá-las naquela determinada loja. Assim, a categoria torna-se destino quando a loja é lembrada pelo consumidor como o melhor local para adquirir aquela categoria. É, para o shopper-alvo, a melhor solução em sortimento, serviço, ambientação e preço e outros atributos que geram um valor percebido pelo shopper-alvo. Exemplo: no varejo alimentar – fraldas, vinhos; em materiais de construção – fios e cabos, e assim por diante.
  Requer alto investimento em ações de ponto de venda, abastecimento contínuo e nível de estoques elevado

- **Rotina (55%-60% das categorias)** – são importantes para o consumo, fazendo parte da rotina regular. Exempl:. cuidados com a casa, alimentação básica, higiene pessoal. Em Home Center, por exemplo, caixas elétricas, conexões, eletrodutos. As categorias de rotina determinam o varejista como loja preferida pelo fornecimento de valor consistente e competitivo no atendimento das necessidades de rotina/estocagem do consumidor. Representa a maior parte das categorias.
  Necessita de localização privilegiada na loja e alta visibilidade para facilitar a compra frequente

- **Sazonal (15%-20% das categorias)** – Estas categorias são as que os shoppers adquirem em determinadas épocas do ano. Oferecer ao consumidor valor diferenciado. Exempl.: ovos de Páscoa, material escolar, panetone, etc. No universo de materiais de construção, chuveiros e até torneiras elétricas. São categorias que reforçam a imagem do varejista como loja preferida, pelo fornecimento de valor competitivo e oportuno ao shopper-alvo para compras sazonais. E se os varejistas explorarem bem estes períodos têm sua imagem reforçada diante dos seus clientes.
  Necessita de exposição de destaque, ações promocionais e estoque nos períodos específicos

- **Conveniência (15%-20% das categorias)** – Estas categorias reforçam a imagem do varejista de *full solution*, ou seja, encontro tudo no mesmo lugar. Exemplo: doces, roupas, flores. Em materiais elétricos, entram, por exemplo, as abraçadeiras, extensões, plugs, reatores, alguns acessórios, entre outros. Embora não sejam produtos tidos como essenciais para o bom funcionamento do lar, são valorizados e ficam na mente dos clientes devido ao valor que representam em diferentes situações: A) ocasiões especiais (vinho para um jantar com amigos); B) necessidades específicas ou emergências (queimou um fusível, estourou um cano, prato pronto quando um amigo chega de surpresa em casa); C) indulgência ou recompensa (flores, chocolate).
Deve estar ao alcance das mãos do consumidor para incentivar a compra por impulso, não requer altos investimentos em estoque.

Os papéis mudam de acordo com os canais – em materiais de construção e farma, por exemplo, faz-se necessário uma adaptação ao processo de classificação dos diferentes papéis. Mudam também em função das estratégias dos varejistas. E cada loja oferece uma combinação desses diferentes papéis, e as decisões levam em conta a proposta de valor (estratégia) do varejista, shopper-alvo (perfil, estilo de vida, hábitos e atitudes), oferta da concorrência, missão de compra. Sendo que uma mesma categoria pode ter diferentes papéis, dependendo da somatória destas variáveis.

O que avaliar?

Avaliar a importância para o varejista (vendas, rentabilidade, *share*, tendências, alinhamento com o negócio, vendas e rentabilidade por m² ou metro linear ou modulares), para o shopper (penetração, frequência de compra, compra média, % gasta, fidelidade) e para a indústria (vendas, penetração, tendências, comparação com demais categorias).

Como na "Shoppercracia" o que prevalece é a relevância da categoria para o shopper, recomendamos para a classificação dos diferentes papéis, assim como Nielsen e ECR, uma relação direta entre frequência e penetração.

Matriz Penetração x Frequência de Compra

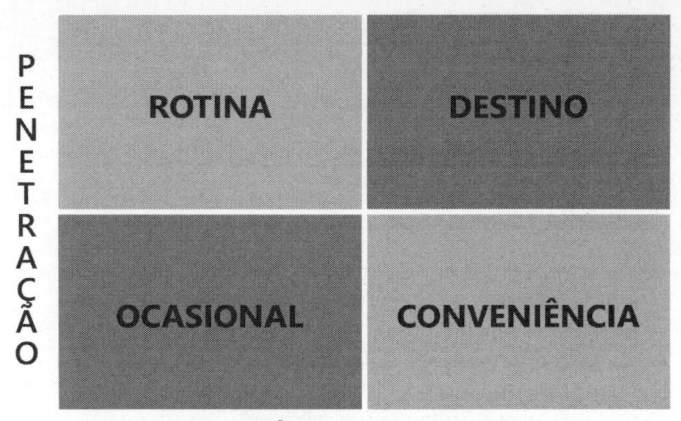

P E N E T R A Ç Ã O	ROTINA	DESTINO
	OCASIONAL	CONVENIÊNCIA

FREQUÊNCIA DE COMPRA

Cito como exemplo a categoria **Azeite**. Em alguns de nossos clientes varejistas – levando em conta seu shopper-alvo – azeite assume um papel de conveniência – trabalham um sortimento restrito de marcas e itens. Já em outros, assume um papel de rotina, oferecendo um mix um pouco mais amplo e executando a categoria de maneira diferenciada. Porém, para um de nossos clientes, na Grande POA, identificamos uma grande oportunidade de desenvolver essa categoria e apostamos nela. Nosso trabalho foi voltado a transformá-la em destino, dedicando um corredor inteiro para a mesma. Para tanto, foi necessário uma revisão e adequação profunda do mix, introduzindo um amplo portfólio de produtos e marcas, de diferentes países, segmentos, variantes. Em dois meses, após a execução, a categoria Azeite se tornou uma categoria entre as Top 5 mais representativas.

A relevância do papel da categoria nos 4 Ps do varejo*

PAPEL	PRODUTO (SORTIMENTO)	PREÇO	PROMOÇÃO	PRATELEIRA (ESPAÇO)
CONVENIÊNCIA	Limitado - 2/3 marcas - cobertura em torno de 50% do sortimento	Margens acima da média	Pouco ou nenhum apoio promocional de preço	Espaço menor que a participação justa
CONVENIÊNCIA	Foco em produtos/versões relevantes (altas vendas)	Preço igual ou acima do mercado		Inventário limitado
ROTINA	Cobertura ampla da categoria vs seleção competitiva - entre 5 e 8 marcas em torno de cobertura de 80% do mercado - depende da estratégia e do perfil da loja	Margens médias	Frequência moderada	Espaço base/fair share (participação justa)
ROTINA	Foco em novos produtos/inovar para crescer	Posição competitiva no mercado	Atividade promocional regular	Evitar rupturas
ROTINA		Preços competitivos nos itens mais populares		
DESTINO	Cobertura larga, ampla e profunda - cobertura superior a 90% de mercado	Preço igual ou mais baixo que os concorrentes (mercado)	Atividade promocional elevada - acima do que a participação justa	Posição âncora no layout (favorecida) e sem ruptura (zero)
DESTINO		Margens mais baixas que a média das categorias	Alta frequência (constância, relevância e regularidade)	Mais espaço que a participação justa
DESTINO	Top 1 em lançamentos/inovações	Necessidade de investimentos		Cuidar para colocação rápida de novos produtos

*As Sazonais dependem da estratégia do varejista, mas na época em que forem relevantes, devem ser tratadas como destino

Fonte: *Connect Shopper, adaptado e complementado ECR Brasil*

Mas atenção: tudo depende do perfil da loja, estratégia do varejista, seu shopper-alvo, tamanho da loja, entre outros.

Voltemos ao casal Maria Andrea e Ricardo.

Conforme comentamos na introdução, Ricardo é um shopper que adora cozinhar e buscar produtos diferenciados para explorar seus dotes culinários.

Porém, vale lembrar que o homem possui um comportamento bem distinto das mulheres quando vai às compras.

Diferentemente das mulheres, eles são mais práticos, objetivos e racionais; buscam maior relação custo-benefício, conveniência, querem agilidade – não querem perder tempo, têm certa limitação e dificuldade em "encontrar"/localizar produtos, o que exige do varejo e dos fabricantes ações inovadoras no PDV para atraí-los, engajá-los, convertê-los e retê-los.

Assim, para atender os diferentes "Ricardos" presentes em sua loja, um de nossos clientes supermercadista, com lojas localizadas no Ceará, criou uma solução-piloto "Mundo Gourmet", disponibilizando produtos diferenciados e importados, como massas especiais, molhos de tomate, temperos e pimentas, azeites, queijos, localizados ao lado dos vinhos e cervejas especiais, tudo em um único lugar. As vendas destas categorias cresceram dois dígitos. O tíquete médio da loja-piloto triplicou.

Ricardo passou a ter uma experiência de compra diferenciada, aprovou a solução e passou a voltar mais e mais e, ainda, recomendar a loja aos amigos. O varejista e seus parceiros estratégicos, que participaram desta solução, superaram suas expectativas de vendas e rentabilidade.

O ideal é que cada "centro de soluções" seja planejado buscando a melhor forma de ambientação e exposição dos produtos, considerando o processo decisório do cliente, conhecido como árvore de decisão. Daí a importância do layout[1] e do planograma[2] para o GC. A exposição deve ser organizada de maneira que o fluxo de circulação da loja conduza a atenção do consumidor a todas as soluções (categorias) ofereci-

---

1. **Layout** – planta baixa da loja
2. **Planograma** – representação gráfica ou desenhada do posicionamento de um produto, do seu sortimento ou da sua categoria em uma determinada prateleira

das. À frente dedicaremos bloco especial para tratar dos temas layout e planograma.

Atenção: ter o shopper e consumidor no centro das decisões é uma decisão estratégica e compete à alta gerência.

Seguindo adiante, nas etapas do GC entraremos na fase de avaliar a situação atual da categoria a ser gerenciada, identificar Gaps e oportunidades para desenvolvê-la, além de definir o que se espera desta categoria, estabelecendo metas efetivas para as ações que serão executadas.

3 E 4 - AVALIAÇÃO DA CATEGORIA E CARTÃO DE METAS (Scorecard)

Nestas etapas são identificadas as oportunidades para aumentar vendas, lucratividade e retorno sobre investimento, através de estudos de mercado, do consumidor e da categoria, análise de dados internos, entre outros. Também são definidos os objetivos e metas a serem alcançados com a categoria – vendas, rentabilidade, participação no faturamento, giro, índice de rupturas, *share* do varejista no mercado, satisfação do cliente, etc. – que servirão como parâmetro para os planos de ação e sistemas de controle de desempenho.

Devemos considerar e avaliar todas as oportunidades de melhoria da categoria: mix, espaço, exposição, localização, precificação, merchandising e promoções.

As metas devem ser SMART:

Específica (Specific)
Mensurável (Mensurable)
Alcançável (Attainable)
Relevante (Relevant)
Temporal (Time-Based) - "Ter um prazo"

5 - ESTRATÉGIA DA CATEGORIA

Com base nas oportunidades e desafios identificados e objetivos traçados no cartão de metas, varejistas e fornecedores definem todas as estratégias envolvendo a categoria.

As estratégias mais comuns são:

- **Aumentar Tráfego:** Atrair o consumidor – gerar fluxo e conversão
- **Aumentar Transação:** Aumentar o valor da transação – o tíquete médio
- **Gerar Lucro:** Melhorar a margem bruta da categoria
- **Proteger Território:** Defender vendas e participação
- **Gerar Caixa:** Aumentar o fluxo de caixa da categoria
- **Criar Sensação:** Gerar senso de urgência, oportunidade, experimentação
- **Reforçar Imagem:** Reforçar a imagem desejada pelo varejista (preço, qualidade, variedade, conveniência, etc.)

Fonte: *ECR Brasil*

Relacionando a estratégia da categoria com os papéis

PAPEL DA CATEGORIA	OBJETIVOS
Destino	Aumentar tráfego Proteger território Aumentar transação Criar sensação Gerar caixa
Ocasional/Sazonal	Aumentar tráfego Criar sensação Gerar lucro
Rotina	Aumentar transação Gerar lucro
Conveniência	Aumentar transação Gerar lucro Reforçar imagem

Fonte: *ECR Brasil*

Posso transformar categorias de conveniência e rotina em categoria-destino? Mas o que fazer?

Sem dúvida, que pode. Para tanto é necessário:

- categorização adequada da categoria
- maior investimento na profundidade e amplitude do sortimento
- localização privilegiada
- espaço e exposição diferenciados
- política de preço agressiva dos produtos-destino
- ações promocionais constantes envolvendo a categoria, entre outros.

6 - TÁTICAS DA CATEGORIA

É o momento em que se define quais ações específicas serão executadas para cada categoria a ser gerenciada e deve-se levar em conta a estratégia do varejista e da categoria, o papel que ela assume, e sobretudo, ter o shopper no centro das decisões.

São cinco as táticas a serem consideradas:

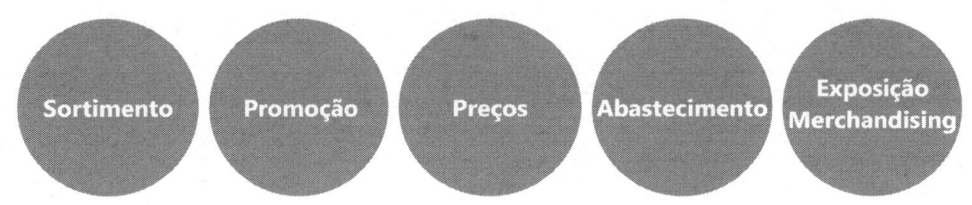

- Sortimento
- Promoção
- Preços
- Abastecimento
- Exposição Merchandising

Sortimento

1. Definir nível de cobertura mínima para cada segmento. Esta definição deve levar em conta o papel da categoria para se determinar o nível de cobertura adequado.
2. Determinar que itens devem ser deletados, mantidos e incluídos – a partir de análises quantitativas.

    Cuidado com análises genéricas 80 x 20, pois você pode recomendar excluir itens relevantes, que, embora não tenham grande volume e valor, são altamente incrementais ou, ainda, formam imagem ao shopper.

    Recomendo, sempre que possível, analisar no menor nível da estrutura mercadológica – sub-subsegmento. Ex: biscoito doce wafer chocolate

3. Determinar se o novo sortimento oferece o mix apropriado para os shoppers-alvo
4. Fazer um resumo de todas as mudanças propostas e quantificar o impacto das mesmas no sortimento
5. Planejar execução.

Exemplos de táticas para sortimento:

- Redução de itens em cadastro sem impacto no faturamento e ao shopper
- Eliminação de duplicidade e similaridades
- Introdução de itens, focando perfil e necessidades específicas do shopper
- Parâmetros para introdução de produtos e melhoria no desempenho da gôndola.

Saiba mais detalhes no capítulo 3.1

Preço

- Determinar ao consumidor os preços dos produtos das categorias, subcategorias, segmento/subsegmentos
- Entender qual é a importância do atributo preço no valor oferecido ao cliente.

Exemplos de táticas de preço:

- Pesquisa de preço nos reais concorrentes (fundo de sortimento)
- Ajuste na política de preço a fim de melhorar o desempenho da categoria
- Avaliação e revisão do mix de margem
- Definição de parâmetros para o comprador.

Acompanhe detalhes sobre o tema no capítulo 3.2

Promoção

- Definir os tipos de promoções, quais os veículos que devem ser utilizados, os tipos de negociações com fornecedores, as verbas, os produtos da categoria, os espaços que serão concedidos, o tempo de duração, entre outros. *Saiba mais no capítulo 3.3*

Exemplos de táticas de promoção:

- Criação de campanhas temáticas para explorar as soluções criadas pelo GC. Exemplos: Mundo Homem, Cuidado com a Pia, Cuidado com a Roupa, Cuidado com a Barba, entre outros. Temas que geram interesse ao comprador da categoria: "vestir" a loja com o motivo temático, através de *displays* animados, pontos extras, merchandising, tabloides e folhetos.

Abastecimento

A falta do produto na gôndola (ruptura) está dentre os três principais fatores de descontentamento do cliente e que os leva a abandonar a compra ou mudar de loja.

Conforme já destacamos no capítulo anterior, 2.5, o tema abastecimento é crucial ao negócio como um todo e ao GC. Daí ser imprescindível mapear os parâmetros e indicadores atuais de abastecimento, monitorá-los e avaliar regularmente o mesmo (giro e frequência da reposição, tempo de entrega, rupturas, entre outros), para que seja garantida a disponibilidade adequada do produto/serviço ao shopper. *Acompanhe detalhes no capítulo 3.4.*

Exposição e Merchandising

Na maioria das publicações sobre GC, a 5ª tática tratada é a execução (exposição). Mas, nos processos que executamos, sempre incorporamos e tratamos as ações de marketing e merchandising no PDV em âmbito do GC, uma vez que tais ações devem estar integradas, alinhadas e coerentes com a promessa que fazemos ao shopper.

Já nos deparamos com situações em que no momento que o GC está na fase de implementação em loja, há uma ação de merchandising que vai de encontro às estratégicas e táticas desenhadas.

Vale lembrar que merchandising no PDV é uma ferramenta de marketing formada pelo conjunto de técnicas responsáveis pela informação e apresentação dos produtos no ponto de venda, de maneira que inspire o cliente a comprar, ajudando a acelerar a rotatividade dos produtos/marcas.

Lembrando que mais de 70% das decisões dos shoppers ocorrem no PDV (Popai Brasil), todos os olhares e boa parte dos investimentos têm sido direcionados para ele. Assim, uma nova exigência recai sobre a exposição/execução em loja.

Neste contexto, mais que definir o espaço adequado que a categoria, subcategoria, segmento ou subsegmento irão ocupar; é de extrema relevância considerar o local para expô-las (onde) e a forma que as mesmas serão apresentadas (como), para que tenham relevância e façam sentido ao shopper.

Decisões-chaves

Determinar os critérios para gerenciar espaço de gôndola, localização exata das categorias, corredores, layout da categoria, nível de serviço na gôndola, alocação do espaço específico para as subcategorias, segmentos e SKUs, arrumação, merchandising, entre outros.

É neste momento que desenhamos os racionais de exposição, o planograma referencial e o quantitativo, entre outras atividades. Acompanhe detalhes sobre o tema à frente, *capítulo 3.5*.

A exposição deve levar em consideração a **estratégia da categoria** (se gera fluxo, transação, outras), momento de uso e de consumo e a **árvore de decisão do shopper**.

Exemplos de táticas de espaço:

- **Case Lopes:** Criação da Solução Lavanderia, com reorganização do layout da loja, a fim de explorar a forma com que as shoppers cuidavam da casa e oferecer uma solução mais prática e completa à shopper-alvo.
- **Case Home Center Carajás:** criação do corredor da solução Materiais Elétricos, levando em conta fases da obra e momentos de uso.

7 e 8 - IMPLEMENTAÇÃO E REVISÃO

A implementação é um dos momentos mais esperados e cruciais. É nesta fase que se desenha um plano específico para a "virada da loja" e atribui-se responsabilidades para executar todas as ações táticas da categoria.

Deve-se ter um plano completo definindo com clareza as atividades a serem executadas, prazos, responsabilidades e papéis de cada um, desenhar um cronograma de execução a fim de garantir o cumprimento das ações e padronizar o processo.

As principais atividades são:

- Alinhamento estratégico da companhia
- Treinamento do pessoal de loja
- Elaboração das ações
- Implementação em si.

Mas lembre-se, o processo do GC não é estático e, portanto, precisa ser reavaliado e realimentado continuamente.

Para garantir a efetividade do processo, é de extrema importância o monitoramento contínuo, fazendo os ajustes necessários no cartão de metas, estratégias e táticas. É aqui a etapa de revisão do GC.

O principal benefício do monitoramento contínuo é identificar e antecipar possíveis problemas e obstáculos e, principalmente, agir com rapidez e agilidade para corrigir rotas, se necessário.

Quando monitorar?

Imediatamente após a implementação, monitorar a performance com análises 15, 30, 60 e 90 dias.

Depois desse período, durante o primeiro ano, recomendamos trimestralmente e, a partir daí, a cada seis meses.

Claro que tudo vai depender do grau de inovação da categoria. Cuidado com o cabelo, por exemplo, é uma categoria com um elevado grau de inovação, que merece um tratamento diferenciado, se possível avaliações mensais.

Ademais, sugiro criar reuniões periódicas para controle e validações/status das atividades.

O que monitorar?

Dados básicos (mínimo):

A. Vendas em valor
B. Vendas em volume
C. Margem % e valor

Demais dados adequados ao monitoramento:

D. Penetração/transações
E. Tíquete médio
F. Número de cupons com presença do item
G. Preço
H. % ruptura
I. Giro em dias
J. Estoque em dias e em valor
K. Vendas por m^2
L. Rentabilidade por m^2

> *"A melhor experiência do GC foi ver todo o planejamento, de meses, sair do papel e ganhar vida com resultados positivos nos números da empresa."*
>
> Mario Cezar Pontes, coordenador de GC do Home Center Carajás

É claro que após a implantação e com os excelentes resultados que são obtidos com o GC, o varejista se anima e quer rapidamente executar o plano de *"roll-out"* para outras lojas. Recomendo, no entanto, cautela. Que se crie um plano detalhado do que fazer, quando, por quem, como, para não esquecer nenhum detalhe.

Lembrando que, em muitos casos, as lojas de uma mesma empresa são muito distintas, seja no tamanho, no perfil do shopper, na localização, concorrentes, e diferentes padrões operacionais, estruturais e em equipamentos. Variáveis que devem ser levadas em conta para o *roll-out*.

BARREIRAS, BENEFÍCIOS, RESULTADOS OBTIDOS E FERRAMENTAS

Para que o GC aconteça é imprescindível:

- Forte comprometimento do primeiro nível das empresas
- Relacionamento de confiança e transparência – imparcialidade é palavra-chave
- Definição de uma liderança para o processo dentro da empresa, com livre acesso às áreas e informações e autonomia na tomada de decisão
- Definição de uma equipe de trabalho multifuncional com a participação de profissionais de todas as áreas envolvidas no projeto-piloto, tanto por parte do varejo quanto da indústria
- Intensa troca de dados e informações entre os parceiros
- Investimento em pesquisa com o consumidor e shopper, e tecnologia de informação.

Papel do varejista

- Compartilhar as informações com a indústria
- Oferecer tecnologia e recursos (equipe e responsável pelo processo com poder de decisão e que seja capaz de acessar e gerar informações necessárias)
- Dar permissão para se fazer mapeamentos da loja e de produtos.

Papel do fornecedor neste processo

- Analisar os dados do varejo
- Entender o papel da categoria e sua importância para o varejo
- Comparar dados de mercado (Nielsen, Ibope, Kantar, revistas e associações)
- Mapear mercados para recomendar táticas de: sortimento, exposição, layout e sinalização
- Propor táticas de GC.

Papel de consultorias

- Apoiar varejista, fabricantes e distribuidores no processo completo – do planejamento à execução
- Treinamentos e formação da área e equipe
- Processos
- Fornecimento de mão de obra – terceirização de algumas atividades, etc.

PRINCIPAIS FERRAMENTAS DO GC

Com o avanço da tecnologia, o que não falta nos dias atuais são ferramentas, aplicativos, plataformas tecnológicas – das mais básicas às mais avançadas para poiar todo o processo – desde análises e definição de sortimento, planogramação, até auditorias, etc.

Para análise de sortimento: AtPro, Catman, Spaceman Professional, etc.

Para planograma, embora o mais conhecido seja o Spaceman, da Nielsen (pois permite inúmeras análises, automações e integração com abastecimento), hoje encontramos modalidades das mais simples até as mais avançadas – Planogram Builder, Planorama, etc.

Mas digo e repito: quem quer começar, pode fazê-lo mesmo com o bom e velho Excel.

Mais que investir em ferramentas, o grande desafio inicial é formar e capacitar a equipe, estruturar a área, criar, melhorar e implementar os processos e políticas, internalizar a cultura do GC.

As ferramentas podem vir num segundo momento pra automatizar processos, agilizar a implantação e *roll-out*, entre outros.

Um grande dilema do varejo é, de um lado, forte movimento em busca de inovação, tecnologia de ponta, ferramentas, mas de outro, pouca qualidade e qualificação de sua mão de obra. É imprescindível que o varejo passe a investir mais em capacitar, formar e qualificar sua equipe para que os mesmos possam usufruir e extrair o melhor de cada ferramenta.

O olhar do cliente

Por Marcio Barros*

Quando pensamos em investir no GC, tínhamos duas expectativas: a primeira era a de desenvolver as lojas e torná-las mais adaptadas às soluções de compras de nossos clientes, com respostas mais rápidas e atuais às necessidades do shopper, elevando o nosso valor agregado e cada experiência de compra. O segundo motivo era o de criar em nossa equipe a cultura de "ter o olhar do cliente" e, com isso, tornar cada gestor de categoria um agente transformador e, acima de tudo, o grande "porta-voz" do shopper.

O maior ganho que obtivemos foi um significativo aumento no fluxo de clientes, o que para nós, isso representa que o cliente assimilou de forma imediata as mudanças. Como resultado financeiro, notamos que algumas categorias que foram implementadas no início do projeto entregam, hoje, uma venda mais consistente e geraram significativo ganho de "cash margin". Além disso, é notória a presença do "olhar do cliente" nas discussões, e isso representa que, desde então, o GC passou a fazer parte da cultura e reflete as decisões que tomamos. Estamos felizes.

*Marcio Barros é CEO da Rede Lopes Supermercados

Começo, meio e continuidade

Hoje posso afirmar com convição, que antes de tudo, entendi que o GC é um processo e não um projeto. Deve ter início, meio e continuidade, não pode parar, é um processo de avanço da gestão estratégica que permite, mas, também, exige a qualificação de todos os envolvidos. É um avanço na forma de enxergarmos a gestão e uma ferramenta espetacular para a tomada de decisões. E isto não é só conceito ou sistema, é algo físico, pois colabora com toda a cadeia. Desde a tomada da decisão de introduzir um produto, até mesmo a forma como este produto está sendo abastecido, o GC permite visualmente perceber deficiências e oportunidades antes imperceptíveis "a olho nu", se podemos assim dizer.

Posso falar da primeira categoria que fizemos: a de Biscoitos. Até então, tínhamos um domínio da exposição por parte das indústrias. Agora fazemos conforme nossas estratégias, conceitos e sempre orientados pelo shopper e sua árvore de decisão. Temos organização, padronização, identidade visual, melhoria na percepção de abastecimento, agilidade na visão do reabastecimento e caminhamos no processo de todos falarem a mesma língua. Por outro lado, verificamos como nos enganávamos com uma classificação mercadológica insuficiente e com vários erros de alocação, o que dificultava muito a gestão e impossibilitava uma tomada de decisão correta. Havia performances totalmente distorcidas por produtos relevantes em grupos equivocados. Também pudemos criar as ferramentas de análise de gestão e auditoria, o que era inviável no modelo anterior ao GC.

Por Eudson Freitas*

*Eudson Freitas, gerente de Desenvolvimento de Categorias da Rede Comper – Grupo Pereira

GC na prática: benefícios ao varejo, indústria e shopper

A Rede Enxuto de Supermercados, atualmente com mais de 50 anos de história, com sede no município de Campinas, interior paulista, e seis unidades, possui como visão e missão do negócio proporcionar aos seus consumidores a melhor opção de compra de produtos alimentares e não alimentares disponíveis no autosserviço e, neste sentido, fazer por merecer a preferência dos clientes.

Para fazer valer esta missão, há quatro anos deu-se início à estruturação do setor de Gerenciamento por Categorias, com apoio da Connect Shopper. O objetivo principal era de orientar a qualificação e adequação do sortimento e mix de produtos, a fim de atender às necessidades de uso e consumo dos nossos shoppers.

Outro ponto, de responsabilidade e objetivo do GC, era o de, além de orientar o sortimento adequado aos consumidores, ter este sortimento exposto e alocado nas lojas, dentro dos racionais corretos de exposição, promovido por ocasiões de consumo e uso, tendo o shopper no centro de nossas decisões.

Inicialmente, na implantação do processo de GC, diversos desafios foram encontrados. As bases de informações eram limitadas e não envolviam todos os pilares de análises necessários para se fazer as recomendações sobre o negócio, *drivers* de oportunidade e perspectivas futuras. Internamente tivemos que reestruturar toda nossa base de informações, iniciando pela estrutura mercadológica, reformulando toda base cadastral dos SKUs. Em sequência, vieram as adequações sistêmicas de tecnologia e parâmetros de dados até os dias atuais, com o uso da

Por Fernando Lucas*

tecnologia para se moldar os racionais de exposição por meio dos planogramas.

Atualmente, o processo de GC aborda 102 categorias gerenciáveis, que são as de maior importância para o negócio, e são gerenciadas como unidades de negócio em particular. As categorias gerenciáveis são elencadas de acordo com os objetivos estratégicos do negócio, o *score card* das categorias, em que são definidas quais categorias saíram de gerenciamento para desenvolvimento, cumprindo, de fato, todas as etapas do processo de GC.

O processo de desenvolvimento de categorias, utilizado pelo departamento de GC, órgão responsável pela inteligência do sortimento, define o mix de produtos ideal a ser ofertado ao consumidor final, com base em análises quantitativas e qualitativas, que envolvem indicadores financeiros e numéricos, assim como o perfil de consumo de cada região, e, propriamente dito, do shopper-alvo, eliminando todo o sortimento com características de similaridade, que têm baixa performance e que, principalmente, não atendem à necessidade de consumo e demanda de nossos clientes.

A definição do sortimento adequado é de suma importância para o modelo de negócio entre varejo e indústria a partir das definições previamente estabelecidas, que tornam a concentração de esforços mais colaborativa em razão do objetivo comum e trazem a elucidação para todos da organização das métricas propostas, contribuindo positivamente nos macro e microindicadores de performance do negócio.

Atualmente, por meio do GC, há diversas formas e ferramentas de se definir um sortimento ideal e uma política de marcas para fomentar negócios e ter a certeza de se estar atendendo de forma correta as necessidades específicas dos nossos shoppers. Estão presentes dentro das nossas unidades de negócio, promovendo a maior interação do cliente com a loja e com os produtos e serviços ofertados, engajando, retendo clientes e, ainda, aperfeiçoando a imagem da loja, dos produtos e marcas disponíveis junto ao shopper.

Mas, diante de tudo isso, por que executar o Gerenciamento por Categorias?

Simplesmente porque há grandes mudanças nos dias atuais, sejam no comportamento do consumidor, no cenário econômico e competitivo, na relação entre indústria e varejo.

Na primeira vertente, do lado das alterações do consumidor, temos um shopper muito mais exigente no momento de executar suas compras, que planeja muito bem como irá comprar, onde irá comprar e sabe reconhecer se os *targets* de preços praticados em loja são justos pelo nível de serviço que a loja oferece. Por outro lado, ele também é muito mais sensível à impulsividade enquanto está dentro da loja. Na segunda vertente, há uma grande mudança no cenário e nas relações entre indústria e varejo, uma maior quantidade e mix de marcas e itens por categorias disponíveis para serem comercializados nas prateleiras e disputando cada centímetro, muitas vezes com apelos e benefícios cada vez mais avançados, sendo que marcas consideradas líderes competem com marcas vice-líderes, de uma forma cada vez mais acirrada.

Diante deste cenário, executar o GC faz total sentido para administrar toda esta demanda que está em um ciclo de mudanças, e para orientar o sortimento que é uma parte de extrema importância para o negócio, aliado à segmentação e à execução corretas.

A segmentação está voltada à eficiência na exposição e sortimento, e execução nos níveis de serviço ofertados, qualidade, atendimento, entre outros.

Para nós, o GC tem a missão e o papel de reduzir custos, ampliar a rentabilidade e tornar uma experiência de compras mais agradável, orientando e garantindo o sortimento adequado.

Um *case* de sucesso que podemos citar foi a reformulação da categoria de cafés. Depois das análises de sortimento, racionais de exposição, adequações de posicionamento, políticas de marcas, arquitetura de preços e embalagens, e todo o preenchimento de metas de *score card*, a categoria evoluiu mais de dois dígitos, ganhando maior participação nas cestas de compras dos consumidores em volume e valor e rentabilizando o negócio.

Na prática, executar o GC agrega inúmeros benefícios ao negócio e na relação varejo, indústria e shopper, pois todas as ações estão voltadas a atender o shopper, que fica sempre no centro das atenções.

O GC não é um projeto. Projeto tem começo, meio e fim. O GC é um processo, no qual exige uma mudança de cultura da organização e foco em executar ações que rentabilizem o negócio e concentrem esforços, naquilo que, de fato, é relevante e traz resultados.

*Fernando Lucas é gestor de Categorias do Enxuto de Supermercados

3.1
Como ter o mix ideal?

O varejo tem como premissa básica vender algo relevante para alguém em determinado local.

Neste sentido, se procura oferecer soluções que atendam às necessidades do shopper-alvo. E hoje, com o advento da internet e o crescimento do e-commerce, eliminamos barreiras geográficas. Com apenas um *click* podemos comprar o que quisermos, a qualquer momento, de qualquer lugar.

Para oferecer soluções adequadas, cabe ao varejo conhecer seu shopper-alvo, identificar quais produtos e serviços poderão ser oferecidos.

Parece uma atividade simples, fácil, mas não. É um tanto quanto complexa. E esta complexidade vem em função de vários aspectos: grande número de produtos lançados regularmente – de acordo com a Nielsen, mais de 11 mil produtos no último ano –, limitações de espaço na área de venda, pouco conhecimento do shopper-alvo, acordos comerciais que, em muitos casos, são nocivos ao shopper e ao negócio, falta de informações gerenciais, baixo crivo analítico, só para citar alguns.

Segundo algumas estatísticas do mercado, 60% dos resultados de um varejo estão diretamente relacionados com o mix que ele oferece. Se isso é fato, então garantir o mix correto é uma questão de sobrevivência.

Na formação do sortimento devemos considerar não apenas os produtos de melhor giro (maximizando as vendas), mas também os de boas margens (otimizando a lucratividade), aqueles produtos que têm volumes relativamente baixos, mas que complementam o volume de venda e podem ser relevantes ao shopper-alvo e determinar a preferência do consumidor pela loja. Devemos, ainda, considerar e dar preferência a fornecedores que permitam uma operação eficiente para minimizar custos, perdas, rupturas, superestoques e, com isso, melhorar resultados.

Não existe uma recomendação padrão. O sortimento depende de inúmeras variáveis: **ramo de atividade, tipo de produto ou serviço oferecido, porte da empresa, capital disponível, perfil e hábitos do shopper, perfil e estratégia do varejista, tamanho e formato da loja, localização, sazonalidades, detalhes do mercado em que atua, concorrência e fornecedores (abrangência, disponibilidade e nível de serviço oferecido), ciclo de vida dos produtos, rentabilidade, papel e estratégia da categoria, manipulação especial (no caso de móveis, por exemplo), serviços complementares, posicionamento das marcas, etc.**

Voltemos ao caso de Maria Andrea e Ricardo. Ambos, ao irem às compras, possuem perfis, características, hábitos, atitudes e necessidades distintas. Enquanto Maria Andrea, conforme já citei no capítulo 1, assumiu a compra de abastecimento regular da casa e cuidados com o Rox – seu cão. Ricardo, o marido, ao contrário, busca produtos para produzir suas artes culinárias. Ambos escolhem canais, formatos e lojas distintas para atender suas necessidades. Maria Andrea opta pelo *cash & carry* para o abastecimento básico e, às vezes, alterna entre hipermercados e supermercados convencionais. Cada qual com sua proposta de valor, suas ofertas de sortimento e serviços. Já Ricardo dá preferência a lojas diferenciadas, com ênfase em alimentos especiais, conceito de conveniência, praticidade e qualidade (linha gourmet).

Notem que a decisão pelo canal e tipo de loja levou em conta a necessidade de cada um e sua missão de compra: para um, o abastecimento, e para o outro, uma linha gourmet especial.

Daí a importância de o varejista entender a missão de compra e a ocasião de consumo para poder oferecer as soluções mais completas e convenientes para a vida dos clientes.

Ainda que a loja que entrega uma excelente oferta de alimentos diferenciados – linha gourmet – também tenha uma oferta de produtos de limpeza, higiene e até *commodities*, com certeza esta oferta é restrita, com uma ou duas marcas e apenas os itens mais relevantes. Já na loja que pretende atender a Maria Andrea para o abastecimento do lar, a oferta destas mesmas categorias são bem distintas. Nos *cash & carry*, híperes e súperes convencionais, Maria Andrea encontra uma grande variedade de marcas, de segmentos, tamanhos e itens das categorias de limpeza, higiene e *commodities*. Há profundidade e amplitude para estas categorias, enquanto que os itens importados, alimentos gourmets terão sortimento limitado.

É neste contexto que se torna relevante a decisão sobre os **Papéis das Categorias**.

Conforme já citei, é o papel da categoria que direcionará e definirá o processo e a estratégia do sortimento a ser oferecido em todos os aspectos: variedade, profundidade, amplitude e número de itens.

Pense, por exemplo, na situação do Ricardo, que busca soluções diferenciadas para preparar jantares especiais para família. Temos aí uma grande oportunidade potencial: incrementar a oferta de molhos, temperos e de toda a linha de itens e utensílios gourmet. Para satisfazer a necessidade de Ricardo, vai ser preciso um sortimento completo, assegurando que ele encontre na loja tudo o que é necessário para o jantar especial que quer preparar. Uma oferta parcial iria forçá-lo a complementar a sua compra em outro estabelecimento.

A definição do sortimento é parte integrante das táticas do GC, e traz uma série de atividades relevantes com um forte impacto no negócio.

E quais são estas atividades?

1. PROPOSTA DE VALOR

Ter ou estabelecer com clareza qual é a estratégia da loja. Saber para que a loja existe, o que se quer entregar ao shopper e para que é crucial na definição do sortimento.

De acordo com o ECR Brasil, algumas questões devem ser respondidas nesta etapa?

- É um varejo generalista ou especializado?
- Pretende abastecer a casa ou entregar soluções diferenciadas? Quais?
- Quer atender a compra do mês, necessidades específicas ou emergências?
- Onde a loja está localizada? Área residencial? Comercial? Passagem?
- Produtos básicos ou diferenciados?

- Quem são os reais concorrentes?
- Quem é o shopper-alvo?
- Quais os itens relevantes para atender demandas específicas e que contribuem para formar a imagem do varejista (dietas especiais, gourmet)?
- Quais os itens essenciais e os que complementam a cesta do shopper?
- Quais os itens que ajudam a fidelizar o cliente, embora, às vezes, possuem baixo giro?
- Quais as razões que levarão o shopper à sua loja?

"O varejo trabalha hoje com 30, 40, 50 mil itens numa loja; com isso não consegue dar foco – fixa mais fortemente na curva A, mas muitos itens da curva B e C são importantes, seja em termos de rentabilidade, de percepção de valor ou mesmo para atrair o consumidor para loja. Assim, ao se trabalhar o GC, começamos a agregar diferencial para o negócio, a torná-lo mais atrativo, a aumentar penetração, organizar a categoria e obviamente gerar mais resultados"

Cristiano de Moraes, diretor comercial da Queensberry

2. ENTENDIMENTO DAS "LIMITAÇÕES" FÍSICAS, ESTRUTURAIS E TÉCNICAS DA LOJA

É imprescindível mapear a loja para identificar possíveis limitações: espaço, infraestrutura, equipamentos, capacidade financeira, entre outros.

Supondo que temos uma loja de supermercado de 500m², com a proposta de atender o abastecimento básico, e que quer trabalhar a categoria **Cuidado com Cabelo**, na categoria em questão vamos considerar: xampu, condicionador, creme para pentear, creme de tratamento, óleos, gel e assim por diante – sem incluir acessórios. Ou seja, no mínimo seis produtos. Como na Shoppercracia, o shopper está no centro das decisões, deveremos levar em conta os diferentes tipos de cabelos – para facilitar, vamos considerar, para efeito desta análise, apenas os três principais tipos: oleoso, seco, normal – lembrando que tem o tingido, encaracolado, etc. Na sequência, deveremos levar em conta performance. E aqui, mais sete segmentos – de acordo com *Supermercado Moderno* são eles: anticaspa, men, premium, *saloon*, top, intermediário, básico.

Supondo que fôssemos trabalhar apenas três marcas, nesta conta já teríamos 378 itens (6 produtos x 3 tipos de cabelo x 7 segmentos x 3 marcas) para gerenciar. Se incluíssemos duas fragrâncias cada, uau! 756 itens. Será que é compatível com a proposta de valor? Será que há espaço suficiente?

Considerando que este varejo quer entregar uma proposta de abastecimento do lar, ou seja, deverá trabalhar com 150 a 200 categorias ao todo, em 500m², será praticamente impossível ter todos estes itens de cabelo no sortimento. "

E é aqui que entra a relevância da gestão de sortimento conectada à proposta de valor e ao shopper-alvo. Certo dia um cliente me perguntou, "faz sentido vender mala de viagem em um home center?" O que você me diz?

3. DEFINIR NÍVEL DE COBERTURA MÍNIMA PARA CADA SEGMENTO E AVALIAR A DEMANDA REAL

Esta definição deve levar em conta o **papel da categoria** para garantir o nível de cobertura adequada para cada categoria – nem mais, nem menos.

4. DETERMINAR QUE ITENS DEVEM SER DELETADOS, MANTIDOS E INCLUÍDOS

Esta decisão deve ser executada a partir de análises quantitativas, considerando volume, valor, rentabilidade, sempre no menor nível da estrutura mercadológica. Recomendo uma análise ponderando estas variáveis. O ponderador de levar em conta a estratégia da categoria. Se , por exemplo, a estratégia for gerar margem, dê peso maior a esta variável, e assim por diante.

5. DETERMINAR SE O NOVO SORTIMENTO OFERECE O MIX APROPRIADO PARA OS SHOPPERS-ALVO

O que se faz aqui? Análises.

Fazer análises da demanda é crucial para entender o que, de fato, o público-alvo quer. Mas para identificar oportunidades e validar o sortimento é necessário compará-lo ao mercado/concorrentes.

- Análises para identificar o desempenho de vendas e rentabilidade de cada um dos grupos de produtos da loja permite ao varejista tomar decisões mais acertadas relativas ao seu negócio.
- Analisar o giro e a rentabilidade dos produtos permite uma gestão de estoques eficaz e a maximização do capital de giro da empresa.
- Analisar o lucro bruto e a rentabilidade de cada categoria, subcategoria de produtos, permite ao varejista saber quanto, efetivamente, lucra com o item e a traçar estratégias para mudar o perfil de vendas da loja. A partir das informações de giro e da rentabilidade dos grupos de produtos e do conhecimento profundo do perfil do shopper, é possível definir variedade e sortimento adequados ao posicionamento da loja. As possibilidades são:

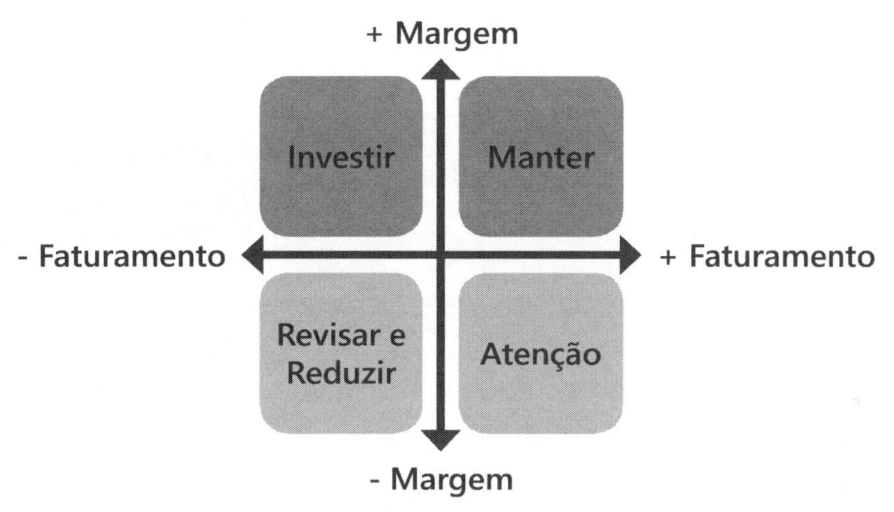

```
                  + Margem
                     |
         ┌────────┬────────┐
         │Investir│ Manter │
         └────────┴────────┘
- Faturamento  ←────┼────→  + Faturamento
         ┌────────┬────────┐
         │Revisar │Atenção │
         │e Reduzir│        │
         └────────┴────────┘
                     |
                  - Margem
```

Recomendo adicionar às análises acima o shopper. Como? Incluindo na matriz de sortimento a penetração da categoria (presença em cupom).

Uma das principais variáveis afetadas pela boa gestão de produtos está relacionada com a decisão sobre a **variedade (amplitude) e profundidade**.

- **Variedade**

Quantidade de departamentos, categorias, subcategorias e segmentos de produtos, marcas, etc. (número de linhas), que facilitarão atingir os objetivos definidos, agradar e inspirar os shoppers e gerar fidelização. A variedade vai determinar a amplitude – se larga/ampla ou estreita.

- **Profundidade**

Quantidade de itens em cada marca, categoria ou departamento. Determina, como o próprio nome diz, a profundidade do sortimento, podendo ser profunda ou superficial.

Qual sua estratégia de sortimento?

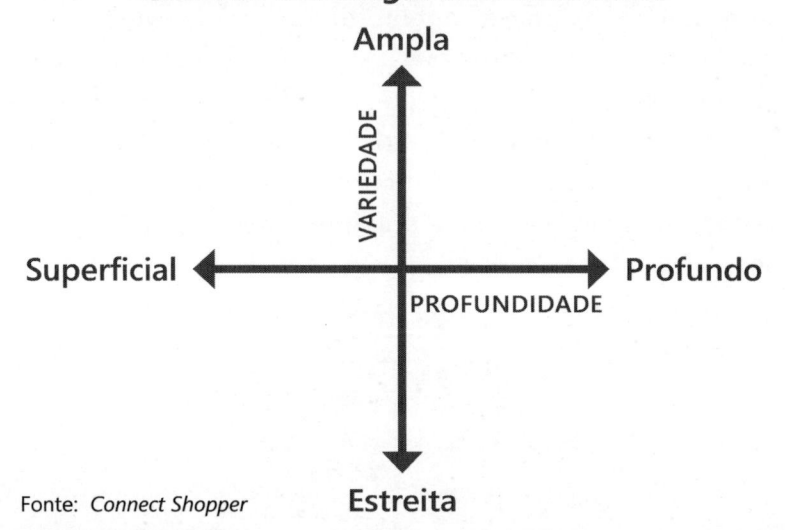

```
              Ampla
                ▲
                │
         VARIEDADE
                │
Superficial ◄───┼───► Profundo
                │  PROFUNDIDADE
                │
                ▼
             Estreita
```

Fonte: *Connect Shopper*

6. SUMARIZAR E QUANTIFICAR O IMPACTO DAS MUDANÇAS NO SORTIMENTO

7. PLANEJAR EXECUÇÃO

8. REVISÕES CONTÍNUAS

Como já citei, um varejista, hoje, tem, em média, 150 a 250 grupos de produtos. Imagine administrar todos os grupos, subgrupos em uma estrutura mercadológica adequada?

Ademais, às vezes, os resultados de vendas da loja são positivos, entretanto, aprofundando as análises podemos observar subgrupos, segmentos ou mesmo grupos de produtos deficitários e somente poderemos detectar as oportunidades através de uma análise minuciosa do desempenho de cada uma das categorias.

Uma análise pouco conhecida e executada pelos varejistas e fornecedores, mas que é de grande valia para identificar os pontos críticos de baixa performance, permitindo direcionar esforços, é o que chamamos de **Análise de Contribuição**.

ANÁLISE DE CONTRIBUIÇÃO

É uma análise que permite identificar no comparativo, entre dois períodos, o impacto positivo ou negativo de cada variável ou item avaliado na performance. Na prática, decompõe a variação de um período em relação ao outro para identificar cada atributo negativo/positivo. Veja exemplo abaixo:

Como calcular a contribuição (Índice de Impacto)

A contribuição é gerada a partir da seguinte fórmula: **Variável do Período Atual menos Variável do Período Anterior, dividido pela somatória das variáveis do período anterior, multiplicado por 100.**

No exemplo abaixo: **Valor da categoria A em 2017 menos valor da categoria A em 2016, dividido pelo valor total setor 2016 vezes 100.**

Ou seja = 486.539 menos 589.253, dividido por 4.135.536 = negativo 2,5p.p.

	2016	2017	VARIAÇÃO VALOR (%)	CONTRIBUIÇÃO EM PONTOS PERCENTUAIS
SETOR	**4.135.536**	**3.611.761**	**-12,7**	**-12,7**
CATEGORIA A	589.253	486.539	-17,4	-2,5
CATEGORIA B	528.028	425.727	-19,4	-2,5
CATEGORIA C	612.967	537.363	-12,3	-1,8
CATEGORIA D	1.028.272	965.410	-6,1	-1,5
CATEGORIA E	602.949	549.544	-8,9	-1,3
CATEGORIA F	298.330	251.855	-15,6	-1,1
CATEGORIA G	277.447	232.426	-16,2	-1,1
CATEGORIA H	129.514	111.399	-14,0	-0,4
CATEGORIA I	68.776	51.498	**-25,1**	-0,4

Note que o setor apresentou retração de **12,7%** entre 2017 e 2016. As variações mais relevantes foram nas categorias A, B e I, que caíram 17,4%, 19,4% e 25,1%, respectivamente. Porém, quando decompomos a variação de 12,7% para identificar de onde veio esta queda, observamos que a categoria I contribui com apenas 0,4 p.p. da queda de 12,7%. Ou seja, ela apenas representa 3% da queda detectada (não é relevante). Já as categorias A e B contribuíram negativamente com **2,5p.p. cada**

uma para a performance do setor, ou seja, cada uma destas categorias contribuiu com **20% da queda** detectada no período. Assim sendo, deveríamos direcionar esforços para rever as categorias A e B, caso elas estivessem com desempenho zero, ao invés de cair 12,7%, o setor cairia apenas 6,7%.

Diante do exposto, fabricantes, varejistas, atacadistas-distribuidores deveriam adotar uma prática inteligente de sortimento. Afinal, as decisões são estratégicas e precisam ser tomadas pautadas em informações – de mercado, internas, do shopper, de fornecedores. E o varejo tem que tomar e não "delargar" aos fornecedores.

Na Connect Shopper, desenvolvemos o que chamamos de mapa estratégico da categoria. Nada mais é que um mapa com as decisões sobre cada categoria. Estas decisões devem ser seguidas à risca, pois tem o shopper no centro das decisões. Nesse mapa estratégico, definimos o papel e a estratégia da categoria, os principais desafios e os *drivers* de crescimento que permitirão alcançar os resultados definidos. Adicionalmente, definição das políticas de marcas que estarão inseridas nas metas de premiação do comercial, além de desenvolver o Scorecard, já citado.

Modelo de mapa estratégico da categoria

CATEGORIA X			
PAPEL	ESTRATÉGIA	DESAFIOS:	
Indicadores		Loja-Piloto	Loja-Controle
Importância nas vendas (% valor)			
Importância nas vendas (% volume)			
% Margem			
Índice de penetração (presença)			
Número de itens			
Políticas de Marcas e Itens		Drivers da Categoria	

Fonte: *Connect Shopper*

Nos trabalhos que desenvolvemos, pensando sempre em engajar a equipe para que todos estejam sempre alinhados com os objetivos, sugerimos, assim como o ECR, criar um Comitê de Linha e um processo regular para introdução e exclusão.

SOBRE O COMITÊ DE LINHA

Para assegurar a efetividade e a continuidade das decisões de sortimento é preciso estabelecer claramente o processo e as responsabilidades inerentes à manutenção do sortimento.

Por isso, recomendamos a criação de um Comitê de Linha, que será o responsável por manter o sortimento atualizado:

- avaliar novos itens e as sugestões de inclusões
- efetuar a revisão regular
- validar como a exposição dos produtos (planogramas) serão executadas.

Recomendamos ser um comitê multidisciplinar, com a participação de diversas áreas: comercial – logística e operações.

O Comitê também validará junto ao GC e/ou desenvolverá a criação dos processos para **Introdução/Exclusão**.

SOBRE O PROCESSO DE INTRODUÇÃO E EXCLUSÃO

O objetivo é criar e instalar um processo para a introdução eficiente de novos produtos, para que fabricantes e varejistas aumentem a probabilidade de sucesso de seus lançamentos e inovações.

O que fazer?

1. **Rever a ficha de cadastro e rotinas**
2. **Criar padrão de cadastramento de produtos**
   – já discutido no capítulo 2
   - Produto
   - Variantes
   - Medidas
   - Tipo
   - Marcas
3. **Travar no sistema a quantidade de marcas aprovadas na política de marca**
   A trava pode ser feita em duas etapas
   ETAPA 1 – Travar o sistema com as quantidades atuais

ETAPA 2 – Após análise quantitativa de sortimento com a política de marcas adequada. Rever a trava e ajustá-la

4. **Criar regra de entrada e saída** - entra 1 e sai 1
5. **Utilizar sempre as fichas de cadastros atuais e preenchê-las adequadamente**
6. **Estabelecer um processo para esta finalidade**

PROCESSO DE INTRODUÇÃO/EXCLUSÃO

Adequar à realidade de cada cliente

FORNECEDOR APRESENTA NOVO ITEM
↓
Comprador
Faz análise pré-introdução: Alinhamento entre Fornecedor, GC e Comprador (Reunião Presencial ou envio dos dados necessários)
↓
Comprador Preenche a avaliação qualitativa de introdução, se a nota for superior a 20, segue o processo. Incluir a sugestão de qual item será substituído **REGRA: Entra 1 e sai 1**. Envia ao GC
↓
GC
Avalia e valida a proposta de inclusão e exclusão
→
Comprador GC
1) Se GC não aprovar, justificar e devolver ao comprador.
2) Se aprovado – Comprador enviará ao GC as informações necessárias para confecção dos planogramas (dados volumétricos e imagem do produto) e a proposta de qual item será excluído.
3) GC excuta o planograma
↑
Fornecedor
Preenche ficha cadastro, entrega ficha técnica do produto (com posição) e espelho da nota fiscal
↑
Comprador
preenche as informações internas
→
Gerência/Diretoria
Aprova o novo item
↓
Fiscal e Contábil
Analisam parte tributária
↓
Cadastro
Cria código do material
↓
Fiscal e Contábil
criam exceções no sistema e imputam código imposto
↓
Supply/CD
Libera o material para armazenagem
↓
Cadastro
Libera o material do sortimento para a compra
↓
Pricing
imputa as informações de venda

Fonte: *Connect Shopper*

Em todas as etapas, os responsáveis receberão do GC e-mail do status das atividades.
O prazo **para inclusão e liberação do material novo será de 10 dias**, contados a partir do horário de entrega da ficha. O **prazo para bloqueio no cadastro é de 1 dia e para a "queima de estoques" é de 30 dias.** Acompanhe a sugestão para Análise Qualitativa de Sortimento à frente.

7. **Definir onde e como introduzir**
   Recomendamos introduzir, inicialmente, em uma loja-piloto para avaliação e validação dos resultados e, somente, após a garantia de boa performance, expandir para as demais.
8. **Definir metas para o item a ser introduzido**
   Sempre estipular metas de vendas, margem, giro, no mínimo.
9. **Acompanhamento sistemático**
   Depois de introduzir o item é imprescindível o acompanhamento sistemático para avaliar a performance do mesmo e corrigir rotas caso necessário, podendo, inclusive, tirá-lo de linha por baixa performance. Período de avaliação: mínimo **3 meses**
   Se o item atender as expectativas e os resultados, após 3 meses inicia-se *roll out*
10. **Revisão geral do sortimento**
    O gestor de categoria deve propor uma revisão geral do sortimento a cada ano/semestre, dependendo do nível de lançamentos e inovação da categoria.

    Sempre considerar o papel das categorias e indicadores quantitativos.

O processo de inclusão/exclusão deve sempre levar em conta critérios objetivos:

- Desempenho das vendas da categoria *versus* estimativas de vendas e margens
- Impacto dos novos produtos sobre as vendas e margem da categoria
- Tipo de apoio oferecido pelo fornecedor – custos, responsabilidade, atividades, comunicação, verbas
- Desempenho atual da margem da categoria e do item
- Impacto do item na categoria
- Pesquisa de preço na concorrência
- Espaço em gôndola.

A equipe comercial deve:

- Garantir o cumprimento da estratégia da categoria/item
- Zelar pelas políticas de fornecedores e marcas (quantidade e papéis) sem prejuízo ao shopper e ao negócio
- Cumprir e manter o papel da categoria.

Após inúmeros trabalhos desenvolvidos e identificando uma carência do comprador ou da área comercial na tomada de decisão sobre incluir ou não um produto, desenvolvemos uma sugestão de avaliação qualitativa, a saber:

Considerando cada atributo listado abaixo, o comprador deve aplicar uma nota de 0 a 5 – sendo:

0 = não se tem informação a respeito/não se sabe
1 = nível muito ruim
2 = ruim
3 = médio
4 = bom
5 = excelente

Sugestão para Análise Qualitativa de Sortimento

ATRIBUTOS	NOTAS
Tendência de mercado	
Grau de Inovação	
Benefício adicional/Diferenciação	
Investimento em marketing ao consumidor	
Investimento em Ações de Trade	
Grau de conexão com a Estratégia	
Impacto no negócio (previsões de crescimento pelo fornecedor)	
Somatória	

Fonte: *Connect Shopper*

Se a somatória da nota dos atributos acima, e outros que possam ser inseridos de acordo com a estratégia do varejista, não for adequada, o comprador já descarta o item imediatamente. Pois, sem dúvida, será similaridade e não variedade.

A cada introdução de um novo item, é essencial definir qual(is) produto(s) o novo "candidato" deverá substituir, e as razões destas ações.

Lembre-se: o excesso de oferta leva à redução do número de frentes/visibilidade de cada item na gôndola, podendo gerar confusão, reduzir as vendas, aumentar a probabilidade de rupturas.

O que fazer quando o item tem estoque e giro zero ou está com mais de 90 dias sem vendas?

Antes de excluir um item, convém levantar as possíveis causas da má performance: como falta de abastecimento na gôndola, o não registro de quebras ou transferências, localização inadequada, nível de preço, falta de etiqueta de preço, etc.

Por que é necessário fazer esta avaliação?

Estes problemas mencionados podem explicar o baixo desempenho.

NÃO VENDE POR QUE ESTÁ MAL TRABALHADO OU POR QUE NÃO DESPERTA INTERESSE DO SHOPPER?

Identificada a causa, pode-se tomar uma decisão mais orientada pela adequação ou exclusão.

É imprescindível, também, estabelecer um plano de ação com atividades, prazos e responsáveis para o item a ser excluído, considerando o plano de "escoamento".

Definir o que fazer com os produtos com estoque em CD e Loja, como, quando e por quem:

- Que tipo de ação será executada
- Rebaixa de preço, promoção compre 3 pague 2, acordos com fornecedores
- Plano de comunicação (canal, mensagem)
- Onde será executada (local na loja) e como
- Tipo de exposição/sinalização
- Preço a ser praticado – e definição de onde sai a verba para a queima de estoque
- Periodicidade: quando ocorrerá a ação – começo, meio e fim.

Caso Lopes: Definição de Mix e GC na prática

O Lopes Supermercados, empresa da Grande São Paulo, com 42 anos de atuação e 27 lojas, está utilizando com primor os conceitos do Gerenciamento por Categorias, fazendo com que as estratégias estipuladas para as cestas de produtos sejam espelhadas no ponto de venda.

Afinal, além de absorver o conteúdo trazido pelas indústrias fabricantes dos produtos, há a preocupação de entender o shopper que a rede atende e desenhar o modelo ideal de sortimento e exposição de produtos direcionados a ele.

O processo de GC deve ser executado com cautela e os passos devem ser seguidos e compartilhados com todos os envolvidos. Na empresa, as fases foram divididas em quatro passos: Avaliação, Recomendação, Implantação e Monitoramento.

A etapa de Avaliação é iniciada com um diagnóstico detalhado de cada subcategoria para definir as prioridades. Nesse trabalho são avaliadas as informações de vendas em valor, vendas em volume, participação, contribuição, tíquete médio, penetração, margem em percentual, margem em valor e as tendências das categorias. Após a definição das categorias prioritárias, os processos são iniciados por revisão completa da estrutura mercadológica e padronização das descrições dos produtos. O cadastro é vital para o sucesso dos trabalhos, e vai influenciar todo o fluxograma. A estrutura mercadológica é revisada voltada para as soluções de compra e momentos de consumo das categorias. O processo é muito simples, se resume em:

Por Felipe Teixeira*

- extração da estrutura mercadológica atual
- análise de oportunidades
- elaboração da recomendação
- avaliação e validação da proposta
- ajustes necessários na proposta
- alocação dos produtos na nova estrutura
- avaliação e validação da proposta de alocações
- ajustes necessários na proposta de alocações
- consolidação dos arquivos
- envio ao time de Cadastro/TI para ajuste no sistema ERP
- checagem do trabalho
- comunicação/informativo para todos os interessados.

Após a adequação das estruturas mercadológicas, seguimos para as análises de sortimento quantitativa e qualitativa. Essa etapa é crucial e deve ser realizada no último nível da estrutura mercadológica, pois nesse nível trataremos os nichos de produtos com maior assertividade.

Atualmente subdividimos essa etapa em três momentos, são eles:

- Análise quantitativa 80/20 dos sub-subsegmentos, considerando o sortimento atual. Essa análise é ponderada entre venda em valor, venda em volume e margem em percentual

- Análise quantitativa e comparativa com a Nielsen GDE SP e GRU, em busca de possíveis oportunidades de introdução ou argumentos para exclusão de determinado produto ou marca
- Análise qualitativa e comparativa com 3 concorrentes definidos pelo Conselho Administrativo. Nessa etapa, o nível de trabalho é intenso e recompensador, pois o material é 100% aproveitável, visto que:

Visitamos os 3 concorrentes e fotografamos módulo a módulo

Após as evidências coletadas, comparamos quantidade de produtos, marcas, fornecedores

Comparamos a dimensão que é dedicada para a categoria analisada, ou seja, quantos módulos, prateleiras

Comparamos o método de exposição utilizado, pois o Lopes busca seguir a árvore de decisão das categorias e precisamos entender se a concorrência está na mesma tendência

Nesse mesmo material é possível comparar os índices de competitividade, pois durante as visitas e levantamento de evidências, também coletamos os preços dos produtos

Após a definição do sortimento ideal, partimos para a clusterização dos produtos por tamanho da área de vendas de cada loja *versus* o perfil socioeconômico das respectivas áreas de atuação do nosso negócio

É importante manter um controle ou uma espécie de acompanhamento desse sortimento, ou seja, criação de um fluxo de introdução e exclusão de produtos do sortimento. Atualmente, no Lopes criamos uma agenda fixa para apresentação de lançamentos e/ou introduções, através de nosso comitê em que participam alguns cargos estratégicos de Operações e Comercial. Nesse mesmo comitê é onde decidimos a clusterização da introdução, com base no espaço planograma e perfil socioeconômico das lojas.

Algumas introduções pontuais são clusterizadas em lojas específicas para efeito de testes, e caso a performance seja rentável, a clusterização é revisada.

Paralelo ao trabalho de clusterização, o time GECat confecciona as propostas de *minifloor** (planta baixa da loja focada em departamentalização das soluções de compra somadas a análise de *facing* "valor, volume e margem" de cada cesta). O *minifloor* é essencial para avaliarmos o quanto de espaço deverá ser dedicado para cada categoria, desta forma evitamos que cestas importantes fiquem com o espaço subestimado nas lojas e vice-versa.

Ao término da confecção das propostas de *minifloor* e quando a definição do formato ideal acontece, inicia-se a confecção dos referenciais de exposição. Em resumo, define-se referenciais de exposição, como planogramas estratégicos de acordo com a árvore de decisão do shopper para a categoria e com o espaço dedicado para a mesma.

Os referenciais de exposição são esboços iniciais para a confecção dos planogramas quantitativos, pois nesse formato é possível testar a atribuição das estratégias das categorias e seus principais *drivers* de desenvolvimento, considerando a exposição proposta.

Com o *minifloor* aprovado e os referenciais batidos com todo o time envolvido, inicia-se a confecção dos planogramas quantitativos, feitos em softwares específicos para esse tipo de trabalho e comercializados por institutos renomados. A confecção dos planogramas quantitativos deve ser baseada em cada referencial de exposição aprovado antecipadamente. Desta forma, a estratégia é refletida no programa e posteriormente repassada às lojas. Essa etapa é mais popularmente conhecida, mas considero que seja apenas a ponta do *iceberg* desse processo, os pontos focais são a elaboração de diagnósticos, definição dos papéis de cada categoria e o cadastro.

Quando os pontos estratégicos são discutidos com o envolvimento das áreas interessadas e responsáveis pelo processo, as execuções dos papéis fluem sinergicamente. Porém, é importante ressaltar o ato de ouvir, o mediador do processo deve ter a habilidade, discernimento e gestão de projetos aflorados, valorizando os pontos de vista de cada membro do time e incentivando pensamento e senso crítico de todos.

Desta forma, o processo de Gerenciamento por Categorias tende a ser refletido no PDV, causando, na grande maioria dos casos, geração de lucros e resultados promissores. Após esse alcance positivo, pode-se planejar a expansão do formato definido, mais conhecido entre os profissionais da área como "roll out". O processo de *roll out* deve ser estruturado minuciosamente. Novamente todos os membros interessados devem ser envolvidos para discutir formato de trabalho, cronograma e responsabilidades de cada um. O comprometimento e a responsabilização das pessoas são fatores essenciais para o sucesso dessa prática.

A comunicação e o estreitamento das relações entre varejo e indústrias devem ser aflorados e incentivados, pois grande parte das melhorias nos resultados e na experiência de compra do shopper são provenientes das discussões e dos alinhamentos entre esses grandes polos do mercado.

Quanto ao comportamento do shopper, entende-se que as mudanças são constantes e vão ao encontro com o estado social, político e econômico do ambiente que o mesmo é integrante. Por esse motivo, a ferramenta de Gestão por Categorias se faz tão importante, afinal, a mesma permite entender e ponderar as escolhas do shopper refletidas no ponto de venda.

*Felipe Teixeira é gestor de Categorias & Pricing do Lopes Supermercados

3.2
O que é pricing, afinal? E qual a sua relação com o GC?

Como já apresentei em capítulos anteriores, o GC é um modelo de gestão que, a partir do profundo conhecimento do shopper, e da parceria entre fornecedor e varejo, tem como principal objetivo maximizar os resultados. E esta maximização só é possível através da combinação de todas as ações táticas do GC: otimização do sortimento (mix ideal), *pricing* (estratégias e táticas de precificação), promoção, merchandising e exposição (layout, técnicas de exposição, planograma, comunicação visual e ações para "inspirar" o shopper a comprar).

Assim, depois de executada a definição do sortimento ideal para cada categoria, que discutimos no *Capítulo 3.1*, é crucial ao varejista estabelecer as estratégias e táticas de precificação. Afinal, definir corretamente os preços eleva efetivamente a massa de margem. Lembrando que diferentes produtos possuem diferentes critérios de escolha do shopper e diferentes respostas ao posicionamento e mudanças de preços (elasticidade do produto[1]).

Nosso objetivo aqui não é o de explorar todos os aspectos e aprofundar no tema *pricing*, afinal, caberia um livro inteiro dedicado a este tema tão complexo e relevante para obtenção de resultados. Nosso objetivo, é apenas destacar a relevância do *pricing* ao GC e destacar alguns aspectos cruciais para a obtenção do resultado, conforme destacado no *Capítulo 2.4*.

De acordo com Frederico Zornig[2], *pricing*, ou estratégia de precificação, "é um plano estabelecido com base na percepção de valor de consumidores ou clientes e gerenciado (controlado) por meio de um processo eficaz, com o objetivo de maximizar a lucratividade de uma empresa".

---

1. **Elasticidade** - preço é um conceito econômico que apresenta a quantidade demandada de um bem ou serviço, em relação às mudanças nos preços destes.

"Pricing não se trata somente de baixar preço, mas, principalmente, oferecer valor para os clientes", diz Fabien Datas diretor de Pricing do Grupo Walmart.

Embora o *pricing* não seja um tema novo, no Brasil, ainda hoje, em muitos casos, a formação de preços se dá baseando-se nos custos fixos e variáveis do produto multiplicado por um fator (*markup*) preestabelecido.

Esta é uma prática bastante tradicional e comum ainda hoje. Numa sondagem informal que a Connect Shopper realizou em 2016, com executivos de 1.000 empresas de varejo no Brasil (pequeno e médio porte), mais de 70% dos entrevistados admitiram que não possuem uma área de *pricing*, e que adotam o *markup*. E alguns outros, que determinam preços imitando a concorrência.

O fato é que essa ainda é a realidade da gestão de preços em boa parte do varejo brasileiro, pois o varejo acha o método do *markup* simples, intuitivo, e fácil de ser utilizado. Mas, na verdade, está completamente em descompasso com as práticas mais avançadas do mundo. E atenção: está com os dias contados.

Os varejistas começam a perceber que se perde muito dinheiro utilizando-se dessa fórmula. Além de ignorar o valor percebido pelo cliente, não leva em conta a diferenciação necessária, considerando segmentos de clientes e também os custos operacionais em si.

Lembre-se: diferentes shoppers, diferentes necessidades, diferentes percepções de valor.

Voltando ao caso do nosso casal, quando Ricardo vai às compras de seus produtos "gourmet", para elaborar um prato especial, tem um envolvimento emocional com os produtos que escolhe, assim o atributo preço perde relevância nas suas decisões.

---

2. **Frederico Zornig** – consultor e especialista em *pricing*, é fundador e presidente da Quantiz Informática e Consultoria e autor de dois livros: *Preço Certo*, lançado em maio de 2007 pela Editora Nobel, e *Decidindo o Caminho*, que aborda liderança e foi publicado em 2006 pela mesma editora. Graduado em Engenharia Química pela Universidade Estadual de Campinas (Unicamp) e com MBA pela University of Illinois, dos Estados Unidos, Zornig foi executivo de várias empresas, entre elas Johnson & Johnson e Souza Cruz.

Já para Maria Andrea, ao ir às compras de produtos para limpeza do chão, supondo, por exemplo, água sanitária, ela não tem nenhum vínculo emocional com a categoria. Embora sendo a shopper, a usuária é sua empregada. Portanto, diferentemente do marido, nesta compra o preço ganha relevância.

Seja na compra de água sanitária ou em outra categoria, há diferentes tipos de shoppers. Há aqueles que buscam por uma marca mais barata, dentro de um rol de marcas que entendam entregar os benefícios que esperam. No entanto, há outros que optam por aquela de menor preço, sem avaliar qualquer outro atributo. Há ainda, de acordo com a Kantar Worldpanel[3], as shoppers apressadas, as decididas e práticas, as experimentadoras (*como citado no capítulo 2.1*), cada qual com atitudes distintas. Daí a relevância de entender toda a dinâmica do shopper-alvo e a importância do atributo preço para ele, bem como a relação do mesmo com a categoria.

Dentro deste contexto, ganha destaque o **pricing estratégico**, que tem como princípio básico justamente o entendimento por parte das empresas de seus diferentes segmentos de clientes e a prática de preços diferentes, considerando perfis, benefícios, percepções, relação com a categoria, entre outros.

Fatores como o aumento da concorrência, mudanças no comportamento do consumidor, turbulências econômicas, margens mais apertadas tem contribuído para esse movimento do *pricing* estratégico.

---

3. **Shoppers Kantar Worldpanel** – A Kantar Worldpanel é líder global em painel de domicílios. Anualmente, através da aplicação de um questionário estruturado em mais de 11 mil domicílios, promove uma pesquisa para entender as características dos diferentes shoppers em relação às suas atitudes no ponto de venda. Formam 5 clusters:
Apressada: alto grau de concordância em questões relacionadas a rapidez, agilidade, praticidade, conveniência e organização.
Decidida/Prática: Baixa suscetibilidade a mudanças, sabe o que quer e age de forma racional.
Observadora/Analítica: alto grau de concordância em questões relacionadas à avaliação dos produtos, serviços, busca de informações sobre produtos e marcas, gostam de caminhar pela loja, ler rótulos.
Experimentadora: alto grau de concordância em questões relacionadas à inovação e lançamentos de produtos. Tendem a comprar mais por impulso e são suscetíveis à substituição de marcas a partir da experimentação.
Buscadora de preço/promoção: preço é o fator mais importante na decisão de compra.

Segundo Fabien Datas, diante do cenário atual, o *Pricing* se torna um componente essencial deste sucesso. Ao mesmo tempo, destaca que a grande intensidade promocional atrapalha o trabalho que o varejista faz para precificar de forma assertiva. Afinal, os clientes têm cada vez mais dificuldade de entender qual é o verdadeiro preço dos produtos, com tantas promoções e dinâmicas distorcendo o entendimento do preço praticado.

De acordo com Frederico Zornig, definir uma estratégia de preços vencedora baseia-se, em grande parte, no que ele chama de "os oito mandamentos do **pricing** estratégico":

1. Tenha uma estratégia de preços
2. Segmente seu mercado
3. Crie uma política de preços justa e transparente.
4. Evite as guerras de preços.
5. Prepare sua força de vendas para vender valor
6. Utilize também táticas de preços
7. Comunique alterações de preços para seus clientes com antecedência
8. Monitore e controle seus preços proativamente.

Assim, a determinação dos preços dos produtos das categorias, subcategorias, segmento/subsegmentos, deve levar em conta não apenas a margem desejada, a cobertura dos custos fixos e variáveis, mas, também, a estratégia do varejista e da categoria a ser executada, o papel que ela assume e, sobretudo, ter o shopper no centro das decisões (valor real e percebido). Pode-se considerar, ainda, o posicionamento da marca, a sua participação de mercado, o seu ciclo de vida e até aspectos emocionais e psicológicos que interferem na percepção de valor dos consumidores.

Um exemplo seria o caso de um produto "premium", que pode ter o mesmo preço em lojas mais populares e em lojas para púbicos A/B. O que pode mudar é o comportamento de compra. Na loja para público A/B poderíamos observar uma compra maior e mais frequente, e na loja voltada para a classe popular, uma compra menor e esporadicamente (indulgência/*status*) diante de um bolso limitado.

COMO ATRIBUIR PREÇO A UM PRODUTO

O primeiro passo, portanto, é entender o shopper, a importância do atributo preço no valor oferecido a ele (impressões/percepções), conhecer quanto o shopper está disposto a pagar. Assim, faz-se necessário: pesquisas de mercado, análises da conjuntura e estudos sobre shopper-alvo.

Na sequência, identificar os preços dos KVIs (Key Value Items), ou seja, o preço dos principais produtos por categoria de cada um dos principais concorrentes diretos. Faz-se necessário entender o mercado, concorrência e avaliar seus custos. Estas informações são cruciais para estabelecer as estratégias de precificação.

Também ao *pricing* é vital um cadastro qualificado, bem estruturado, com produtos alocados adequadamente, já que informações erradas podem interferir no processo de precificação.

Os 10 Fatores Básicos a serem considerados na formação de preços

1. Custos fixos e variáveis
2. Inflação
3. Impostos
4. Margem de lucro
5. Preço dos concorrentes
6. Ciclo de vida dos produtos/sazonalidade
7. Market share do produto no mercado
8. Posicionamento da rede/varejista no mercado
9. Aspectos emocionais
10. Perfil do shopper

Fonte: *Revista SuperHiper, Julho de 2016 – ano 42, número 481*

Um ponto relevante, destacado por Fabien Datas, é sobre a percepção de preço. "Existe, hoje, um verdadeiro descompasso entre o preço realmente praticado na loja e a percepção que o cliente tem desse preço. Assim, entendendo que o *Pricing* deve focar na criação de valor para o cliente, a percepção de preço hoje é elemento fundamental a ser trabalhado no processo de precificação.

Porém, como influenciar essa percepção de preço e quais são os principais fatores que transmitem essa percepção de preço na cabeça dos clientes? – Acompanhem artigo de Fabien Datas ao final deste capítulo.

Em relação às estratégias de preço, existem quatro principais: custo, competição, contexto e valor e diversas táticas de preços (*skimming*, penetração, entre outras), como será discutido a seguir.

A decisão por uma ou outra estratégia e tática, dependerá muito de cada negócio. Atualmente, a mais utilizada é a estratégia de valor, por dar peso relevante à percepção do shopper na formação de preço, e não, simplesmente, por considerar o custo e adicionar sobre ele uma margem qualquer com base no que o varejista deseja.

No tocante ao GC, o *pricing* tem um papel relevante e sua participação ativa é crucial:

- Seja para identificar e executar as pesquisas de preços nos reais concorrentes – neste ponto, para o GC, recomendamos não apenas pesquisar os KVIs, mas também o fundo de sortimento da categoria a ser gerenciada – afinal, há produtos que não são KVIs, mas têm relevância na imagem do varejista e podem ter forte presença em cupons (alto grau de conversão e atratividade)
- Seja para garantir que a política de preço será aplicada e adequada com vistas a melhorar o desempenho da categoria
- Seja na avaliação e revisão do mix de margem.

Em 2016, ao executarmos o GC da categoria de Atomatados em um varejista de São Paulo, avaliamos que os resultados da categoria não estavam nada animadores. A categoria apresentava um forte decréscimo em vendas por volume e por valor, com uma contribuição muito negativa do segmento Molhos Especiais, mas que de acordo com Nielsen apresentavam crescimento.

Solicitamos à área de *pricing* uma pesquisa de preço, fundo de sortimento e notamos um grande desalinhamento entre concorrentes e o varejista em questão em inúmeros segmentos e itens. Da mesma forma, um grande desalinhamento no quesito mix de margem.

Preço praticado *versus* média dos principais concorrentes
(Mercado = base 100)

CATEGORIA	ÍNDICE PREÇO X CONCORRENTE
Atomatados	**118**
• Especial	121
• Saborizado	116
• Polpa	119

Como pode ser observado na planilha acima, o preço dos molhos especiais estava 21% mais caro do que a concorrência, polpa 19% superior e saborizado 16%. Descobertas estas "variações desproporcionais" e ajustadas as ações, os resultados começaram a aparecer. Após a virada do GC, nos primeiros 15 dias o crescimento foi de **28% em valor e 4 pontos percentuais em margem**.

Exemplos de táticas de preço

- Percepções e importância do atributo preço ao shopper
- Pesquisa de preço nos reais concorrentes (fundo de sortimento)
- Ajuste na política de preço a fim de melhorar o desempenho da categoria
- Avaliação e revisão do mix de margem
- Definição de parâmetros para o comprador.

Para o futuro, uma precificação estratégica será fundamental para definir vencedores e perdedores em um ambiente cada vez mais competitivo. Estratégia e gestão de preços serão cada vez mais fatores de vantagem competitiva para as empresas.

Pricing: de preço à oferta de valor ao shopper
Por Fabien Datas*

Falar de *pricing* é ir além de precificar produtos (para cima ou para baixo), é oferecer valor para os clientes. E oferecer valor aos clientes envolve toda a complexidade da variável **percepção**.

Não adianta ter ou saber que se tem os preços mais baratos se o cliente não sabe disso ou, pior ainda, não percebe. É uma questão muito voltada ao parecer do que realmente ser. Até porque, o cliente não costuma se lembrar de todos os preços dos produtos que compra, no máximo se recorda de 5 a 10 preços.

Para remediar esta situação, o varejista deve focar nos critérios que realmente impactam a percepção que os clientes têm dos preços.

Agrupei esses critérios em 5 principais pilares:

- Preço
- Promoção
- Comunicação
- Variedade de Preços
- Ambiente da Loja.

O preço é o fator mais evidente e primordial para se trabalhar. Ele consiste em garantir que haverá a percepção de preços baixos na maior parte dos produtos, sem precisar realmente serem os produtos mais baixos (lembre-se, tem a ver com percepção). E, para influenciar a percepção de preço, é necessário garantir que certos preços, de fato, sejam mais baratos do que a concorrência. São os chamados KVI (key value item) ou NBB (never be beaten) – (produtos mais importantes, mais frequentemente comprados ou presentes nos tíquetes de compra) –, conforme já citados por Fátima anteriormente.

E lembre-se, a precificação dos produtos deve ser transparente e o mais constante possível, para dar visibilidade para o cliente dos preços praticados.

Já a promoção, não tem como objetivo comunicar constância, mas, sim, a certeza de que o varejista possa oferecer os preços mais baixos. Para uma promoção ser percebida como tal e impactar a percepção de preços, é importante que seja:

- em produtos relevantes para o cliente
- com desconto relevante para o cliente
- com dinâmicas e mecânicas relevantes para o cliente
- com frequência suficiente para ser percebido.

Porém, qualquer promoção não será efetiva se não houver uma boa comunicação por detrás. O que não é visto não é reconhecido. Para uma comunicação de preço efetiva deve-se ter:

- a escolha da mídia adequada, segundo o tipo de clientes e a região
- saber navegar entre o off-line e on-line, de forma integrada, para otimizar a comunicação (ferramentas digitais podem ajudar a atingir mais clientes potenciais)
- uma mensagem adequada e clara, com destaque na locução e/ou comunicação dos preços.

O ponto de venda deve, também, ser considerado como vetor natural de comunicação, informando preços de forma clara, simples e destacada, para chamar a atenção.

Um dos pilares menos óbvio, porém muito importante, é a variedade de preços dentro de uma categoria: desde a presença de primeiros preços, passando por marcas próprias (focando em custo-benefício) e até marcas mais *premium*, com maior qualidade, mas com bom preço, comparado com a concorrência. Um dos fatores essenciais é a garantia de oferecer uma opção de preço, sendo o mais barato da categoria (primeiro preço), de forma constante no tempo e frente à concorrência.

O último pilar, que passou a ter cada dia mais impacto representativo na percepção de preço, é o ambiente da loja. É só entrar em um atacarejo que o cliente terá a sensação de preços baixos. Uma loja que aparente preços baixos terá um ambiente mais simples (iluminação, piso, gôndolas, etc.) e focará em fartura, apresentando ilhas e corredores sazonais com muitos produtos. Se houver muitos clientes fazendo compra, a percepção de barato será ainda mais forte. Porém, a implementação desses pilares vai depender do nível de maturidade do processo de precificação.

Os níveis de maturidade do Pricing

Uma precificação assertiva dentro de um processo de GC começa com o entendimento do seu momento atual e de onde se quer chegar, para, enfim, dimensionar o caminho a ser percorrido para alcançar o objetivo.

Existem várias etapas para se chegar a um nível de excelência na área de *Pricing*.

A forma mais básica de *Pricing* é via uma precificação descentralizada, feita loja a loja, sem uma área específica para lidar com este tema e criar uma estratégia de precificação. Cada loja tem a sua própria precificação, comparando-se com a concorrência local e definindo as suas próprias regras (com quem se comparar, quantas lojas, com qual frequência, etc.), assim como definindo a sua agressividade frente aos seus concorrentes.

Avançando no processo, chegamos a uma fase intermediária, que consiste em centralizar o processo de precificação, criando uma área específica que cuidará deste assunto, com equipe dedicada e regras claras sobre o tema. Essa decisão não significa que a precificação deixará de ser feita loja a loja. A centralização vai permitir criar um processo único e uniformizado de tratar a precificação dentro da empresa, criando maior coerência e consistência no processo de *Pricing* (com quem queremos nos comparar, com qual frequência e qual intensidade). Porém, ainda neste momento, todos os produtos pesquisados serão precificados da mesma forma e pesquisados com a mesma frequência.

Uma terceira fase caracteriza-se pela criação de uma estratégia de precificação e regras mais complexas e evoluídas, com objetivo de ter uma precificação mais assertiva e um gerenciamento de preços mais eficiente. Este processo inclui a criação de *clusters* de lojas ou reagrupamento de lojas com um mesmo perfil, baseado no tipo e comportamento de clientes, características das lojas e natureza da concorrência. O processo de escolha de concorrentes também será unificado. Assim, a precificação poderá ser simplificada, não precisando mais ser feito loja a loja e sim em poucos grupos de lojas homogêneas.

Em contrapartida, a criação das cestas de produtos será mais complexa, mas, ao mesmo tempo, mais eficiente. Neste modelo, se define os tipos de produtos a serem pesquisados segundo a sua relevância para o cliente e para as vendas valor e volume das lojas (produtos ultrassensíveis/sensíveis/não sensíveis). Cada cesta de produtos terá a sua frequência de pesquisa (diário, semanal, mensal), reação aos preços da concorrência, nível de agressividade.

O sistema de precificação poderá ser internalizado, usando pesquisadores das próprias lojas para fazer o trabalho de pesquisa, mas também poderá ser terceirizado, para focar no trabalho de inteligência de precificação.

Uma etapa ainda mais madura do *Pricing* surge quando ocorrer a decisão de automatizar todo o *workflow* de precificação, comprando/alugando um software ou criando um, sem apoio de um terceiro. O objetivo desta fase é o de estabelecer uma verdadeira "memória" de precificação, uma base de todos os preços, todas as mudanças de preços da empresa e os seus concorrentes, a fim de aprender com o método de precificação interna e da concorrência. Essa automatização também permite a otimização de todo o processo, garantindo simples sugestões de preços de acordo com o histórico de precificação. Uma ferramenta de *Pricing* possibilita a criação de filtros e regras mais complexos, garantindo melhor acuracidade, qualidade e assertividade na definição dos preços. Enfim, tais ferramentas facilitam o estabelecimento de verdadeiras arquiteturas de preços, viabilizando a coerência de precificação entre os produtos de uma mesma categoria e garantindo que quando ocorrer mudanças de patamares de preços de certos produtos, a coesão dos preços dos demais produtos correlacionados possa ser mantida entre eles (*premium*, *challengers*, marca própria, básicos, primeiros preços).

Uma vez que a empresa tenha aprendido com o uso de uma ferramenta e acumulado informações suficientes (mais de 2 anos), a fase mais avançada e rica de um sistema de *Pricing* se baseia na gestão para transformar informações em conhecimento orientado para ação. Para tal, é necessário o uso de algoritmos elaborados que irão fazer análises preditivas e de elasticidade de preços, que irão sugerir os melhores preços. O objetivo é constituir uma verdadeira Inteligência de *Pricing*, que permite "dosar" a agressividade de precificação de acordo com a necessidade local.

*Fabien Datas é diretor de Pricing do Grupo Walmart

O shopper na mesa da negociação

Se perguntarmos a qualquer varejista quem define o sortimento, ele vai responder que é o cliente. Na teoria funciona, mas na prática, nem tanto. No momento da negociação, em geral, o mais interessado e o motivo de existência para o nosso negócio não está na mesa, que é justamente o shopper. Já nos perguntamos: quem define os preços?

Nem mesmo na teoria o shopper é lembrado em um grande número de companhias ou negócios, que dirá na prática. Paradas no tempo, muitas empresas ainda calculam seus preços com base na aplicação da margem sobre custos mais impostos. É claro que este é um princípio básico de precificação, mas quando vejo negócios aplicando isso como única estratégia de precificação, me pergunto como sobrevivem? E por quanto tempo ainda o farão? Lamento pelo quanto seus negócios e resultados poderiam estar sendo otimizados, olhando para fora (clientes, concorrência, cenário econômico e outros fatores) antes de olhar para dentro.

No Departamento Comercial, hoje o comprador mal tem tempo de checar o nível de estoque. Menos ainda de levantar relatórios de vendas, crescimento, margem ou de pensar em estratégias que melhorem o resultado. Buscando otimizar todos estes e outros processos, as áreas de Gerenciamento de Categorias, *pricing* e Inteligência de Mercado têm por objetivo contribuir de forma significativa neste processo de gestão, olhando para o mercado, buscando oportunidades e efetivando melhorias nos processos de gestão, com foco orientado para o cliente.

Por Leandro Oliveira*

Se atuarem juntas, com troca de informações, aliando o apoio da indústria – conhecedora do shopper em função do investimento em pesquisas e hábitos de compra – e transitando entre as áreas de Marketing e Operações, de forma estratégica, estas áreas se complementam e apoiam a área de Compras nas melhores tomadas de decisões. Isso ajuda a evitar promoções e demarcações de preços inúteis, compras desnecessárias ou ineficientes, além de baixa rentabilidade e margens apertadas, sortimento inadequado, rupturas, exposição em lojas sem critérios ou racional adequados, dentre tantas outras coisas, liberando a área Comercial e dando suporte para exercer, com eficiência, o que é realmente seu oficio, negociar bem!

O gestor comercial, ou comprador, tem em sua cabeça um dilema que é, ao mesmo tempo, algo simples de se resolver. Ele quer e precisa obter mais vendas e lucros, porém, ao mesmo tempo, ele sabe que seu resultado de hoje será sua meta de amanhã. Já observamos isso em muitos casos. O que ele faz muitas vezes, e nem dá para dizer que está errado, num processo obsoleto de gestão e sem o foco adequado, é bater a meta, sem exagerar, e deixa um dinheirinho na gaveta para o mês seguinte ou uma reserva de fôlego.

Essa é uma forma "malandra" de estar bem na foto, ter fôlego para o mês seguinte (que eventualmente pode ser pior) e de forma gradual fazer com que seu crescimento seja constante, sem comprometer-se com um resultado extremamente alto, que seria possível, porém mais difícil de manter na mesma escala, de forma natural.

Da mesma forma é possível que em determinado momento a margem suba 5 pontos percentuais e seja algo específico de determinada ação realizada e não se mantenha todos os 5 pontos percentuais ganhos, embora seja esperado que permaneça maior que antes da determinada ação. São dois pontos importantes aqui: primeiro o critério de avaliação que não está favorecendo a máxima eficiência, embora seja uma questão muito mais de entendimento do próprio gestor aqui em "explicar" tudo o que foi feito no período anterior e seria totalmente compreensivo que se ele crescesse 7% em vendas, e em determinado período cresceu 30%. Sua meta não pode passar a ser 30% ou mesmo 18,5% (média) de maneira automática. Outro ponto que consideramos ainda mais relevante:

- Gerenciamento de Categorias tem a cobrança principalmente por vendas
- Pricing tem sua cobrança principalmente pela Margem e Rentabilidade.

Desta forma, estas duas áreas têm em sua essência, e como uma das principais responsabilidades, justamente suportar a área Comercial neste atingimento. Nada mais justo que este referido gestor ou comprador compartilhe a "culpa" do crescimento muito acima do esperado com as duas áreas e, desta forma, também não faz sentido que toda a responsabilidade do futuro (metas) seja atribuída unicamente em suas projeções. Simples assim e eficiente como se esperava. Todos felizes e faturando mais.

Ganhar dinheiro não é causa. E sim, consequência

Não sejamos hipócritas, o principal objetivo (financeiro) de uma empresa é produzir com pouco custo e obter o maior lucro possível. E esta é, sim, a principal vertente, a coluna cervical da Área de Pricing.

Com todas as mudanças que estamos vivenciando – econômicas, sociais, tecnológicas, para citar algumas, você acha que pode continuar precificando considerando apenas Custo + Imposto + Margem = Preço de Venda?

Fátima já comentou que, para fazer uma precificação, é preciso estratégia, focar-se no shopper, adotar um olhar para o mercado e concorrência, buscar oportunidades para rentabilizar o negócio e agregar valor percebido é na prática, customizar seu preço.

Tanto GC quanto *Pricing* não são projetos a serem executados (projeto tem início e fim) e sim uma cultura a ser implementada na organização, abrangendo todas as áreas envolvidas.

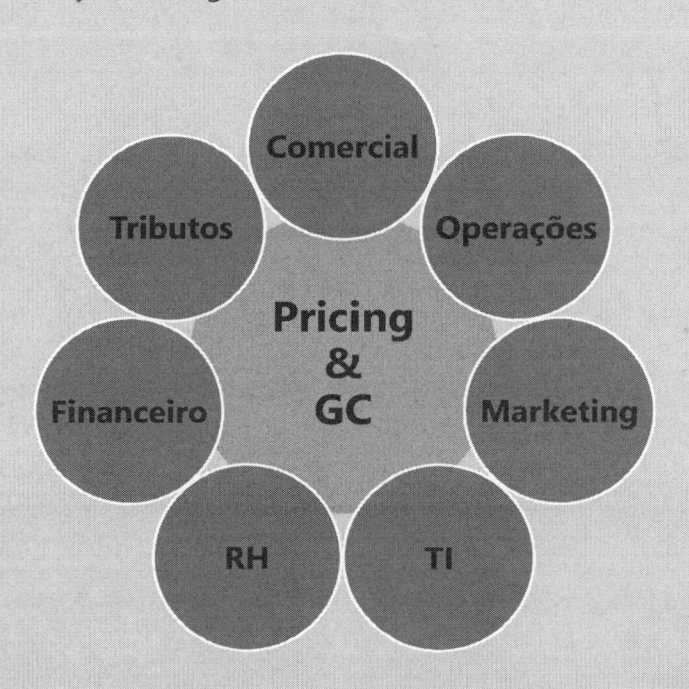

O preço é o único elemento do composto de marketing que produz receita, e é flexível porque pode ser rapidamente modificado, mas, ao mesmo tempo, sua definição é bastante complexa.

Objetivos dos Preços:

- Retorno do investimento
- Obter Share (maior participação do mercado)
- Maximização do Lucro (Curto ou Longo prazo)
- Gerar tráfego
- Crescimento
- Estabilização do mercado
- Manter a liderança de preço
- Desencorajar a concorrência
- Acelerar a saída da concorrência
- Melhorar a imagem da empresa ou seus produtos
- Criar interesse pelo produto
- Dar valor ao produto.

Para precificar bem, vale responder algumas perguntas estratégicas do negócio:

- Em que negócio devemos estar? Temos domínio sobre isso?
- Podemos vencer a nossa concorrência nesse negócio?
- Os clientes serão atraídos por nossa proposta de valor?
- Qual será nosso diferencial?
- Quem tirará proveito de nossa oferta?
- Qual o valor que os clientes perceberão de nossa oferta e preço regular?
- Podemos extrair a nossa parte do valor entregue e será suficiente?
- Vale a pena criar e entregar essa oferta?

Mais do que realizar o rateio de custos fixos e variáveis por produto produzido ou serviço prestado, faz-se necessário cada vez mais precificar com base no **valor percebido**.

Um bom exemplo de preço por valor percebido pelo cliente é o dos produtos da Apple. Embora os materiais sejam semelhantes a outros produtos similares, o cliente fiel à marca enxerga mais valor no produto Apple do que em outros concorrentes e está disposto a pagar mais por isso, seja por status, praticidade, afinidade, etc.

AS PRINCIPAIS ESTRATÉGIAS DE PRICING

44% - estratégias orientadas pela concorrência

37% - estratégias baseadas em custos

17% - estratégias orientadas para o valor percebido pelos clientes

3% - outras estratégias.

Baseada na Concorrência

Concentra-se nos preços praticados pelos concorrentes.

DESAFIOS: Identificar os reais concorrentes, desconhecimento sobre estratégia, ganhos de escalas, a heterogeneidade dos serviços como um fator limitante para a comparação, o valor para o cliente – quem disse que o concorrente está certo? – seu nível de eficiência *versus* concorrente (você pode ser mais eficiente e estreitar margens), seus custos, etc.

Baseada em Custos

Determina-se um percentual e adiciona-se ao custo total do produto/serviço (lembrando que este custo total deve incluir os custos fixos, variáveis, diretos e indiretos).

Por exemplo: se o custo total for de R$ 120,00 e o percentual determinado for de 50%, então o preço final será 120 + (0,50 x 120) = 120 + 60 = R$ 180,00.

DESAFIOS: alguns custos são de difícil rastreamento. Ademais, esta estratégia não leva em conta a sensibilidade/elasticidade, preço do produto, o consumidor (o quanto está disposto a pagar) e a concorrência.

Baseada em Valor – é a que mais vem se destacando...

Considera o **valor percebido** pelos clientes, ou seja, os preços são baseados no que eles se **dispõem a pagar**.

DESAFIOS: o ajuste dos preços monetários para que seja refletido o valor dos custos não-monetários; categorias em que o preço não seja um fator central, etc.

Como citado por Fatima, a decisão por uma ou outra estratégica e tática, dependerá muito de cada negócio.

A Estrutura de Preços Baseada em Valor é uma estrutura para gerenciar decisões de preços dentro de um negócio competitivo.

- Decisões de Estratégias de Negócio:
    - Táticas de apoio a Estratégias de Negócio/Ger. Categorias
    - Estratégia de Preços
    - Preços de Mercado
    - Política de Desvios de Preços
        - Processos para definir o Preço de Mercado
        - Processos para gerenciar Descontos/Promoção
        - Processos acompanhamento de Variação de Preço e Margem
        - Benefícios de insumos e impostos.

Pesquisa de Preços

Quanto à pesquisa de preços é imprescindível conhecer sua loja, seu cliente e seus reais concorrentes. São inúmeros os casos em que pensamos que nosso concorrente é um e na verdade é outro. E a pesquisa pode ocorrer desde maneiras mais manuais até mais tecnológicas.

Um ponto de extrema relevância na precificação diz respeito à regionalização e às diferenças entre lojas, daí a clusterização.

No geral, há dois tipos de pesquisas – um para os ultranotáveis e notáveis – que ocorre regularmente (e a mais praticada). O outro é a pesquisa fundo de sortimento, está já mais esporádica. Para o GC, inclusive, esta última é de extrema relevância.

Pesquisa e Estratégia de Precificação:

Ultranotável/Notável

- Definição de preço mediante pesquisa
- Preços iguais a concorrência
- Condição: Acompanhar e buscar negociação quando necessário
- Frequência Pesquisa: Diária
- Acompanha a oscilação do mercado
- 82 Itens Ultranotáveis/294 Itens Notáveis
- Finalidade: Reação Diária.

FS = Fundo Sortimento

- Definição de MG% por Categoria/Item
- Monitorar os preços praticados na praça
- Condição: Acompanhar se tiver Custo
- Frequência Pesquisa: Nielsen (Price Track)
- Finalidade: *Input* dos preços do mercado para negociação comercial. Revisão do Mix de Margem e percepção de mercado.

O mais relevante é que nos itens mais sensíveis a preços e aqueles que são conhecidos pelos clientes (Superssensível, Ultranotáveis, cada um chama de um jeito) seja mantida a competitividade em relação ao mercado. Nestes itens, de fato, não se pode perder.

"Ser mais barato nos itens mais relevantes. Aqueles que o cliente conhece o preço"

Normalmente, é na pesquisa de fundo de sortimento que habitualmente encontramos as maiores oportunidades de ganho. É necessário para definir a Margem Objetiva (Revisão do Mix de Margem) e garantir que se atinja os objetivos estratégicos para cada categoria (rentabilidade) e que esteja com preços compatíveis ao mercado (competitividade).

Revisão do Mix de Margem/Pesquisa Sortimento

Habitualmente realizado pela Área Comercial, a participação do *Pricing* na revisão do Mix de Margem é fundamental. Primeiro para trazer as informações de Pesquisa de Preço, neste caso a pesquisa deve ser realizada com todo o sortimento. Depois, contribuir nas análises, identificando itens onde não está havendo competitividade e o Preço Sugestão atual seja maior que o de mercado, porém, este é a principal oportunidade para identificarmos potenciais **Ganhos de Margem**, oportunidades onde podemos aumentar o preço e continuarmos competitivos. O reposicionamento de preços ocorre tanto para cima quanto para baixo, e é importante como métrica ser considerada Margem Contribuição Absoluto e não percentual.

O desafio está em estabelecer e manter uma política clara e consistente de precificação. Seja do lado do varejo e da indústria ter regras claras, transparência, processo que garantam que todo o planejamento será executado de maneira correta e eficaz. Ademais, faz-se necessário controle e monitoramento do processo de precificação e dos preços.

Quais os objetivos das políticas de preços

- Entender o público para atender suas necessidades de produtos e serviços e cobrar um preço equivalente a esta proposta.
- Através de uma Estratégia de Precificação mais elaborada, garantir a Rentabilidade da empresa.
- Oferecer preços competitivos com uma boa prestação de serviços, garantindo o Lucro e Competitividade e aumento da **percepção de preço (Imagem de Preço)**.
- A competitividade e a rentabilidade deverão ser garantidas loja a loja, mediante concorrente primário.

Objetivo: Garantir **Competitividade** em relação ao mercado, **Rentabilidade** para o negócio.
Proporcionar a melhor experiência de compra aos clientes.

Lembre-se, **preço** é uma variável muito sensível, é um risco enorme alterar preços sem simulações de impactos. Hoje, podemos contar com inúmeras ferramentas e sistemas com análises preditivas e algoritmos que nos antecipam em até 3 anos tendências de precificação e oportunidades. Mas cuidado, busque fazer mudanças com o máximo de segurança possível.

Um ponto nevrálgico e um desafio adicional ao *pricing* é a relação Impostos e Preços. São inúmeros impostos – IRPJ, CSLL, PIS, Cofins, ICMS, IPI, IOF, ST, redução de alíquota, incentivos e benefícios fiscais para áreas e estados específicos, etc. – e entender toda essa dinâmica fiscal e trazer para dentro da Inteligência de Mercado e *Pricing* se faz obrigatório.

E como precificar considerando os diferentes estágios do ciclo de vida dos produtos?

Os produtos possuem ciclos distintos de maturação, entender esta dinâmica é de extrema relevância:

- Produtos em crescimento: o preço deve estar compatível as expectativas dos consumidores
- Produtos na maturidade: Associar ao preço promoções para estimular a demanda
- Produtos em declínio: Segmentar o mercado reposicionando o produto para outro público.
- **Motivos para Redução de Preços:**
    - Capacidade ociosa
    - Declínio de participação de mercado ou vendas
    - Estratégia para dominar o mercado através de custos menores
    - Pesquisa de Preços (Combate Concorrência).
- **Motivos para Aumento de Preços:**
    - Inflação de custos
    - Remarcação antecipada (oportunidade)
    - Demanda aquecida
    - Pesquisa de Preços (oportunidade em relação a concorrência).

E qual o processo de Gestão de Preço?

1. Estratégia	Definição da Estratégia de Preços baseada nos objetivos da empresa, por categorias/produtos/lojas.
2. Método	Método de formação de preços e posicionamento. Definição da Política de Preços.
3. Execução	Implementação dos preços no mercado de forma eficiente a maximizar os resultados e garantir a competitividade.
4. Administração	Definição das responsabilidades, indicadores e gestão.
5. Monitoramento e Sistemas de Suporte	Adequação de sistemas e indicadores de desempenho. Informações gerenciais e relatórios.

E qual a estrutura adequada para a área?

O ideal é que *Pricing* tenha uma estrutura independente, ou na Shoppercracia que Fátima propõe, atrelado ao Marketing – com o cliente no centro das decisões. No comercial, é a raposa cuidando dos ovos. Em finanças, risco de muita rigidez.

A estrutura básica necessária para cumprir todas as atividades seria um coordenador e dois analistas, dependendo do porte da empresa.

Estratégias e atividades pricing

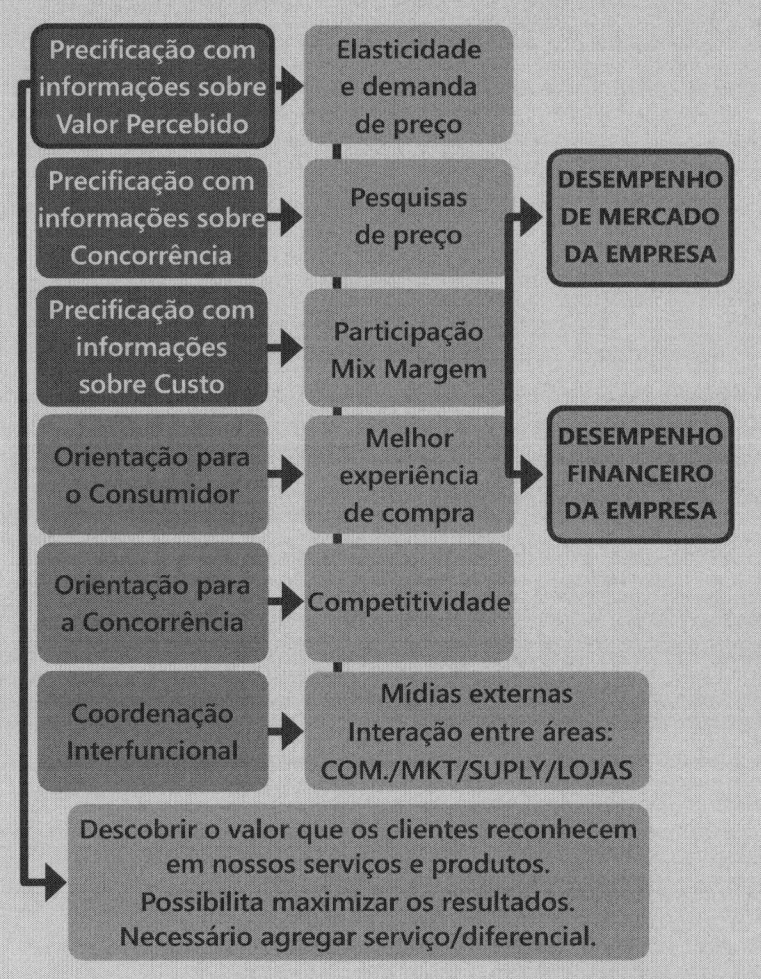

- Precificação com informações sobre Valor Percebido
- Precificação com informações sobre Concorrência
- Precificação com informações sobre Custo
- Orientação para o Consumidor
- Orientação para a Concorrência
- Coordenação Interfuncional

→

- Elasticidade e demanda de preço
- Pesquisas de preço
- Participação Mix Margem
- Melhor experiência de compra
- Competitividade
- Mídias externas Interação entre áreas: COM./MKT/SUPLY/LOJAS

→

- DESEMPENHO DE MERCADO DA EMPRESA
- DESEMPENHO FINANCEIRO DA EMPRESA

Descobrir o valor que os clientes reconhecem em nossos serviços e produtos. Possibilita maximizar os resultados. Necessário agregar serviço/diferencial.

Além de criar processos e fazer uma gestão eficaz, é imprescindível comunicar de maneiras efetiva. Explicar todos porquês e as necessidades de cada mudança e atividade realizada em *pricing*, orientar e apoiar em todo processo e políticas.

*Leandro Oliveira é gerente de Pricing do Grupo Roldão Atacadista

3.3
A Promoção e o GC

A promoção é uma das variáveis do marketing mais importante para o sucesso de um produto/serviço, é, de fato, uma ferramenta de grande impacto positivo, promissora para atrair e converter clientes (gerar tráfego e fluxo de caixa), para gerar compras por impulso e para elevar o tíquete médio.

Embora seja uma prática amplamente difundida, ainda hoje há muitas promoções que são mal planejadas e mal executadas.

No Brasil, inclusive, na maioria das vezes, são confundidas com as tão fomentadas ofertas, configurando-se, exclusivamente, em rebaixa de preços, seja como desconto direto no produto ou descontos e gratuidades na compra da segunda ou mais unidades.

O QUE FALTA PARA MAXIMIZAR OS EFEITOS DAS PROMOÇÕES E OFERTAS

- Maior aprofundamento sobre os tipos e aspectos das promoções e clareza das diferenças entre ambas
- Visão estratégica sobre as promoções e ofertas
- Planejamento e processo – o que fazer, por que, para quem, por quem, quando, como, qual o resultado esperado
- Clareza no propósito e objetivo: muitos fazem simplesmente porque o concorrente está fazendo
- Um olhar geral sobre a categoria: normalmente concentra-se na promoção/oferta do produto em si, sem pensar na solução ou categoria
- Conexão das ações com o papel e a estratégia da categoria – por exemplo, o varejista tem como estratégia gerar margem incremental, mas faz uma oferta com rebaixa de preço
- Métricas e mensuração para avaliar performance e efetividade das ações

- Informações e análises para apoio no desenvolvimento das ações
- Real orientação aos shoppers-alvo
- Comunicação entre as áreas
- Efetivo planejamento da demanda para evitar os altos índices de rupturas e/ou superestoques nos produtos promocionados
- Regras claras para as ocasiões em que tiver falta de produto (rupturas) ou superestoques. Ex: no caso de ruptura, haverá substituição por outro produto de igual valor? E no caso de superestoque será a rebaixa de preço, devolução, ou o quê?

De acordo com Claudio Czapski, superintendente do ECR Brasil, é evidente que na perspectiva do shopper as ofertas são bem recebidas, já que significam encontrar produtos por preços mais baixos dos usuais, estimulando a compra. Mas, na prática, significa também, em muitos casos, acumular em casa quantidades muito maiores do que as tradicionalmente adquiridas sem ofertas, afetando a dinâmica de compra e com impacto nos resultados do varejo e de fabricantes, que não podem ser negligenciados. Destacaremos à frente.

QUAL É O TIPO DE PROMOÇÃO PREFERIDA PELO CONSUMIDOR?

Segundo a Kantar Worldpanel, por conta do cenário econômico, as promoções ganharam relevância entre 2015 e 2016. Mas, novamente, são as ofertas especiais que se destacam. Aliás, estão no topo da lista de fatores para a escolha da loja na qual os brasileiros vão comprar. Em seguida aparecem confiança, produtos de qualidade, limpeza/ordem e proximidade.

A oferta que mais é percebida pelos brasileiros ainda é desconto de preço (88%), seguida por "leve mais, pague menos" (10%), sendo esta última a que mais cresceu nos últimos anos. O comportamento demonstra que o foco do consumidor, ainda preocupado em racionalizar e planejar, está em obter uma vantagem imediata com as promoções e ofertas.

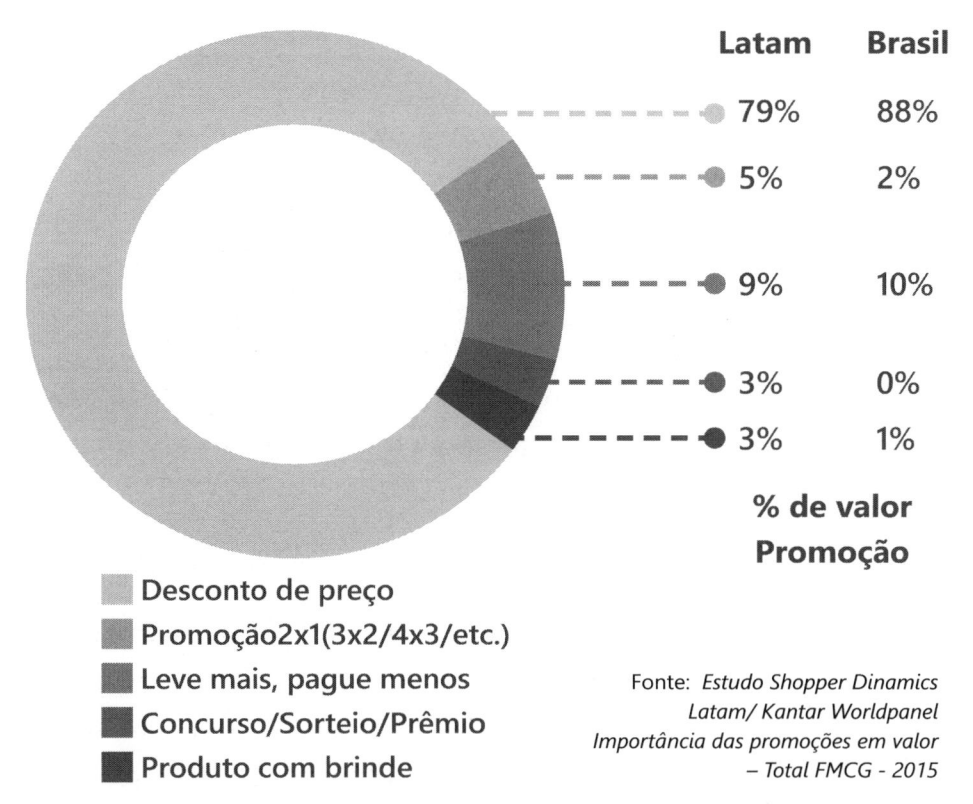

IMPORTÂNCIA DAS PROMOÇÕES EM VALOR (%)

	Latam	Brasil
Desconto de preço	79%	88%
Promoção 2x1 (3x2/4x3/etc.)	5%	2%
Leve mais, pague menos	9%	10%
Concurso/Sorteio/Prêmio	3%	0%
Produto com brinde	3%	1%

% de valor Promoção

Fonte: *Estudo Shopper Dinamics Latam/ Kantar Worldpanel Importância das promoções em valor – Total FMCG - 2015*

Ainda de acordo com Czapski, na maioria das categorias de largo consumo, limpeza – cuidados com a roupa, por exemplo –, normalmente as mais envolvidas em atividades promocionais, embora ocorram estímulos para aumento do volume comprado, não há aumento da quantidade consumida no lar, assim, a venda de maiores volumes resultará em redução das vendas futuras (antecipação da demanda), até que os estoques acumulados pelo consumidor sejam utilizados.

Outro ponto que não podemos negligenciar é que a oferta de produtos em promoção a preços menores do que os usuais, mostra ao shopper que é possível vender os produtos a preços diferentes dos regulares, dando-lhe a impressão de estar sendo explorado quando paga o preço cheio e estimulando a crescente busca de promoções. O caso mais clássico é o dos aposentados norte-americanos que colecionam anúncios e selos de promoções, indo de loja em loja para completar o abastecimento de seus lares, essencialmente com ofertas – prática que, de maneira ligeiramente diversa, também cresce no Brasil, não somente através da busca de ofertas e promoções, mas explorando as diferenças de preços do mesmo produto em diferentes canais, especialmente na comparação com o atacarejo. A questão que fica na cabeça do shopper é :"por que em um lugar o detergente em pó da marca X é A e em outro, é 15% a 20% maior?". E isso vale para inúmeras categorias e produtos.

Veja um caso, no quadro a seguir, bem interessante, publicado na revista *Supermercado Moderno* sobre o tema. Escolhi este, em particular, pois é uma situação recorrente idêntica ao que vivenciamos em vários de nossos clientes quando iniciamos o processo GC.

PRECIFICAÇÃO SEM RESULTADOS – adaptado da revista Supermercado Moderno - nº 575 - ano 48

Sabemos que várias categorias contribuem para alavancar a lucratividade do varejo. Mas, caso não se adote uma política correta de precificação ou, ainda, não se defina corretamente as ofertas, os resultados podem ser desastrosos.

O caso envolveu a categoria iogurte e o segmento grego. A margem bruta deste produto gira entre 30% e 40%, enquanto polpa e outros segmentos, entre 10% e 15%. O que ocorreu? Enquanto o fabricante líder de mercado em grego manteve sua política de preço regular, sem ofertas, um determinado fornecedor jogou os preços lá embaixo, sinalizando para o varejista em questão a possibilidade de aumento de volume e vendas e, consequentemente, aumento da massa de margem. O caso ocorreu em um determinado varejista, entre os meses de novembro de 2016 e janeiro de 2017. Foram oito semanas consecutivas em que o varejista, encantado pelo "canto da sereia", comprou a ideia de ganho rápido.

Embora a redução de preço pode, por vezes, parecer uma boa saída para ampliar resultados, a tática não se aplica a todos os produtos da mesma maneira. É preciso entender e avaliar os critérios que, para o shopper, são os mais relevantes para a sua decisão de compra e qual a relevância que dá a preço nas diferentes categorias – como responde às mudanças de preços (ou seja, a elasticidade do produto), entre outros pontos. Só assim é possível ter uma precificação que beneficie varejo e indústria. Preço nem sempre é alavanca de compra.

Para iogurte grego, por exemplo, a primeira decisão é o sabor – é o que mais pesa na sua escolha, de acordo com a árvore de decisão da categoria. Na sequência vêm marca e, depois, o usuário. Preço é o quarto atributo avaliado na hierarquia de decisão de compra do shopper. Assim, rebaixa de preço, portanto, não é uma ação eficiente para ampliar vendas e lucro na categoria. Muito melhor garantir o mix correto de sabores e marcas e executar a categoria em loja, de acordo com os diferentes momentos de uso e consumo, com uma exposição adequada à árvore de decisão do shopper.

Resultados da ação no varejo

Foram oito semanas de redução de preço na categoria sem resultados positivos: Embora o caso seja real, os números do gráfico são fictícios.

Evolução semanal da receita gerada pelos fabricantes
(em R$ 1.000,00- dados fictícios)

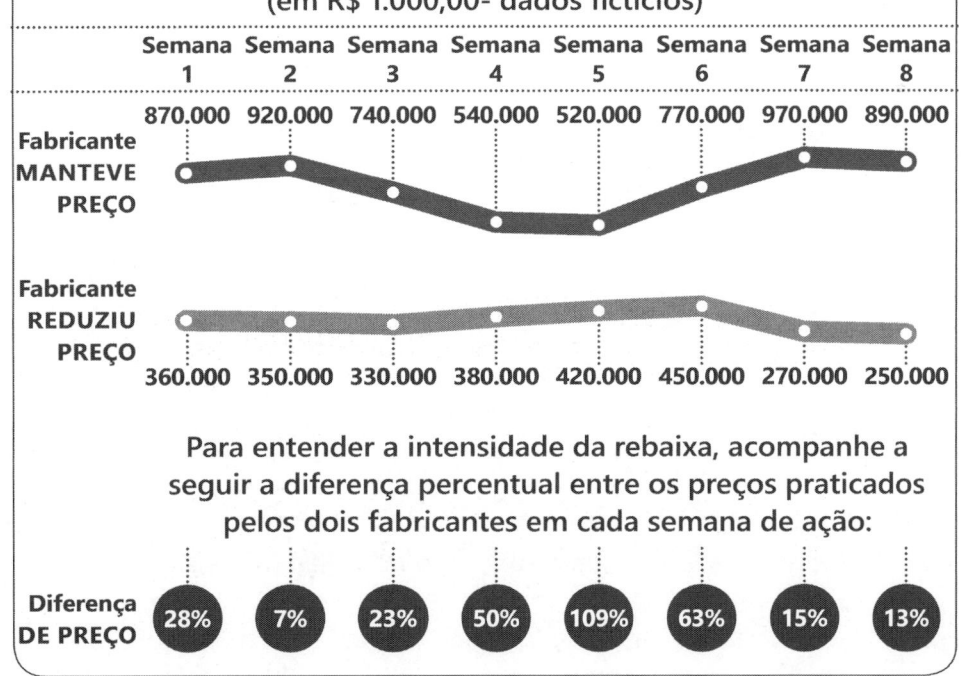

	Semana 1	Semana 2	Semana 3	Semana 4	Semana 5	Semana 6	Semana 7	Semana 8
Fabricante MANTEVE PREÇO	870.000	920.000	740.000	540.000	520.000	770.000	970.000	890.000
Fabricante REDUZIU PREÇO	360.000	350.000	330.000	380.000	420.000	450.000	270.000	250.000

Para entender a intensidade da rebaixa, acompanhe a seguir a diferença percentual entre os preços praticados pelos dois fabricantes em cada semana de ação:

Diferença DE PREÇO	28%	7%	23%	50%	109%	63%	15%	13%

Apesar do preço agressivo, o fornecedor que realizou a oferta terminou a ação com faturamento inferior ao da primeira semana. **Vendas caíram**, em vez de subir!

Durante a ação, o fornecedor que reduziu o preço gerou faturamento médio de R$ 350.000 para o varejo. Já aquele que não promoveu alteração e trabalhou com preço médio 36% maior produziu receita média de R$ 780.000 – ou seja, 123% mais (média entre as semanas 1 e 8).

Preço para o consumidor tem certa subjetividade, já que ele tem uma referência de preço do produto, formada a partir de vários atributos (qualidade, marca, etc.). E neste sentido, em muitos casos, quando o valor praticado fica muito abaixo, o shopper desconfia que pode ter algum problema com o produto, como, por exemplo, que a qualidade caiu e pode deixar de comprar.

O mesmo acontece quando a oferta (rebaixa de preço) tem longa duração. O cliente passa a acreditar que esse é o preço regular do produto e, quando o mesmo voltar para o preço regular, o cliente vai reclamar e ter uma avaliação negativa do varejista, impactando, inclusive, a imagem do varejo.

Em nosso exemplo, no pico de rebaixa (semana 5), a diferença de preço entre os fabricantes alcançou 109%. Comparando com a semana 1, a receita da categoria caiu 23% (*veja a seguir*).

Semana 1	Semana 5
Diferença de preço entre os fabricantes	
28%	**109%**
Faturamento da categoria	
R$ 1.230.000	R$ 940.000

Conclusão: *Precificação errada levou o varejo a perder vendas e lucro em valor.* O faturamento caiu 23% no pico da rebaixa de preço e 7% no final da ação (semana 8 x semana 1).

Conforme já comentei no capítulo sobre *pricing*, para adotar uma precificação (regular e promocional) adequada é preciso avaliar fatores como elasticidade do produto, papel da categoria, qual a relevância do atributo preço ao shopper-alvo, entre outros.

Voltando aos temas que não podem ser negligenciados, um ponto relevante é o fato de que quem comprou o produto com o preço regular e na sequência o encontra com um preço inferior, sente-se enganado, frustrado, decepcionado. Da mesma forma que aquele que vai à loja, atraído por um anúncio (folheto, propaganda), e quando chega ao ponto de venda não encontra o produto (ruptura) ou o produto acabou ou a promoção terminou, o que fica para ele é a sensação de ter sido enganado.

Se ruptura já é crítica em se tratando da venda de produtos regulares, imagina a frustração de um cliente ao chegar em uma determinada loja, atraído pela oferta ou promoção, e não encontrar o que queria?

Considerando todos os pontos expostos e um mercado que nos últimos anos se tornou excessivamente "promocionado", temos uma "commoditização" das ações, tornando as promoções muito parecidas e repetitivas, como: garantia do menor preço, descontos, cartão fidelidade, preço menor no segundo item, leve mais pague menos, brindes, entre outros. O resultado são perdas gigantescas – financeiras, operacionais e, em muitos casos, até de impacto na própria imagem.

Segundo a revista *Supermercado Moderno*, as ofertas desnecessárias – quando o produto teria sido vendido mesmo com preço normal – somaram R$ 11 bilhões em 2015.

No quadro a seguir, podemos observar o percentual do volume vendido a partir de ofertas, que teriam sido compradas pelo consumidor mesmo sem o preço ter sido reduzido.

% DO VOLUME VENDIDO COM OFERTAS QUE TERIA SIDO COMPRADO PELO SHOPPER MESMO SEM REDUÇÃO DE PREÇO

Limpeza caseira	85%
Bebidas não alcoólicas	82%
Higiene e beleza	75%
Mercearia	73%
Bebida alcoólica	59%

Fonte: *Nielsen - adaptado de Supermercado Moderno*

Se fosse um supermercado, as "promoções desnecessárias" seriam a quarta maior empresa do setor supermercadista. (Fonte: *Supermercado Moderno* - ano 48 – nº 575).

E para piorar, são tantas as ações e ofertas executadas que poucas são efetivamente percebidas pelo consumidor. Pesquisa da Hello Research, feita em junho de 2015, com 1.280 pessoas de todo o País, identificou que apenas 32% dos consumidores se recordam de ações nos supermercados. E a confusão gerada pelo excesso de ofertas é justamente a principal causa desta falta de percepção.

"Fazer promoções apenas porque o concorrente está fazendo, investir em tabloides cada vez mais volumosos, com dezenas de itens a cada semana, até pode, eventualmente, contribuir para aumentar volumes, mas acaba por "corroer" a margem – não sendo incomum que sejam até negativas, significando que cada unidade vendida reduz o resultado do varejista, trazendo efeitos danosos ao negócio e, em muitos casos, desgasta até mesmo a imagem da empresa", complementa Claudio Czapski.

Fabricantes e varejistas possuem uma longa lista de experiências negativas para contar sobre a execução de promoções, incluindo temas como rupturas, superestoques, *displays* que não foram montados conforme o previsto, materiais promocionais que sumiram ou não chegaram a tempo ou, ainda, que ficaram danificados, lançamentos que foram amplamente divulgados na mídia, mas que não foram entregues em tempo hábil pelos fabricantes, para citar algumas ocorrências.

Acrescenta-se ainda o fato de que muitas ações são executadas sem o devido monitoramento, ou seja, sem que os resultados sejam medidos de maneira efetiva para entender qual o benefício, quantitativo e qualitativo, obtido.

Fica evidente que o uso intenso e discriminado de promoções que não sejam respaldadas por estratégias e táticas muito bem fundamentadas, pode levar, conforme já salientei, a perdas financeiras e, sobretudo, à deterioração da percepção de valor das marcas da indústria e da imagem de posicionamento de preço do varejo.

Para que as promoções e ofertas tenham efetividade, influenciem o comportamento do cliente e alavanquem as vendas, são necessários: estratégia, inteligência, planejamento, processo, comunicação, tudo muito bem delineados.

Na Shoppercracia, acrescenta-se ao exposto a relevância de se conhecer a fundo o shopper-alvo para adequar as ofertas e promoções às reais necessidades e perfil do mesmo.

Cada etapa, desde a escolha do produto até a mecânica e implementação em si (período da promoção, o espaçamento entre uma ação e outra), tudo, cada detalhe, tem de ser planejado e implementado cuidadosamente. Lembrando sempre que para definir o tipo de promoção, duração, entre outros aspectos, devemos também levar em conta o papel da categoria e o shopper-alvo.

CONECTANDO AS ATIVIDADES PROMOCIONAIS COM OS DIFERENTES PAPÉIS DA CATEGORIA (GC)

	DESTINO	ROTINA	CONVENIÊNCIA	SAZONAL
ATIVIDADES PROMOCIONAIS	Alta frequência (constância, relevância e regularidade)	Frequência moderada	Baixa frequência grau (ou nenhuma)	Sazonal
	Longa duração	Duração regular	Pontuais	Pontuais
	Múltiplos veículos de mídia	Múltiplos veículos de mídia com maior eficiência no PDV	Veículos específicos	Múltiplos veículos de mídia

Segundo Czapski, é preciso ter não apenas o enunciado genérico do objetivo (por exemplo, aumentar o tráfego no corredor), mas também quantificar este objetivo, confrontando a realidade atual com a desejada – para o que é indispensável ter métricas e instrumentos de aferição em funcionamento. Qual o tráfego atual? Em que dias e horários? Qual o pretendido com a ação? Foi atingido? Será que se sustentou?

A partir daí, é possível começar a formar ideias mais claras sobre o investimento unitário no benefício almejado – por exemplo: a campanha foi orçada em R$ 50 mil e com isso almejamos ter 5 mil novos clientes na loja, cada um deles terá custado R$ 10. Uma maneira simplista de pensar em alternativas seria perguntar – "e se eu oferecesse R$ 10 a cada novo cliente em sua primeira compra, não seria mais simples e efetivo, sem todo o trabalho e riscos de desenvolver uma ação promocional"?

"Além de permitir gerar a análise de alternativas para alavancar os objetivos desejados durante a fase de planejamento da ação, a métrica é indispensável para avaliar a efetividade da campanha, entendendo se alcançamos ou não os resultados inicialmente propostos como justificativa para a ação, bem como confrontando os custos reais com o resultado, e trazendo importantes aprendizados para campanhas futuras", conclui Czapski.

Recomendo, assim, manter um controle e monitoramento rigorosos das promoções e organizá-las em um cronograma anual, conhecido como calendário promocional. Nele, você deve colocar as datas sazonais – Páscoa, Dia das Mães, Dia dos Pais, Natal, verão, inverno e as que são específicas de seu mercado e shopper-alvo. E para o monitoramento e mensuração dos resultados e de sua efetividade, recomendo adquirir ferramentas ou construir análises específicas para tal.

Voltando ao caso de Maria Andrea. Façamos uma reflexão.

A família de Maria Andrea é composta por quatro pessoas (ela, seu esposo e dois filhos), além de seu cachorro de estimação. Na sua casa, seu consumo médio mensal de massa tradicional é de apenas um pacote por mês. Sua loja preferida fez uma superpromoção compre 5 e pague 4. Você acredita que esta ação seja realmente interessante e atrativa para

Maria Andrea? A estimularia, de fato, a comprar mais? Ou ela teria a percepção de que a loja que ela tanto prefere estava querendo empurrar produtos goela abaixo?

De acordo com dados da Connect Shopper, 1 em cada 3 shoppers declaram que o varejo faz promoções que forçam seus clientes a levarem mais produtos do que o necessário. O que gera desconfiança e insatisfação.

Maria Andrea que é a shopper responsável pelas compras de produtos para o cuidado com a roupa, certo dia, em sua loja habitual encontrou uma grande oferta. Na lista dos produtos ofertados tinha detergente em pó com 50% de desconto, mas Maria Andrea apenas compra detergente líquido, até mesmo por restrições de sua máquina de lavar, que não aceita pó. Ademais, havia uma outra ação: na compra de 3 latas de leite condensado, a terceira era grátis, mas eis que a Maria Andrea já comprava três latas mensalmente. Onde está, de fato, a efetividade destas ações?

Czapski reforça que exemplos não faltam para mostrar que muitas campanhas promocionais, insuficientemente questionadas durante a fase de planejamento e/ou com problemas durante a implantação, geram resultados desastrosos, especialmente aquelas que são feitas apenas motivadas pelo pagamento de uma verba antecipada, e que resultam em vendas com margens negativas (cada unidade vendida corroendo o resultado ao invés de aumentá-lo) e ainda trazendo fortes impactos sobre o abastecimento e vendas futuras. As bases de dados que fundamentam as compras vão sinalizar o crescimento do item promocionado em detrimento dos outros e sugerir que se compre mais deste produto. O que irá desbalancear o sortimento e, muito possivelmente, gerará rupturas dos itens tradicionais e estoques excessivos do item promocionado após o encerramento da ação.

É possível, ainda, ocasionar antecipação do fluxo de caixa de meses subsequentes, quando o consumidor deixa de demandar os itens que comprou durante a campanha e estocou em sua casa, e que só voltará a comprar quando consumir o estoque adicional – principalmente em produtos de demanda pouco elástica, como produtos de limpeza, cuidados com a casa, higiene pessoal, alimentos da cesta básica, etc.

E O QUE TUDO ISSO TEM A VER COM O GERENCIAMENTO POR CATEGORIA?

As promoções são parte integrante das táticas de GC e precisam ser bem planejadas para não impactarem negativamente todo o processo.

Certa vez, ao executarmos o GC de desodorante, em um determinado varejista médio do Nordeste, nos deparamos com uma situação inusitada. Realizamos reuniões com a participação ativa de todas as áreas (comercial, marketing, GC, operação, logística) para desenvolver o mapa estratégico e plano completo da categoria, definindo a estratégia de gerar margem e movimentar produtos de maior valor agregado. Eis que, três dias após a implantação do piloto, ao visitarmos o estabelecimento, nos deparamos com *displays* de uma superoferta, de um produto de primeiro preço, cuja a margem era a menor da categoria.

Ação totalmente em desacordo com a proposta desenhada previamente para a categoria. Em resumo: a ação equivocada não somente confundiu o shopper, como o fez migrar para tal produto, comprometendo totalmente a rentabilidade da categoria.

O comprador que tinha participado ativamente na construção do plano da categoria (estratégia, papel, execução), enfeitiçado pelo "canto da sereia" – compra de "oportunidade", para não dizer "verbas" de curto prazo –, comprou a ideia da ação, esqueceu da estratégia, não envolveu o GC e, simplesmente, comprometeu todo o trabalho.

Chamado para explicar o ocorrido, ficou "bege". Sem resposta, tentou se justificar dizendo: "recebi do fabricante R$ X mil em verbas". O que ele não fez foi analisar resultados, não fez uma conta básica. Em apenas três dias de vendas do item em oferta, diante da migração significativa de marcas de valor agregado e margem maior para a marca ofertada, a verba que ele recebeu sequer cobria a perda de rentabilidade. Imagine se não tivéssemos feito a auditoria no 3º dia? Quanto este varejista não teria perdido por uma ação desconectada? Este é apenas um exemplo infeliz, diante de muitas outras ocorrências.

Assim, ao executar o GC é de extrema relevância se atentar para qual o tipo de ação promocional adequada para a categoria a ser gerenciada, e que a ação esteja totalmente conectada com a estratégia e o papel da categoria, com as táticas do GC e orientada ao shopper-alvo.

Uma questão que deveremos sempre responder antes de implementar qualquer ação promocional, sobretudo com rebaixas de preços, é o que estaremos comprando com a margem que estamos entregando ao shopper através das promoções e ofertas.

As respostas mais comuns são:

- tráfego (fluxo de clientes na loja ou no corredor atrelado ao item)
- aceleração do fluxo de caixa
- aumento da penetração do item na cesta de compra do shopper (representando maior participação no mercado para o fabricante ou marca e aumento do tíquete médio da loja ou categoria)
- gerar experimentação de um novo produto (especialmente em categorias em que há elevada fidelidade à marca)
- buscar respostas, sem conteúdo estratégico, mas ditada pelo foco no imediatismo, que é: "já que meu concorrente rebaixou os preços, não posso deixar de acompanhar para não perder vendas".

A grande questão é que, na maioria dos casos em que existe este foco, não existe metas quantitativas e tampouco métrica implementada para aferir o impacto da promoção, de modo que se tem no melhor cenário a contabilização dos custos, e nenhum dado objetivo relacionado aos benefícios.

E aqui quero fazer um parêntese. Certa vez, fui chamada para ajudar um varejista a entender porque perdia clientes. Ele acreditava que a perda de clientes estava ocorrendo porque na região que ele atuava começou a proliferar "atacarejos" e que seus clientes, na busca por economia, estavam substituindo-o.

Com isso em mente, começou a fazer ofertas atrás de ofertas, a ponto de que a venda em promoções e ofertas chegou a atingir 35% de sua receita. Imagine a situação deste varejista. Suas margens estavam totalmente comprometidas e, em pouco tempo, se mantivesse esta prática, estaria fadado ao fracasso.

E pior. Mesmo com todas as ações de rebaixa de preços para acompanhar os atacarejos, não conseguia reverter o quadro de perda de clientes.

A primeira coisa que fizemos foi realizar um estudo de segmentação para entender quem eram seus shoppers-alvo e qual sua atitude em relação à compra. Aplicamos uma pesquisa, com aproximadamente 50 frases, baseada em nível de concordância para atributos relacionados a preço, marca, conveniência, agilidade, sortimento, variedade, entre outros.

O resultado da pesquisa nos mostrou quatro segmentos, a saber:

Apressados – alto nível de concordância em relação a atributos relacionados a agilidade, rapidez. Para este perfil de shopper, loja organizada, setorizada, produtos bem expostos, segmentados, sinalizados são palavras de ordem.

Exploradores – alto nível de concordância em relação a introdução de novos produtos, experimentação, lançamentos. Para este perfil, encontrar rapidamente produtos recém-lançados, que estão na mídia, inovação são fatores de atração, conversão e retenção.

Planejados – alto nível de concordância em relação a organização, manutenção de marcas que estão habituados a comprar, tradição.

Caçadores de ofertas e promoções – alto nível de concordância em atributos relacionados a descontos, promoções e ofertas. Definitivamente, são os oportunistas atraídos pelos descontos de preços.

A grande questão é que para este nosso cliente os "caçadores de ofertas de promoções" representavam apenas 12% dos seus shoppers. A maioria, mais de 60%, era os apressados e exploradores. Ou seja, na prática, seus shoppers queriam inovação, lançamentos, agilidade e rapidez, e o varejista, sem conhecê-los, oferecia preço baixo.

Por que os shoppers deste varejista o estavam abandonando? Justamente por conta desta ação desconectada das necessidades e desejos de seus shoppers-alvo.

Ao ter foco e investimentos voltados a muitas promoções e ofertas, atraía para a loja os caçadores. A loja ficava lotada, com filas nos caixas, desorganizada, o que afastava os apressados, os planejados e os exploradores, estes últimos porque buscavam inovação e lançamento o que não encontravam mais.

Assim, por não conhecer efetivamente seus clientes e por desenvolver ações desorientadas, perdia duas vezes – margens pelas megaofertas e clientes pelo desalinhamento com seus reais interesses.

A proposta no mundo da Shoppercracia, é pensar as ações promocionais e ofertas em termos da categoria, como parte integrante da solução para uma ocasião de consumo.

Segundo Czapski, imagine que nossa loja tenha uma padaria – como é muito comum encontrar na maioria das lojas de médio e grande porte. Esta padaria se dedica à produção de pãezinhos, principalmente para atender a demanda de início e final do dia, podendo ser fator de diferenciação pelo fato de a loja ter pão quente toda hora, com produtos de boa qualidade, a preço competitivo – ao menos na versão mais consumida e que concorre com as padarias tradicionais. Nos demais horários, é preciso usar da criatividade para maximizar vendas e resultados do espaço e equipamento, além do custo da equipe deste setor, produzindo, assim, pães especiais, bolos, doces, discos de pizzas, etc.

Vamos pensar em uma ação considerando os discos de pizzas pré-assados, que poderiam ser peças-chaves para o fomento de uma importante ocasião de consumo, uma vez que quem pretende fazer pizza em casa, além do disco de pizza em si, poderá comprar mussarela, molho de tomate, presunto, azeitonas, atum, linguiça calabresa, cebolas, azeites, orégano, refrigerante, cervejas, assadeiras para pizza, espátula para cortar e servir, descartáveis, entre outros itens que possam complementar as necessidades para tal ocasião.

Este fato nos traz uma perspectiva de oportunidades novas e muito mais amplas, quando pensamos no impacto sobre a categoria (solução) que poderá trazer a ação promocional de um item – por exemplo, disco de massa pré-assada. Nosso interesse não será, necessariamente, vender mais daquele item em si, mas, sim, através de estímulos corretos, alavancar as vendas de toda uma cesta que compõe a ocasião de consumo, esta sim capaz de não só recuperar margem entregue na promoção do item, mas também cumprir metas de resultados muito mais ambiciosas.

Na Shoppercracia, toda e qualquer ação deve, portanto, ser planejada e executada tendo o shopper no centro das decisões e sob a ótica da categoria, ou seja, das soluções que poderemos entregar ao shopper para responder às suas necessidades e diferentes momentos de consumo.

Dentro desta perspectiva, tudo muda: plano para a categoria, o papel das ofertas e promoções, a ação em si, o abastecimento que passa a olhar não apenas o item, mas todos os itens que irão compor a ocasião, e até mesmo os indicadores a serem avaliados.

"Da mesma forma que os resultados são bastante diversos daqueles de uma ação direcionada a um item, a operacionalização da promoção também traz componentes mais complexos, especialmente no que se refere ao abastecimento dos itens que compõem a ocasião de consumo, cuja venda deverá acompanhar o aumento motivado pela promoção – e se não planejamos este aumento através dos parâmetros de abastecimentos, poderemos perder parte do benefício almejado, quando entramos em ruptura dos itens complementares, além de frustrarmos a experiência do shopper – afinal, será que as vendas de discos de pizzas serão as mesmas, por exemplo, se estiver em falta a mussarela?", destaca Czapski.

Além de definir os tipos de promoções orientadas ao shopper e pensar nas soluções de compra, momentos de consumo, faz-se necessário definir quais os meios e veículos que serão utilizados, que linguagem será adotada, os tipos de negociações com fornecedores, as verbas, os produtos da categoria que serão promovidos, os espaços que serão concedidos, o tempo de duração, entre outros.

Como tudo no GC, é preciso dedicar tempo e trabalho em pesquisas e análises para se colher os melhores resultados.

Segundo Czapski, a pergunta-chave será: "qual a venda adicional de cada item da ocasião de consumo quando aumentar a venda dos discos de pizza"? Poderemos obter esta resposta com razoável precisão através de análises dos tíquetes de compra de clientes da loja que tenham comprado discos de pizza no passado, verificando o que mais levaram relacionado à ocasião de consumo e quais as proporções entre estes itens.

Nos dias atuais, o que não faltam são ferramentas de informática para este tipo de análise, desde as tradicionais planilhas de Excel e instrumentos de gestão de banco de dados, até softwares especializados – *data mining*, *big data*, capazes de tratar de maneira ágil e prática grandes quantidades de informações e conectá-las para gerar *insights* acionáveis.

Segundo Czapski, a boa notícia é que a informação de vendas existe. E é ela a base do desenvolvimento da inteligência. E cada um poderá utilizar as ferramentas e tecnologias compatíveis com suas possibilidades ou bases instaladas.

Lembre-se: qualquer ação promocional precisa ter começo, meio e fim. E cuidado na forma de comunicar para não gerarmos transtornos ao shopper – visuais, auditivos, olfativos. Afinal, temos capacidade limitada de atenção. Os exageros se tornam barreiras às compras.

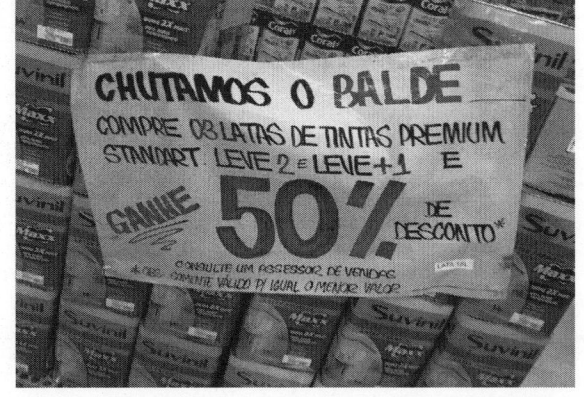

Fotos: *Connect Shopper*

ALGUNS TIPOS DE AÇÕES PROMOCIONAIS

Amostra Grátis

Amostras dadas aos consumidores para que os mesmos possam experimentar, e se gostarem do produto passem a comprá-lo.

Brindes

Oferta de um produto grátis ou a um preço mais baixo na hora da compra.

Cupom de Desconto

Normalmente presentes em encartes de jornal, revistas, na embalagem de produtos (para serem recortados) e até mesmo nas prateleiras do supermercado, ao lado do produto. Agora, disponível em versão on-line nos aplicativos de redes varejistas.

Marketing direto

Utilização de estratégias a fim de obter uma resposta direta e mensurável do consumidor atingido, sem o uso de intermediários. Pressupõe a utilização de bancos de dados e marketing de relacionamento.

As principais ferramentas de marketing direto são: mala direta, catálogos, telemarketing e internet.

Merchandising

São ações técnicas ou materiais promocionais usados no PDV para dar informação, visibilidade ao produto, com o objetivo de motivar e influenciar as decisões de compra.

Promoção de vendas

Tipo de incentivo que visa aumentar as vendas do produto em curto prazo. O objetivo da marca ou produto é fazer "barulho" no mercado.

Propaganda

Comunicação não-pessoal e paga. Utiliza-se de várias mídias. O objetivo é informar ou persuadir o público-alvo.

Publicidade

É qualquer forma não paga de divulgação de produtos. Trata-se da conquista de espaços gratuitos na mídia, por meio de coletivas de imprensa, assessoria de imprensa, ações sociais e ambientais, distribuição de brindes, colocação de painéis em locais estratégicos, etc.

3.4
O Abastecimento
Porta de entrada para a eficiência

Desde a estabilidade da moeda, em meados da década de 1990, a busca por eficiência e excelência operacional tornou-se primordial para a competitividade das empresas. Neste aspecto, ganha destaque a gestão do abastecimento, pelo qual indústrias (fornecedores), atacadista e varejista buscam estratégias para integrar as ações logísticas.

Que o processo de abastecimento é crucial ao negócio como um todo, é de conhecimento geral, mas poucos são os varejistas que, de fato, têm o abastecimento como uma atividade essencial a ser bem planejada, delineada e executada para assegurar que as promessas do GC sejam cumpridas. Aliás, muitos sequer conhecem quais são as questões de retaguarda indispensáveis à realização de suas promessas ao shopper. Até porque, aos olhos do shopper, a exemplo de Maria Andrea e Ricardo esta é uma atividade oculta.

E sem conhecimento e ações adequadas nos processos de retaguarda, qualquer ação será fadada ao fracasso.

A verdade é que há confusão e pouco interesse pelo tema, seja em relação à sua definição, à natureza, ao perfil do profissional da área ou na clareza das atividades e papéis e responsabilidades. Há, inclusive, uma grande carência de estudos que tratem de logística e abastecimento e, em particular, sobre o modelo de reposição automática de estoques, como técnica utilizada na gestão da logística de abastecimento nos segmentos varejista e atacadista brasileiro.

A gestão da cadeia de suprimentos é um processo que consiste em gerenciar estrategicamente diferentes fluxos (de bens, serviços, finanças, informações), bem como as relações entre empresas, visando alcançar e/ou apoiar os objetivos organizacionais.

No varejo, a gestão do abastecimento tem por objetivo planejar as atividades de compra, controle de estoque, recebimento e movimentação de mercadorias, envolvendo, ainda, as relações entre os parceiros comerciais (comprador-fornecedor), alinhando os planos estratégicos com o objetivo de tornar mais eficiente toda a cadeia de abastecimento, reduzindo custos e maximizando resultados.

Afinal, o processamento de pedidos de compras torna-se mais simples e integrado com o processo de abastecimento, reduzindo o tempo de fornecimento de mercadorias, reduzindo estoques, melhorando a qualidade no recebimento dos produtos, facilitando a integração e relações mais duradouras entre os parceiros comerciais.

A gestão do abastecimento, é, sem dúvida, um fator crítico para o sucesso, seja para os processos de inventários, estoques intermediários, custos financeiros e ao GC.

O grande desafio e a oportunidade estão na implementação de melhorias com o objetivo de permitir maior competitividade às empresas.

Falar sobre gestão do abastecimento requer profundidade e amplitude. Nosso foco, aqui, será centrado nos aspectos diretamente relacionados ao GC.

Quando falamos em GC, na nossa promessa ao shopper, nos comprometemos em garantir acessibilidade, visibilidade e disponibilidade dos produtos e serviços. É a disponibilidade do produto a responsável pelo nível de atração do cliente, daí ser parte relevante da cadeia de abastecimento. Mas o grande desafio está em alcançar o equilíbrio entre a disponibilidade do produto, custo de estoque e maximização da lucratividade. Excessos ou faltas de produtos, ambos são nocivos ao fabricante/fornecedor, ao varejista e ao shopper. Todos perdem, conforme já falamos no Capítulo 2.5.

Uma das estratégias propostas para a gestão do abastecimento é a utilização do modelo de reposição automática de estoques, buscando eliminar ou diminuir as faltas ou excessos. Um desses modelos é o Vendor Managed Inventory (VMI) – estoque gerenciado pelo fornecedor, que disponibiliza a mercadoria no tempo e na quantidade certos, com o objetivo de integrar as ações logísticas.

A reposição automática traz, simultaneamente, melhoria na oferta de produtos ao consumidor, bem como queda no desperdício de capital decorrente dos excessos de produtos mantidos, desnecessariamente em estoque, segundo o professor da FGV, Juracy Parente.

Segundo especialistas no assunto, a reposição feita eletronicamente é mais efetiva do que a manual. Na primeira, o que se observa são muitos erros nas informações e na integridade do estoque, gerando processos ineficientes.

Muito se discute sobre a eficiência e efetividade do reabastecimento automático, que se dá por meio de um sistema integrado por algoritmos a partir da demanda real das vendas. A principal questão, neste aspecto, é até que ponto os parâmetros estão corretos e qual o processo para ajustes, já que, em muitos casos, o histórico de venda pode estar comprometido pela má execução do produto no ponto de venda, por rupturas, entre outros.

Veja este caso: ao fazermos o GC de Biscoito em um cliente do Centro-Oeste, nos deparamos com a ausência do segmento sem glúten, que, de acordo com dados de Nielsen, crescia substancialmente. Sugerimos a introdução deste segmento e, uma vez aprovado pelo comprador, desenhamos um planograma dedicando duas prateleiras ao mesmo. Na exposição, por ser uma novidade, também sinalizamos a gôndola.

Eis que tivemos um crescimento de 3 dígitos. Com isso, o segmento passou a ocupar meio módulo. Porém, ainda que o GC tivesse recomendado ajustes nos parâmetros de compra, por um erro interno, a logística não o fez. Resumo: ruptura gigantesca, já que a recomendação do sistema se baseava no histórico anterior, quando não se tinha o segmento. Daí a importância de rever parâmetros continuamente.

Apesar destes questionamentos, todos concordam que a reposição automática permite:

- redução de custos
- combate à volatilidade da demanda
- redução total do tempo e do custo do ciclo do pedido
- aumento da frequência do reabastecimento
- maior disciplina na emissão dos pedidos.

Estes aspectos trazem benefícios para todos os envolvidos na cadeia de abastecimento.

Basicamente, existem três formas de abastecimento:

- **Centralizada:** os pedidos de compras para todas as lojas são emitidos, exclusivamente, pelo comprador no escritório central. Nessa modalidade, o comprador tem total autonomia sobre a negociação de custos (tabela de preços) e quantidades.
- **Loja:** os pedidos de compras são feitos exclusivamente pela loja. Normalmente, são perecíveis, hortifrutigranjeiros e produtos de fornecedores regionais. O pedido de compra feito pela loja deve ser negociado conforme a tabela de preços vigente, porém, a loja tem autonomia para negociar as quantidades que desejar e a respectiva data de entrega. Os pedidos de compras são emitidos na própria loja e entregues ao fornecedor (nessa modalidade não é utilizado o EDI – troca eletrônica de dados).
- **Reposição automática:** o abastecimento é feito de forma totalmente automática com base nos parâmetros estabelecidos, podendo ser executado pelo varejista/atacadista, sem a intervenção do comprador ou das lojas ou, ainda, pelo fornecedor, que a partir de dados de venda e de estoques recebidos, diariamente via EDI, efetua a reposição necessária, respeitando os parâmetros estabelecidos.

Seja como for, para que aconteça e tenha efetividade, a alta direção precisa estar comprometida com as questões estratégicas do abastecimento, liderando e incentivando as boas práticas. Altamente nocivo ao sistema de reposição automática e ao GC são algumas práticas como "compras de oportunidade" ou de "grandes volumes" nos últimos dias do mês.

Investir na ampliação do sistema de reposição automática deveria ser visto como imprescindível para redução de custos, melhorias no gerenciamento do abastecimento e maximização de resultados.

As barreiras culturais são alguns dos principais problemas na implementação do sistema de reposição automática, que enfrenta certa resistência junto aos compradores, que acreditam que poderão ser substituídos. Mas na prática, eles podem ser essenciais para uma gestão mais efetiva da categoria, adotando uma postura mais analítica e crítica na introdução e exclusão de itens, fazendo revisões contínuas no sortimento, com ênfase em mantê-lo atualizado, entre outros. Na verdade, novas atividades não faltariam, sendo que muitas são negligenciadas nos dias atuais, segundo alguns, por falta de tempo.

"Impossível saber isso Fátima. Gerencio 3 mil itens" – disse um comprador, de um médio varejo regional, quando questionado por que mantinha em estoque mais de 10% de itens sem vendas há mais de 180 dias.

O mesmo argumento foi dado por outro comprador, de outra rede, quando foi questionado por que comprava para todas as lojas 10 caixas de um determinado produto, quando em algumas lojas a venda média equivaleria a apenas 3 ou 5 caixas e em outras, ao contrário, 20 caixas. O que mostrava um quadro crítico de superestoque, com queima de produtos nas lojas menores e rupturas superiores a 80% nas lojas maiores.

Claro que para qualquer sistema de reposição automática ser eficiente é imprescindível que os parâmetros estejam devidamente corretos. Daí a relevância em ter e obter informações precisas, consistentes. Voltamos ao bom e velho cadastro de produtos.

No tocante ao GC, é de extrema importância criar um processo para revisões periódicas dos parâmetros para evitar desajustes, simplesmente pelo fato de o produto ter um histórico de vendas prejudicado pela má gestão de compras ou pela má execução do mesmo no PDV.

E POR ONDE COMEÇAR A GESTÃO DO ABASTECIMENTO?

- Melhorar a colaboração e a comunicação entre as áreas e parceiros comerciais e criar processos com atividades, papéis e responsabilidades, claramente definidos
- Investir na formação e qualificação da equipe com crivo analítico
- Investir em tecnologias e sistemas para dar suporte mais automático a análises, previsões de vendas, controle de estoques, compras, pedidos, expedição, entregas, etc.

Na shoppercracia e no GC, o abastecimento tem que assumir um papel de destaque.

O trabalho principal das equipes de abastecimento e do GC é, no mínimo, adequar o fluxo e os parâmetros à demanda do produto – fluxo, estoque de segurança da loja e do CD, frequência de entrega da loja e CD –, acompanhar os níveis de estoque e rupturas e a performance da cadeia como um todo, propondo ações de melhoria, correção de rotas, ajustes, etc. *Saiba mais no artigo "O que não se vê no varejo".*

Há muitos questionamentos a serem respondidos:

- Quais os indicadores e análises essenciais a serem acompanhados sistematicamente?
- Quais os parâmetros ideais de abastecimento nas diferentes situações?
- Quais os níveis de serviços aceitos?
- Quais as atividades mais importantes a serem executadas?
- Qual o processo a ser implementado, incluindo as políticas e processos para inclusão e exclusão?

ENTENDA O QUE É LOGÍSTICA

Pela definição do Council of Logistics Management, "Logística é a parte do Gerenciamento da Cadeia de Abastecimento que planeja, implementa e controla o fluxo e armazenamento eficiente e econômico de matérias-primas, materiais semiacabados e produtos acabados, bem como as informações a eles relativas, desde o ponto de origem até o ponto de consumo, com o propósito de atender às exigências dos clientes".

Em resumo: "Logística é a arte de comprar, receber, armazenar, separar, expedir, transportar e entregar o produto/serviço certo, na hora certa, no lugar certo, ao menor custo possível".

O que não se vê no varejo

Nossa mente e nossos dias contêm uma grande parcela de mesmice, e um pequeno pedaço de sonho; e este é que nos motiva a fazer o que fazemos.

Todos nós temos ídolos, que nos servem de exemplo. Apenas para citar alguns poucos, Giselle Bündchen é unanimidade em termos de beleza e simpatia; Paulo Coelho, o escritor, Einstein, o gênio, Ferrari, o automóvel, Neymar, o jogador. Cada qual brilha em sua especialidade, e seu talento aliado a muito trabalho os colocam acima dos demais.

Esta é a parte que se vê e se admira. Mas todos têm também a parte oculta, um organismo complexo, com esqueleto, músculos e muitos órgãos que asseguram o bom funcionamento do conjunto.

Sem perceber ou planejar, o varejo mimetizou este paradigma da natureza, de certa forma separando a parte visível e passível de admiração – o ponto de venda –, alvo de estratégias, investimentos e campanhas, que tem o propósito de tornar a loja ou a rede única, desejada e admirada; da retaguarda, as operações invisíveis a quem visita a loja, e que asseguram o bom funcionamento e o cumprimento das expectativas do cliente da loja.

Em termos de ferramentas de trabalho, o lado glamoroso de criar diferenciação e promessas de encanto e satisfação compete ao GC, enquanto o "resto", uma miríade de estruturas e processos que asseguram que as promessas do GC possam ser cumpridas, está no que se convencionou chamar de retaguarda, especialmente as áreas comercial e de *supply*.

Por Claudio Czapski e JM Benedetto*

É muito comum encontrarmos estudiosos e curiosos tratando do GC, mas a grande maioria sequer conhece as questões de retaguarda indispensáveis à realização de suas promessas ao shopper. E sem preparar os processos de retaguarda antes de fazer promessas de satisfação ao cliente, o risco de gerar frustrações, não conseguindo entregar o sonho, é enorme.

Um dos problemas mais frequentes e sérios é não ter na loja o sortimento esperado pelo shopper, diante das promessas feitas.

Qual será a reação deste shopper ao se sentir traído nas expectativas? Aceitará como natural? Por quantas vezes? Quando se converterá a crítico ou mesmo difamador da loja, comentando que "nunca tem nada ali"?

Fica evidente a necessidade de um planejamento e coordenação muito bem alinhados entre os tais órgãos de sustentação do negócio: o sortimento definido com base nas soluções que se pretende oferecer ao shopper precisa ser dimensionado conforme a expectativa de giro; os parâmetros de abastecimento ajustados constantemente, de acordo com o desempenho real dos produtos, em épocas normais e quando há campanhas ou eventos; o fluxo operacional em si, de comprar, conferir, estocar nos depósitos, fazer chegar às prateleiras e, principalmente, mantê-las sempre abastecidas.

Produto no depósito é capital que não gira, que não produz venda ou margem. Estoques mínimos e nível de serviço elevado são a resposta da melhor gestão. E qualquer falha fará aquela linda promessa, que faz da loja algo único e desejado, perder seu encanto, e não passar de "mais uma", ou pior, de alguém que tentou ser o que não tem capacidade de entregar.

Vamos procurar entender um pouco mais as questões essenciais desta operação "invisível", que é a espinha dorsal indispensável à sustentação do GC.

Os principais atores da retaguarda invisível

Dentre os muitos papéis e funções que participam do processo de abastecimento da gôndola, do lado do varejo, dois são essenciais: Compras e Abastecimento.

Muitos varejistas confundem os dois papéis ou têm dificuldades em definir as responsabilidades de cada um. A natureza dos dois trabalhos, como veremos em seguida, é fundamentalmente distinta, pedindo por perfis muito diferentes. O impacto de uma divisão do trabalho equivocada, ou da falta de clareza na fronteira entre os papéis, reflete diretamente nos depósitos e nas gôndolas, sob a forma de rupturas e sobre-estoques.

Compras teriam duas responsabilidades principais: definir o sortimento em conjunto com a equipe de GC, olhando a lucratividade da categoria, seu papel, estratégia, e negociar as condições de compra junto ao fornecedor. As duas atividades pedem um perfil de negócio, voltado para o shopper e a rentabilidade da empresa. Sua maior contribuição está na definição do plano de negócio, o que inclui parceiros, produtos e ações promocionais.

O Abastecimento entra em campo já com as regras do jogo definidas. Sua tarefa é orquestrar a execução dos três fluxos da cadeia: físico, financeiro e de informação. O profissional de abastecimento faz a ponte entre o negócio e a operação, mas o seu perfil é fundamentalmente de análise e coordenação. Sua principal contribuição está na pilotagem operacional dos eventos de exceção (lançamentos, promoções e rupturas) e na gestão do abastecimento regular.

Estendendo o raciocínio para incluir a indústria, encontramos uma organização e perfis parecidos. Temos uma equipe de Vendas – responsável pela gestão do canal – e outra de Customer Care – trabalhando os aspectos de *supply chain* da relação.

Ainda que as responsabilidades de cada ator sejam distintas, existe uma relação quase simbiótica entre eles. É preciso um alinhamento entre os dois eixos Comercial e Supply Chain (Compras – Abastecimento, Vendas – Customer Care), como também entre os parceiros de negócio (indústria e varejo), se quisermos atingir uma boa performance na gôndola a um custo aceitável.

Um exemplo clássico de desalinhamento ocorre durante a discussão de tabelas de preço. As equipes comerciais entram em um processo de negociação. Muitas vezes demorado, em que o risco de ruptura e/ou o excesso de estoque são usados como armas na negociação. O resultado da negociação tende, em geral, a um desfecho sem vencedores:

A. Os Comerciais fecham uma compra especulativa, sob o argumento de aproveitar a tabela antiga. Não é incomum esse tipo de compra levar a uma cobertura de estoque de mais de 45 dias, o que cria um incentivo para uma promoção em loja, muitas vezes fora da política definida pelo GC.
B. Os Comerciais não conseguem chegar a um acordo, antes da data de virada da tabela. Os produtos são postos em compra suspensa, e a ruptura na gôndola não tarda a chegar. O varejo se vê obrigado a mudar, oportunisticamente, a composição da gôndola, substituindo o produto em falta, muitas vezes sem ligação com o objetivo definido inicialmente pelo GC.

O ciclo de vida do produto e seu impacto no processo de abastecimento

É fundamental garantir que o consumidor encontre na gôndola suas compras habituais: leite, sabão em pó, refrigerante, etc. Mas sabemos que hoje isso é apenas condição para evitar que o shopper abandone o carrinho no meio do corredor, e busque outra loja.

Os varejistas e industriais estão em uma batalha muito mais ferrenha pela carteira do consumidor, cada um com a sua estratégia (custo *vs* variedade) e as mais diferentes armas. Das artimanhas mais comuns, duas são especialmente impactantes para o processo de abastecimento: lançamentos (e consequente descontinuação), e promoções. Se já é difícil garantir a disponibilidade de um sortimento estável, imaginem quando fazemos ele mudar a uma taxa de 10% a 20% ao ano.

Por essa razão, propomos refinar a repartição de responsabilidades e a interação entre os atores, levando em conta cada estágio do ciclo de vida dos produtos.

Ciclo de vida do produto

Catálogo → Promoções → Descontinuação ← Lançamento

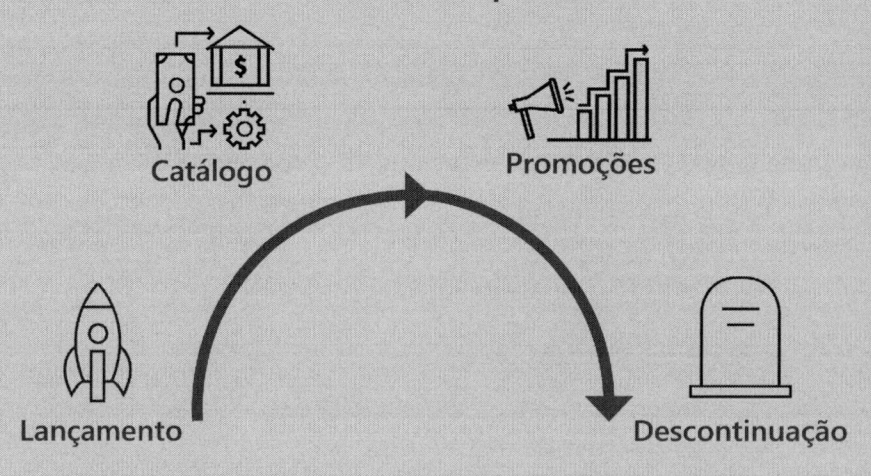

Não muito diferente dos seres vivos, produtos seguem um ciclo de vida. Eles precisam, necessariamente, nascer (ou serem lançados) e morrer (ou serem descontinuados). E em muitos momentos, comemoraremos o seu sucesso (promoções) ou daremos uma forcinha em momentos difíceis (promoções novamente).

Lançamento

O primeiro estágio do ciclo de vida de um produto é o seu lançamento. Embora capitaneado pelo Comercial (compras), pede muita atenção de todos os atores e é sempre envolto em muitas dúvidas, tanto do lado da indústria quanto do lado do varejo. Dúvidas relacionadas à demanda (quanto esperamos vender), sobre o investimento necessário (como vamos impulsionar as vendas), e até de distribuição (qual canal/formato/região priorizar, como lidar com rupturas).

Por mais que as últimas décadas tenham nos presenteado com inúmeros modelos matemáticos e softwares de apoio à decisão, o lançamento continua sendo uma aposta comercial, e não uma ciência exata. Estamos longe de compreender realmente o que faz um sucesso. O jogo é um jogo de números: lançamos milhares de produtos, esperando que alguns sejam *blockbusters* e paguem pelos fracassos.

É Compras quem define a quantidade da primeira compra de um produto e negocia as condições de compra: preço, descontos, verbas promocionais, arredondamento de compra, prazo de entrega, franquias logísticas e comerciais, etc.

É claro que Compras recebe diversos *inputs* para a tomada de decisão. A Supply Chain, nas figuras das áreas de Demanda e Abastecimento, alimenta a discussão com uma visão crítica do histórico de lançamentos da categoria e do fornecedor, assim como a performance atual e parâmetros ideais de abastecimento.

A área de GC traz a estratégia da categoria como balizador para o número de fornecedores e produtos, assim como para o espaço a ser dedicado em gôndola. O fornecedor também participa ativamente, tentando influenciar a decisão através do seu plano de negócios, o que inclui investimentos em mídia e nos pontos de venda.

Um bom Comprador deveria elaborar o seu próprio plano de negócios, levando em conta os *inputs* recebidos e o desenho que fez para a sua categoria. Já, o mau comprador olha a verba comercial a ser paga pelo fornecedor, sem nenhuma preocupação para com o shopper.

Após a aprovação da introdução do novo produto por Compras, o Abastecimento assume a responsabilidade de executar a operação no lado do varejo. As atividades mais importantes são:

- Cadastro do novo produto
- Colocação do pedido inicial
- Acompanhamento da primeira distribuição para lojas.

Compras e GC devem realizar as alterações do planograma para inclusão do novo produto.

Muitos lançamentos compartilham aspectos das promoções (ações de mídia, pontas de gôndola e ilhas, kits), o que aumenta a complexidade da execução. Garantir que o estoque chegue nas gôndolas de todos os pontos de venda a tempo do lançamento não é uma tarefa simples. Em muitos casos, o Abastecimento pode lançar mão da equipe de Customer Care da indústria, a fim de ajudar na pilotagem e gestão do risco de estoque. Falaremos disso em mais detalhes no fluxo promocional.

Responsabilidades na fase de lançamento

Compras	Abastecimento
Escolher itens e fornecedor	Cadastrar itens e fornecedor
Negociar condições	Realizar primeira compra
Definir aposta (primeira compra)	Acompanhar distribuição
Acompanhar vendas	Reabastecer de acordo com as vendas

Promoções

A efetividade de promoções é um tema relevante na agenda de grandes varejistas e industriais, conforme discutido por Fátima Merlin no capítulo 3.4.

Fazem parte do desenho: o tipo de promoção (preço, formato, brinde); as ações de mídia (blog, TV, encarte); a apresentação na loja (ilha, ponta de gôndola, gôndola estendida); o volume de vendas esperado; o preço de venda; o período da promoção; as lojas participantes. Mas é essencial, sobretudo, um processo regular de planejamento conjunto de promoções entre o varejista e seus principais fornecedores. Afinal, os estoques de segurança da indústria e do varejo servem para cobrir variações comuns da demanda, mas são inapropriados para tratar promoções.

Se entendermos a promoção como uma ação sobre a demanda, a quantidade a ser comprada da indústria deveria ser calculada pela equipe de Abastecimento, de forma a:

- garantir um nível de estoque suficiente na loja para cobrir a promoção, alguns dias antes do seu início, para dar tempo à equipe da loja de preparar a apresentação do estoque

- distribuir o volume no tempo, de forma a reduzir o impacto na logística física (transporte, armazenagem CD, recebimento loja, armazenagem loja)
- trazer o estoque do produto de volta ao nível habitual, imediatamente ao fim da promoção.

Caso caiba uma negociação de preço de compra e/ou investimento em loja entre indústria e varejo, ela deve se submeter à quantidade definida pelo Abastecimento, para que o nível de estoque fique saudável durante e após a promoção. Não apenas o valor total, mas também o faseamento da compra e da entrega deve ser respeitado.

No varejo alimentar, boa parte das promoções são feitas sobre produtos *best-sellers* e, por vezes, com um grande número deles ao mesmo tempo (ex. Black Friday, carnaval, etc.). Se enxergarmos a logística física como uma tubulação feita para aguentar um certo fluxo, fica evidente a importância do faseamento. Ou distribuímos esse volume no tempo (alguns dias) ou criamos gargalos operacionais, que colocarão em risco a promoção.

O faseamento fica comprometido pela prática atual de remunerarmos as equipes comerciais com base no resultado da compra/venda no mês. Uma promoção na primeira quinzena do mês M deveria ter parte do abastecimento na última semana de M–1, e parte na primeira semana de M. Pelo incentivo perverso que damos aos comerciais de ambos os lados, o volume todo é transferido na última semana de M–1. Isso só vem agravar as dificuldades operacionais do conhecido "fechamento", em que falta de carretas e filas para entrega no varejo são lugar comum. Em certa medida, estamos criando nossos próprios problemas. A compra dos volumes promocionais não pode entrar no jogo do fim do mês.

Na fase de execução da promoção, as equipes de Abastecimento e Customer Care devem acompanhar diariamente a execução da promoção na gôndola, com as ferramentas existentes de POS Data Sharing.

Tarefas do abastecimento para executar promoção

1º garantir que todas as lojas receberam a quantidade inicial necessária para montar o merchandising da promoção, e cobrir a demanda até o próximo abastecimento.

2º trabalhar nos ajustes finos para reabastecer o estoque necessário, acompanhando a demanda real de cada loja, e não mais o projetado.

Responsabilidades durante promoções

Compras	Abastecimento
Desenhar a promoção	Definir quantidade da compra
Estimar demanda promocional	
	Executar compra
Negociar compra	
	Acompanhar distribuição
Acompanhar vendas	

Catálogo

Um leitor desavisado poderia chegar até aqui pensando que a vida do produto se resume às turbulências do seu lançamento e das promoções subsequentes. Felizmente não é o caso.

Muita coisa acontece no dia a dia das indústrias e varejos em relação aos produtos de catálogo, mesmo fora dos períodos promocionais. O desafio da Retaguarda pode parecer muito menor em itens de catálogo, já que a demanda não está sujeita a tantos solavancos, e as previsões mais acertam do que erram. Mas aqui a dificuldade vem principalmente de três complicadores:

A. do grande número de referências a serem gerenciadas, chegando facilmente à casa das dezenas de milhares
B. das dificuldades operacionais; (linhas de produção param, matérias-primas faltam, carreta quebra, etc.)
C. da concorrência de recursos com lançamentos e promoções.

Devemos usar a previsibilidade a nosso favor, submetendo toda a cadeia à previsão de demanda do ponto de venda e automatizando o processo de abastecimento ao máximo. Essa fase do ciclo de vida do produto, ao contrário das anteriores, cabe à equipe de Abastecimento do varejo, com um apoio próximo do Customer Care da indústria.

As negociações comerciais devem ser realizadas de maneira a não interromper o fluxo de abastecimento. No mundo ideal, o da Shoppercracia, proposto por Fátima, compras de oportunidade seriam a exceção, não a regra no varejo. Nas discussões sobre tabelas de preço, caso nenhum acordo possa ser encontrado entre os parceiros comerciais, seria de responsabilidade do varejo encontrar um produto substituto, aceitável para o shopper, sem permitir a ruptura.

O trabalho principal da equipe de Abastecimento é adequar o fluxo e os parâmetros de abastecimento à demanda do produto, e não definir as quantidades da compra em si:

- Fluxo (centralizado, direto loja, *cross-docking*)
- Estoque de segurança loja e CD
- Frequência de entrega loja e CD
- Unidade de compra loja e CD (unidade, pack, caixa, lastro, palete).

O ajuste dos parâmetros é um trabalho contínuo, sendo realizado lado a lado com o acompanhamento dos níveis de estoque e rupturas, e da performance da cadeia.

O sistema de abastecimento usa os parâmetros para definir a quantidade da compra. A equipe de abastecimento busca: manter os parâmetros o mais próximo possível da realidade, dando manutenção no banco de dados (alteração do l*ead time* do fornecedor, estoque merchandising...); tratar os desvios e erros da operação (baixo nível de serviço do fornecedor, estoque virtual na loja...).

Outro ponto importante é a gestão dos parâmetros de estoque na implementação de projetos de GC. Quando bem implementado, o Gerenciamento por Categorias:

1. alinha o sortimento às necessidades do shopper
2. melhora a exposição dos produtos, a fim de facilitar a compra pelo shopper
3. esclarece a proposta de valor do varejista, gerenciando a expectativa do shopper.

Todas essas mudanças trazem um impacto para a curva de vendas dos produtos. Caso essa nova realidade não esteja refletida nos parâmetros de abastecimento, teremos rupturas para alguns itens (os mais importantes para o shopper), e excesso de estoque em outros.

Responsabilidades na fase de catálogo

Compras	Abastecimento
Acompanhar vendas	Dar manutenção nos parâmetros
	Executar compra
	Acompanhar distribuição

Fim de vida

Enquanto o lançamento é, por natureza, cheio de promessas, sonhos e anseios, a descontinuação traz em si a ideia do fracasso e a decepção. Mas, se as prateleiras não aumentam de tamanho, esse limite físico deveria trazer um limite lógico para o número de produtos no catálogo do varejo.

O grande dilema é que se tem a cultura da introdução, mas não de descontinuação. Os industriais não descontinuam seus produtos, aguardando para substituí-los por lançamentos. Eles guardam a "vaga". O problema é que, nesse ínterim, ocupamos a gôndola com produtos comprovadamente sem interesse para o shopper.

Para minimizar o problema, poderíamos usar as numerosas promoções, e não os lançamentos, como alavanca. Através de reuniões regulares de planejamento das rotinas promocionais poderia cumpriria esse papel. A segunda via para resolvermos o problema da descontinuação é passar a responsabilidade para as equipes de Supply Chain, através do fluxo de cadastro. Tecnologias como a GDSN (Global Data Syncronization Network) informam diariamente ao varejo todas as modificações no cadastro do produto feitas pela indústria em seu sistema, inclusive as descontinuações. Mesmo sem a GDSN, um fluxo de alinhamento de cadastro mensal serviria para o mesmo fim, com o varejo enviando um pedido teste de todos os produtos para confirmação de dados pela indústria. Itens descontinuados pela indústria devem ser igualmente descontinuados pelo varejo, sem necessidade de aguardar uma validação comercial.

O segundo fluxo traz mais celeridade, e retira totalmente a carga emocional do processo de descontinuação. No entanto, é preciso um esforço de *change management* junto às equipes comerciais, e o apoio da alta direção em sua implementação. O *business case* é direto: menos rupturas na gôndola e mais vendas.

O que gostaríamos de ver no varejo

Seja como shoppers ou como profissionais do ramo, gostaríamos de ver nas lojas do varejo um sortimento adequado, disponível, acessível e visível nas gôndolas. Nesse capítulo, discutimos papel da retaguarda na realização desses objetivos.

De maneira geral, propomos dividir o trabalho entre as equipes de Compras e Abastecimento, deixando as decisões de compra com o Comercial para lançamentos e promoções e com a Supply o abastecimento regular.

No entanto, o trabalho deve ser sempre realizado a oito mãos, se quisermos atender ao shopper, contando com contribuições de Compras e Abastecimento pelo varejo, e Vendas e Customer Care pela indústria.

Naturalmente, o caminho é longo, como em todos os casos em que precisamos mudar as crenças e o comportamento das empresas. O primeiro passo é alinhar a estrutura e os incentivos ligados ao abastecimento, separando as responsabilidades em áreas distintas e encontrando os perfis ideais para cada atribuição.

Com os atuais níveis de rupturas em gôndola (11% em média), a mudança se faz necessária e os ganhos serão certos e chegarão diretamente ao *bottom line*, tanto da indústria quanto do varejo.

*Claudio Czapski é superintendente do ECR Brasil e
JM Benedetto, sócio da Diagma Brasil*

3.5
Exposição e Merchandising
Ferramentas para melhorar resultados e a experiência de compra do shopper

Desde que o varejo é varejo, varejistas de todo o mundo buscam soluções para adequar seus pontos de venda, espaço e mix com vistas a buscar maior eficiência, maximizar resultados e proporcionar melhor experiência de compra do shopper.

No tocante ao GC, as decisões-chaves passam por determinar os critérios para gerenciar a localização das categorias (layout/corredor); gerenciar o espaço que as mesmas irão ocupar (onde, como, em qual quantidade – frentes, profundidade e empilhamento), gerenciar o nível de serviço em gôndola (número de módulos/prateleiras disponíveis, quantidade de produtos, frequência do abastecimento, etc.); gerenciar a alocação do espaço específico para as subcategorias, segmentos e SKUs, entre outros.

Essas decisões sempre consideram a estratégia e posicionamento do varejista/bandeira/loja e avaliam quais soluções oferecer para que haja conexão entre elas e se as áreas dedicadas são adequadas e facilitam a vida do shopper ao longo do trajeto de compra, tendo em vista as missões de compra prováveis (reposição, abastecimento, urgência, necessidades específicas). O que não podemos esquecer jamais é de colocar o shopper no centro das decisões.

Já que o objetivo é tornar os produtos/soluções acessíveis, disponíveis, visíveis, que inspirem o shopper a comprar. Ela deve ser organizada de maneira que a circulação da loja seja prática, prazerosa (ou o menos estressante possível), e que chame a atenção do shopper para as soluções (categorias) oferecidas, considerando o processo decisório do cliente, conhecido como árvore de decisão.

"O sucesso do GC depende de quão apropriado e quão bem implementadas são as táticas de merchandising no plano de negócios da categoria. Afinal, é na loja que o shopper precisa ser influenciado e isso se dá pelo sortimento

oferecido e pela apresentação e oferta dos produtos. O GC fornece as ferramentas para garantir que essas táticas sejam adequadas ao shopper e que devem ser fortemente baseadas na árvore de decisão do consumidor. É a árvore de decisão que vai fornecer diretrizes sobre a variedade necessária em uma categoria para atender às necessidades do consumidor-shopper. Manter o mix errado leva a muitos problemas (quantidades excessivas de produtos, níveis inaceitáveis de rupturas nos produtos mais vendidos, etc.), além de tornar a decisão de compra muito confusa para o shopper."

Prof. dr. Brian Harris, chairman da The Partnering Group

Neste contexto, o layout de loja, a planogramação dos produtos, as ações de marketing e merchandising no PDV são atividades de extrema relevância e todas devem partir do olhar do shopper.

MAS O QUE O MERCHANDISING TEM A VER COM TUDO ISSO?

Conforme já discutimos inicialmente, embora a maioria das publicações que existem sobre GC trate separadamente a exposição do merchandising e do visual merchandising, destaco a relevância de tratá-los conjuntamente, para que todas as ações que forem ser executadas em loja estejam integradas, alinhadas e coerentes com a promessa que se faz ao shopper. Aliás, no varejo contemporâneo destaca-se a visão 360° do shopper, em que todas as áreas (marketing, comunicação, comercial, *trade*, merchandising, operação) trabalham integradas para atração, conversão e retenção do shopper.

O objetivo é entregar planos de marketing e de comunicação 360° direcionados ao consumidor/shopper, através da construção de JBP (planos de negócios de indústrias e varejistas).

"O GC trouxe uma experiência muito importante para maior convergência da estratégia de marketing da empresa. Sabendo de forma mais profunda qual é o comportamento do shopper, conseguimos implantar o merchandising de categorias no PDV de forma assertiva e eficiente, para incentivar ainda mais as vendas e realizar uma comunicação mais próxima ao que o consumidor espera no momento da compra. Foi um processo rico em conhecimento e em resultados."

Angela Urbinati, gerente de Marketing da Rede Lopes Supermercados

O merchandising, assim como o GC, parte do fundamento do desenvolvimento de ações necessárias para colocar o produto certo, no lugar certo, no momento certo, nas quantidades e preços adequados, tendo sempre o shopper no centro das decisões.

ENTENDA MERCHANDISING

É uma ferramenta de marketing que utiliza técnicas para expor e evidenciar os produtos e serviços no ponto de venda (PDV), com o objetivo de motivar e influenciar a decisão de compra do consumidor. É qualquer técnica, ação ou material promocional usado no ponto de venda, que proporcione informação e melhor visibilidade a produtos, marcas ou serviços.

Ponto Natural: é o local onde o produto deve ser normalmente encontrado.

Ponto Extra: é o local, fora do ponto natural, onde o produto pode ser colocado, com o objetivo de melhorar ou aumentar as vendas.

Objetivos do merchandising	Benefícios do merchandising
• Atrair mais clientes • Vender mais por clientes • Aumentar índice de rotatividade de produtos • Aumentar a lucratividade.	• Proporcionar melhor visibilidade aos produtos • Motivar e influenciar as decisões de compra dos shoppers.

Vale destacar que há diferentes tipos de compras. Para ter mais eficiência nas ações de marketing e merchandising no PDV, vale levar em conta tais diferenças:

- **Compra planejada:** o consumidor já decidiu previamente o que vai comprar: marca, tamanho (força e imagem da marca, publicidade, conhecimento e uso regular do produto, recomendação)
- **Compra por impulso:** não planejava comprar, mas foi influenciado por uma exposição bem feita, aparência do produto, embalagem, preço agressivo, entre outros.

ALGUNS MATERIAIS DE PDV UTILIZADOS

TIPO	PARA QUE SERVE	APLICAÇÃO
BANDEJAS	Demarcar e garantir espaço na gôndola, além de chamar a atenção do shopper para os produtos	Ponto Natural
CLIP STRIP	Inspirar o shopper a lembrar de produtos fora da lista (impulsionar a venda da categoria fora do ponto natural)	Cross Merchandising – sempre com categorias correlatas para formar uma solução ao shopper
DISPLAY	Destacar os produtos, chamar a atenção do shopper	Ponta de gôndola, próximo a paredes ou colunas, áreas abertas que tenham conexão com o que será exposto
FAIXA DE GÔNDOLA	Demarcar espaços de categorias/produtos para chamar a atenção do shopper	Ponto Natural
FORRAÇÃO	Forrar e dar acabamento a mesas, balcões, etc.	Pontos extras e ilhas de produtos
PRECIFICADOR	Identificar o preço dos produtos/promoções	Ponto Natural
STOPPER	Demarcar o espaço da categoria/produto/marca	Ponto Natural, geralmente no início e fim do espaço
WOBBLER	Comunicar a categoria, seus benefícios e chamar a atenção do shopper para determinados produtos	Gôndolas, displays, pontos extras, ilhas, pontas de gôndolas

Fonte: *Connect Shopper – adaptado de vários Guias de Execução desenvolvidos*

Não se pode esquecer de considerar os diferentes tipos de shopper e seu nível de autonomia e poder de decisão – há várias situações em que o shopper não tem o poder de decisão, apenas executa a compra sem margem de manobra (o iogurte preferido da criança, o xampu que a filha adolescente utiliza, a ração que o cachorro está acostumado) –, para ter a garantia de que as ações executadas terão poder de "induzir" a compra ou mudanças desejadas no comportamento e decisões.

Adicionalmente às ações de merchandising, também deveremos conectar ao GC o visual merchandising, que envolve iluminação, mobiliário, estímulos ao shopper, como o uso de sons, cores, design, comunicação visual, embalagens, entre outras ferramentas de comunicação para estimular a compra. Afinal, o que queremos é uma visão 360 graus do shopper e uma proposta integrada a ele.

Daí a importância de, no que diz respeito ao GC, tratarmos o tema exposição de maneira integrada com layout, planograma, merchandising e visual merchandising.

Na Shoppercracia, quando falamos em exposição, é sair da ótica "varejês" de exposição e identificação – na qual considera-se as áreas da loja com nomes como Mercearia Seca, Bebidas, Perecíveis, FLV, Bazar – para a ótica do shopper, através de soluções que respondam às suas necessidades, como alimentação, cuidados com a roupa, limpeza da casa, cuidados com o bebê, com os animais de estimação e assim por diante.

A verdade é que, ainda hoje, há muita confusão entre os conceitos de layout e planograma. Enquanto o primeiro é responsável por definir a localização das gôndolas, equipamentos e categorias na loja, o segundo é a ferramenta mais conhecida para orientar a exposição de cada produto nas prateleiras (gôndolas), a qual detalharemos à frente.

Se antes estes temas eram tidos como meramente operacionais, hoje, para muitos, é extremamente estratégico. Afinal, nos dias atuais, de alta competitividade, é necessário ir muito além de se ter um bom ponto, boa localização. Para se obter melhores resultados na atração, engajamento, conversão e retenção do shopper, maximizando resultados, é preciso ter sortimento adequado, exposição e sinalização eficientes, de modo que as pessoas que entram na loja encontrem com facilidade o que procuram.

A FORÇA DE UM BOM LAYOUT

Quem não gosta de, ao ir às compras, chegar ao ponto de venda e encontrar uma loja organizada (**limpa, iluminada, abastecida**...), com um layout que permita encontrar facilmente o que procura, que facilite nossa vida e otimize o tempo?

Acredite, o layout tem impacto direto sobre o resultado: venda, lucratividade, giro e satisfação do consumidor.

> **Benefícios de um bom layout**
> - Agilidade e rapidez de compras
> - Redução no nível das quebras
> - Facilidade de reposição
> - Maior acessibilidade e visibilidade por parte do cliente
> - Aumento de vendas e lucro
> - Facilitar para o varejista a exposição de novos itens (obviamente na categoria/solução)

"Entre os resultados obtidos com o GC, além do financeiro, está o fato de que trabalhamos de forma bem mais organizada. As lojas têm planograma, têm padronização. A partir daí, temos mais segurança para utilizar ferramentas digitais, como, por exemplo, nosso aplicativo que indica ao cliente em qual corredor o produto se encontra. Futuramente, conseguiremos mostrar em qual prateleira estará. Conseguimos facilitar a vida do cliente porque se diminui ruptura quando organiza o espaço. A realidade de vendas do produto auxilia na definição daqueles correlatos com a categoria, o que melhora a venda por impulso, dessa forma evoluímos para a oferta de solução. Por exemplo, o cliente compra café e lembra que precisa trocar a garrafa térmica e a leva também."

Bruno Bragancini, diretor-geral da Rede Enxuto Supermercados

Pensando no casal Maria Andrea e Ricardo, o que seria mais prazeroso ou menos estressante a eles? Encontrar uma solução completa para a macarronada do domingo, tudo em um só lugar – macarrão, molhos, queijo, escorredor, panelas de macarrão e todos os demais produtos –, ou, no modelo tradicional de exposição, cada item da macarronada num ponto distinto da loja? Sendo: macarrão e molhos no setor de Mercearia Salgada, queijo em Laticínios, panelas e escorredor no Bazar.

Sem dúvida, a preferência seria por uma exposição por soluções, que permitisse ao casal encontrar tudo em um único ponto. Esta exposição orientada ao shopper e com a estratégia e papel da categoria bem delineados, aumenta as vendas, melhora o giro e eleva a satisfação do cliente com a loja, gerando maior fidelidade.

Segundo Claudio Czapski, do ECR, não se pode ir colocando na loja uma categoria ao lado da outra, sem qualquer critério. Existe uma técnica adequada, que analisa os volumes de vendas e margens das diferentes categorias, a circulação de clientes pelos corredores e a própria lógica de abastecimento da casa para que se defina a localização das categorias dentro do espaço físico da loja.

Vale ressaltar que o processo de layoutização deve ser executado com foco e de acordo com o shopper, sem esquecer da "estratégia da empresa" e os requisitos operacionais da "estratégia comercial".

Para que o layout seja eficiente é necessário ponderar duas variáveis, a saber:

De um lado, o cliente – shopper –, para que o incentive a navegar de forma prazerosa e estimulante entre os corredores (ou o menos estressante possível) e inspire-o a comprar mais do que havia planejado, criando um ambiente agradável.

De outro, valorizar espaços e ambientes, avaliando se são operacionalmente viáveis e se dão lucratividade/rentabilidade.

O processo de layoutização em si, pressupõe que a empresa tenha clareza de propósito, definição das categorias, seus respectivos papéis e estratégias, o que não encontramos como uma prática regular no varejo brasileiro.

Papel + estratégia são as variáveis que vão impactar o local e a forma pela qual os produtos serão expostos. Normalmente, recomenda-se:

- **Categoria Destino:** fundo na loja e paredes finais - área de grande exposição e visibilidade
- **Categoria Rotina1:** geradoras de tráfego: laterais da loja - área de média exposição e visibilidade
- **Categoria Rotina2:** de abastecimento: meio da loja - área de média exposição e visibilidade
- **Categoria Conveniência:** frente de caixa ou de acordo com o fluxo - pequena área de exposição e grande visibilidade, área nobre
- **Categoria Ocasional ou Sazonal:** ponta de gôndola e pontos extras.
  Fonte: *ECR Brasil*

PREMISSAS BÁSICAS PARA UM BOM LAYOUT

1 Empresa tem uma estratégia clara (propósito bem delineado)

2 Conhecimento do shopper, das diferentes missões de compra (lembrando que pode ocorrer diferenças em relação a períodos da semana e horários), do trajeto/montagem, do carrinho

3 Categorias e seus papéis bem definidos.

Estratégias diferentes exigem soluções específicas, cada qual demandando um projeto de layoutização próprio.

Como já comentamos, muitos varejistas não têm clareza na estratégia (outros sequer possuem uma), e há ainda aqueles que não possuem as categorias e seus papéis definidos, o que demonstra uma grande oportunidade ao varejo.

E como se dá o processo para a definição da ocupação ótima do espaço físico da loja? Quais soluções e categorias ficam onde?

Para definir a distribuição ótima, de acordo com o Comitê de GC do ECR Brasil, é necessário:

1. Análise da situação atual
2. Avaliar possíveis melhorias – detalhando uma proposta
3. Implementação da proposta
4. Monitoramento dos resultados e correção de rotas

E qual o processo passo a passo:

- Entendimento da estratégia e posicionamento do varejista
- Conhecimento do shopper e missões de compra
- Aplicar a metodologia a seguir.

Mapeamento	Recomendação	Métricas	Implementação	Avaliação
MANUTENÇÃO				
Avaliação da loja. Identificação dos pontos quentes e frios. Agrupamento por soluções	Validação da estratégia, categorias e papel das mesmas. Análise qualitativa do layout (1ª Proposta)	Alocação dos setores e adequação dos espaços, de acordo com indicadores (vendas, margem) (Proposta final)	Implementar a proposta na loja. Teste piloto	Análises dos indicadores internos para avaliação dos resultados. Correção de rotas/roll out

Fonte: *Variadas – adaptado*

Etapa I - Mapeamento

Na etapa I – Mapeamento: levanta-se como estão posicionadas as categorias dentro da loja, qual o fluxo dos clientes, qual a importância das diferentes categorias e onde estão aquelas de maior e menor venda.

Para tanto, faz-se necessário acesso ao retrato físico da loja (planta baixa): arquitetura (entradas, saídas, colunas, pontos de eletricidade dos equipamentos de maior porte), equipamentos e instalações (gôndolas e refrigeradores) e a localização das categorias.

Busca-se ainda identificar o fluxo de clientes e o volume de vendas, bem como as categorias quentes (categorias com maior tráfego e maior volume de vendas), mornas e frias (pouca visitação e baixas vendas). Não deixar duas ou mais categorias quentes próximas, pois pode ocorrer superlotação no corredor.

Esta classificação e visualização na planta é muito importante para a análise e a revisão do layout, pois as categorias quentes são tipicamente geradoras de tráfego, ou seja, por elas circula grande número de clientes, mantendo o corredor movimentado. Para tornar mais visíveis as categorias mornas e frias, é importante posicioná-las de modo a aproveitar o fluxo das categorias quentes.

Ainda nesta etapa devemos avaliar quais as soluções se deseja entregar ao shopper, lembrando que esta definição deve ser baseada levando em conta: a estratégia do varejista, o papel da categoria, um cadastro qualificado com uma estrutura mercadológica orientada ao shopper – que, de preferência, traduza esta solução a ser executada no PDV, entre outros.

Vale lembrar que algumas categorias poderão compor mais de uma solução, o que poderá exigir exposições duplas e processo para garantir uma execução adequada.

É importante avaliar, sob diferentes critérios, qual o percentual que a categoria representa sobre a totalidade da loja naquele atributo (valor, volume, margem), e espelhar este percentual no espaço dado à categoria na loja (lembrando que essa relação não é, necessariamente, linear – papel higiênico pela sua natureza ocupa muito mais espaço que celular, daí a relação metros cúbicos e a necessidade de conectar com o abastecimento/reposição). Um ponto relevante ao se analisar o espaço dado à categoria, é incluir nas análises, além dos pontos naturais, também todos os pontos extras, promocionais ou não. Czapski reforça que este tema é ainda mais crítico quando se trata do segmento de bebidas e refrigerantes, cujo alto giro, muitas vezes, torna insuficiente o espaço de prateleira, demandando a criação de ilhas ou pontos especiais para permitir o equilíbrio entre o fluxo de demanda e o de reabastecimento.

Recomendamos também observar e considerar as lojas concorrentes do entorno, para entender o nível de serviço e excelência necessário para se diferenciar.

E nunca se esqueça: conhecer o cliente é crucial nesta etapa.

- Conhecer o cliente

Já destacamos o quão relevante é conhecer o shopper para o negócio como um todo e, claro, ao GC. Identificar perfil, comportamento, hábitos, fluxo.

Curiosidades sobre o shopper:

1. Andam pela direita do corredor
2. Compram na vertical
3. Mulheres e homens possuem comportamentos distintos, o que implica na execução em loja
4. Levam, em média, entre 3 e 6 segundos para a decisão – dependendo da categoria.

Etapa II – Recomendação

A partir da análise detalhada e estruturada da situação atual, das categorias e da natureza das operações, e do plano de negócios (papel e estratégia das categorias), teremos uma profunda compreensão do conjunto de necessidades do cliente que o ponto de venda se propõe a atender, bem como das atividades da loja, facilitando a elaboração de propostas consistentes de layout.

O objetivo é construir uma proposta detalhada de layout, explicitando o que deve ser colocado em cada ponto da loja, sinalizando as categorias quentes, mornas e frias, os pontos fixos (colunas, instalações, etc.) e a indicação do fluxo esperado em cada área.

Neste momento, recomendamos definir ou validar com clareza os objetivos que se espera com o novo layout, definir metas e métricas para avalição.

Algumas questões que devem ser respondidas

- Os pontos quentes estão bem distribuídos?
- Há uma boa circulação em todos os corredores?
- As vendas estão bem distribuídas por todo o espaço da loja?
- Os setores e categorias estão agrupados logicamente? (adjacências/proximidades)
- A apresentação dos setores/categorias fazem sentido ao shopper?
- O espaço dado aos setores/categorias são adequados? Avaliar vendas, giro, frequência de reposição, lucratividade, etc.
- Compra por impulso ou planejada?
- Qual o grau de fidelidade à marca?

O foco principal é o de tornar a experiência de compra simples, completa, resolutiva, eficiente, diferenciada da concorrência e que estimule o retorno e a fidelização.

Etapa III – Métricas

Dependendo do porte da empresa e do nível de informação, sistemas, ferramentas e recursos disponíveis, incluindo humanos, se realiza avaliações qualitativas e/ou quantitativas.

Na avaliação quantitativa, se exige maior detalhamento (é um processo mais avançado) e envolve sistemas e níveis de informação mais abrangentes.

São análises mais robustas e profundas envolvendo análise do espaço dedicado a cada categoria, análise do tamanho físico dos produtos (altura, largura e profundidade) e seu correspondente espaço de prateleira, participação nas vendas e no lucro, giro, número de itens da categoria, ritmo de inovação/renovação do sortimento, validade dos produtos/tempo de prateleira, etc., considerando inúmeros indicadores, análises sobre rentabilidade e vendas por metro linear, entre outros.

Etapa IV – Implementação

Mudar o layout pode gerar insatisfações nos clientes, já que eles estavam habituados ao anterior. Assim, é preciso minimizar este impacto tornando as mudanças pouco frequentes e informando o shopper sobre a nova localização dos produtos. Ademais, qualificar a equipe para que possa dar informações e suporte adequado aos clientes.

Mario Cezar, executivo de GC do Home Center Carajás, diz que no caso deles, o desconforto com a mudança foi minimizado por informação e sinalização, além da formação da equipe para orientar, de maneira adequada, os clientes quando estes chegavam à loja.

Para tornar as mudanças menos estressantes e mais eficientes é imprescindível um planejamento detalhado de todas as ações e atividades, especificando papéis, responsabilidades e definindo prazos, além de um monitoramento minucioso de cada etapa.

Marcio Sandolin, gerente de Marketing da Rede Enxuto de Supermercados, vivenciou recentemente esta experiência. "Mas com um planejamento minucioso, bem detalhado e estruturado e um acompanhamento cuidadoso de cada atividade/ação, considerando sempre o shopper no centro das decisões, tivemos um grande sucesso no projeto da reforma da loja de Limeira", reforça.

Segundo ele, "os hábitos das pessoas evoluem rapidamente e a loja deve, mais do que se adaptar, fazer parte dessa mudança. Novidades, tendências e soluções compatíveis com o estilo de vida do consumidor devem fazer parte do projeto de revitalização, de modo que nenhum esforço seja demais para influenciar positivamente a percepção do cliente durante o processo. A comunicação sobre duração e motivos da reforma e indicação de produto nos corredores é imprescindível, mas pode ser complementada com colaboradores treinados para direcionar os clientes que procuram seus produtos".

Dentre os instrumentos de planejamento e execução destacam-se:

- Planta baixa detalhada do novo layout e dos equipamentos envolvidos
- Verificação prévia de todas as instalações
- Convocação e confirmação de toda a equipe envolvida na mudança
- Disponibilidade de todo o material de sinalização, comunicação e orientações ao cliente
- Treinamento prévio de toda a equipe da loja – seja para orientar o cliente e/ou repor os produtos de maneira mais eficiente
- Definição e monitoramento dos indicadores de desempenho
- Desenvolvimento de um plano emergencial, caso algo inesperado ocorra (falta de membros da equipe, de equipamentos, materiais de PDV, etc.).

Etapa V – Avaliação

De nada adianta planejar e executar ações, sejam estas quais forem, se não tivermos metas e objetivos bem delineados, para que sejam monitorados e os resultados avaliados.

Nesta etapa é o momento de monitorar o impacto das mudanças implementadas e avaliar se os objetivos traçados e os resultados esperados foram atingidos.

Alguns indicadores internos que devem ser monitorados: vendas e lucros (totais, por metro quadrado, por setor, categoria, item, funcionário, etc.), giro, custos, fluxo de clientes na loja, taxas de conversão, margens, dias de vendas em estoque, etc.

Adicionalmente, é importante avaliar o mercado em que atuamos, nossos concorrentes, o comportamento do consumidor e shopper, as tendências, os avanços tecnológicos, entre outros pontos, como já discutimos anteriormente, e identificar os impactos de tudo isso em nosso negócio.

Em síntese, ao definir o layout da loja na ótica do shopper, é importante considerar:

- a disposição dos produtos comprados
- a circulação nos corredores, procurando distribuir o volume de vendas e fluxo de modo equilibrado no espaço
- a sinergia entre categorias (adjacências) – pensar em "soluções" sem esquecer de intercalar categorias muito visitadas (quentes) e pouco visitadas (frias)
- a localização dos setores da loja, provendo a necessária sinalização.

Diferentes lojas, diferentes shoppers, diferentes necessidades, diferentes layouts.

Todos ganham com um bom layout.

ALGUNS TIPOS DE LAYOUT

O tipo de layout vai depender do tipo de produto vendido, da localização e da arquitetura do prédio, posicionamento do varejista e até a concorrência e o investimento disponível.

Planta reta: é um excelente layout para vários tipos de varejo. Faz uso das paredes e luminárias para criar pequenos espaços dentro da loja. É um dos modelos mais econômicos de layout.

Planta diagonal: bem positivo para modelos de lojas de autosserviço. Oferece excelente visibilidade para os caixas e clientes. Este modelo convida o fluxo de circulação e tráfego pela loja.

Planta regular: mais indicado para lojas especializadas de alto nível. As curvas e ângulos de luminárias e paredes aumentam o custo do projeto. No entanto, criam um fluxo melhor por toda a loja.

Planta geométrica: indicada para lojas de roupas e confecções. Utiliza racks e acessórios e não possui custo elevado.

Planta mista: Mistura planta reta, angular e diagonal com o objetivo de tornar a loja mais funcional. O layout direciona a circulação das pessoas para as paredes e fundo da loja.

> **Os benefícios de um bom layout**
>
> **Para o shopper:** economia de tempo, facilidade e agilidade em encontrar o que procura e lembrança de itens fora da lista tradicional
>
> **Para o varejista:** valoriza o ambiente da loja, aumenta venda e lucratividade, estimula a recompra, retenção e atração de novos clientes, e facilita a operação
>
> **Para a indústria:** aumenta o giro do produto, estimula a recompra do produto/marca, bloqueia as ações dos concorrentes.

Em síntese, o layout, depois de executado, deve mostrar o tamanho e a localização de cada departamento/setor, estruturas permanentes, locais de fixação e padrões de tráfegos dos clientes, tipo de equipamento, entre outros.

Mas vale ressaltar que o planejamento de cada categoria deve ser individualizado de acordo com a estratégia e perfil da loja, perfil do público, entre outros. E é na busca de detalhar como cada categoria/solução deverá ser executada no PDV que entra o planograma.

MELHORANDO RESULTADOS COM UM PLANOGRAMA EFICIENTE

O planograma, diferentemente do layout, é um desenho gráfico que detalha minuciosamente o espaço que deve ser ocupado por cada item da categoria (frentes, profundidade e empilhamento) e seu posicionamento, conforme seu giro, estoque em gôndola, importância e lucro. Ele ajuda a criar a identidade visual e, se integrado ao sistema de operação e de retaguarda, permite aos varejistas mensurar a capacidade de vendas, introdução, ações promocionais, melhorar a gestão dos estoques, aumentar a variedade de produtos.

Neste aspecto, um cadastro qualificado, com uma estrutura shopperlógica desenhada, na qual as segmentações dos produtos são adequadas, é de extrema relevância na construção do planograma. Se não separar os tipos adequadamente pode induzir o shopper a erros, inclusive em comparações inadequadas. Exemplo: creme dental com benefícios *versus* um item mais básico; xampu alta performance com o básico, entre outros.

Para construir o planograma e se ter o melhor e maior efeito sobre o shopper, a exposição deve levar em consideração a **estratégia do varejista** (propósito), **a estratégia da categoria** (se gera fluxo, transação e outras), **o shopper** e sua **hierarquia de decisão** (árvore de decisão) – que já deveria estar retratada na base de dados –, e os **momentos de uso e consumo**, demanda/giro de cada produto e frequência de reposição.

O planograma deve retratar com precisão cada prateleira da loja, indicando:

- a localização exata de todos os produtos do sortimento
- a quantidade exposta de cada item, além da sua localização exata, quantas frentes, altura e profundidade.

Já tivemos casos de clientes que – ainda que as análises ponderadas de valor vendido, volume e rentabilidade sugeriam um determinado percentual de espaço para determinado segmento, o varejista, identificando oportunidades de inovar em tal segmento, observando tendências de mercado, mudanças no hábito do shopper e uma estratégia clara de diferenciação – resolve apostar neste segmento e dedicaram um espaço superior ao recomendado pela estratégia adotada.

Um exemplo foi o que ocorreu com detergente líquido para roupa. Embora respondesse por 30% das vendas ponderadas (volume, valor e rentabilidade), o varejista, frente às tendências de mercado, quis apostar neste segmento, já que tinha margem bem superior ao detergente em pó, e dedicou 50% do espaço em gôndola na solução cuidado com a roupa. A venda do segmento aumentou 2 dígitos e, hoje, já responde por 50% das vendas da categoria. Os ganhos? Nem preciso mencionar.

O planograma é a base da reposição, devendo ser conhecido e respeitado por todos, da equipe operacional aos repositores, sejam eles próprios ou terceirizados.

Na maioria dos projetos que já executamos, seja via indústria ou encabeçados diretamente pelo próprio varejista, o layout já estava definido, sem muita flexibilidade para grandes mudanças. Mesmo assim, a partir de análises estruturadas, sugerimos a melhor disposição da solução/categoria a ser gerenciada. Uma vez aprovada a mudança, desenhamos o novo *minifloor*, ajustado com esta nova realidade, especificando onde alocar eventuais produtos e/ou categorias não pertencentes à solução atual, mas que estavam constando no espaço determinado.

"O grande obstáculo é em relação à mudança na estrutura dos departamentos. No momento das reuniões para a aprovação dos planogramas referenciais, todos concordam, mas no momento de colocar em prática, várias são as críticas e sugestões de mudanças. A lição que fica é que, para a aprovação do minifloor e planogramas, tem que ser feito in loco."

Mario Cezar Pontes, coordenador de GC do Home Center Carajás

Aprovado o *minifloor*, partimos para o desenho do racional de exposição – como implantar a categoria –, levar em conta papel, estratégia e como o shopper compra a mesma. Na sequência, gera-se o planograma referencial e, a partir das aprovações, o planograma quantitativo.

Por fim, para facilitar a implantação, garantindo que todos estejam alinhados, sugerimos uma reunião preliminar para apresentar a proposta a todos, incluindo, operações.

Na ocasião da reunião, apresentamos também um *checklist* detalhado informando cada atividade, prazos e responsabilidades, considerando 30 dias antes da implantação, 15 dias, na semana e no dia.

Por fim, para garantir a manutenção do planograma, que é um dos maiores desafios ao GC, recomendamos imprimir o planograma e anexá-lo nas réguas das prateleiras. Neste aspecto, o próprio shopper passa a ser o "guardião" do GC.

Ao se deparar com as fotos dos produtos nas prateleiras, o shopper identifica rapidamente se o produto que ele quer está faltando e chama alguém para resolver o problema. Nisso, a equipe da loja terá que dar uma solução. O que ajuda a minimizar rupturas operacionais.

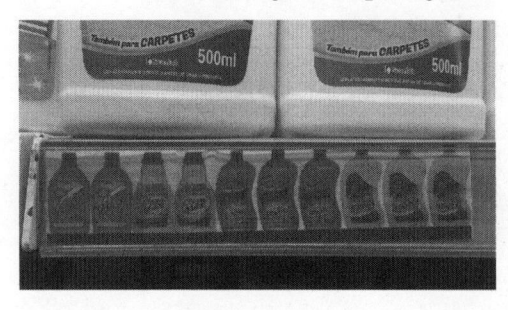

Recomendamos, adicionalmente, que se faça uma auditoria regular do planograma e que, dentro das possibilidades, se crie inclusive políticas de bônus às equipes atreladas ao cumprimento dos mesmos, adotando medidas de disciplina rigorosas para o cumprimento e manutenção.

Dicas sobre o que considerar na construção de um planograma?

1. Definição coerente da categoria (o que é, quais SKUs a compõe)
2. Análise de indicadores internos: vendas em valor, volume, margem, giro, índice de ruptura, número de cupons, abastecimento, etc.
3. Análise do mercado e da concorrência
4. Comportamento de compra do shopper
5. Hierarquia de decisão (árvore de decisão) e o momento de uso e consumo
6. Cobertura que você, varejista, quer e pode dar à categoria
7. Papel da categoria (rotina, destino, conveniência, sazonal)
8. Estratégia da categoria
9. Estratégia de precificação (produtos e marcas)
10. Mapeamento dos modulares e produtos (item a item) – altura, largura e profundidade
11. Cálculo do espaço adequado: venda ponderada x espaço ocupado (*facing*)
12. Construção e validação da nova proposta de *minifloor*
13. Construção e validação do racional de exposição (planograma referencial)
14. Construir o planograma quantitativo – neste caso é necessário fotos e medidas de cada SKU
15. Seguir a distribuição dos produtos e as decisões táticas de localização e exposição baseadas nas análises estruturadas (lembrando de questões estratégicas)
16. Use e abuse das tecnologias existentes, hoje muito mais acessíveis.

MODELO DE PLANOGRAMA REFERENCIAL
Campainha e Porteiro Eletrônico

	1	2	3
1	CIGARRAS	SEM FIO	
2	CIGARRAS	SEM FIO	
3	MUSICAL	VÍDEO PORTEIRO	PORTEIRO ELETRÔNICO
4	MUSICAL	VÍDEO PORTEIRO	PORTEIRO ELETRÔNICO
5	MUSICAL	VÍDEO PORTEIRO	PORTEIRO ELETRÔNICO
6	MUSICAL	VÍDEO PORTEIRO	PORTEIRO ELETRÔNICO

MODELO DE PLANOGRAMA REFERENCIAL
Cuidado com a Roupa – Pós-Lavar

	1	2	3
Aéreo 1	AMACIANTES CONCENTRADOS PEQ.		FACILITADORES
2	AMACIANTES CONCENTRADOS GRD.		
3	AMACIANTE DILUÍDO		
4			
5			

Em ambos os exemplos, a distribuição da categoria, ao longo dos módulos, leva em consideração como o shopper compra a categoria (árvore de decisão), a estratégia e o papel da categoria, mas também a estratégia do varejista – no caso de Campainha, o varejista quis reforçar a venda da musical e vídeo porteiro.

Os espaços dedicados (*facing*) para cada segmento/subsegmento são calculados considerando a venda ponderada (valor, volume e rentabilidade) e o *fair share* (participação justa).

E lembre-se: mercadorias com maior valor agregado e maiores margens devem ser posicionadas nas prateleiras superiores, à altura dos olhos.

MODELO DE PLANOGRAMA QUANTITATIVO - FRONTAL

MODELO DE PLANOGRAMA QUANTITATIVO

MÓDULO A MÓDULO

ETQ	EAN	Descrição do Produto	Frentes	Emp	Prof
Prateleira	M1/P1				
1	7891150000971	AMACIANTE COMFORT CONC. 500ML, ORIGINAL	6	1	6
2	7891150010604	AMACIANTE COMFORT CONC. RF. 500ML	3	1	6
3	7891150039001	AMACIANTE COMFORT CONC. 500ML, PURO CUID	2	1	6
4	7891150025295	AMACIANTE OL. ESS. CONC. 500ML, HARMONY	2	1	6
5	7891150025288	AMACIANTE COMFORT CONC. 500ML, ENERGY	3	1	6
Prateleira	M1/P2				
1	7891150000971	AMACIANTE COMFORT CONC. 500ML, ORIGINAL	6	1	6
2	7891150010604	AMACIANTE COMFORT CONC. RF. 500ML	3	1	6
3	7891150039001	AMACIANTE COMFORT CONC. 500ML, PURO CUID	2	1	6
4	7891150025295	AMACIANTE OL. ESS. CONC. 500ML, HARMONY	2	1	6
5	7891150025288	AMACIANTE COMFORT CONC. 500ML, ENERGY	3	1	6
Prateleira	M1/P3				
1	7891150037229	AMACIANTE COMFORT CONC. 1.9L, ORIGINAL	4	1	4
2	7891150042070	AMACIANTE COMFORT CONC. 1,9L, ROMANCE	2	1	4
3	7891150042124	AMACIANTE COMFORT CONC. 1L, ROMANCE	2	1	5
4	7891150042117	AMACIANTE COMFORT CONC. 1L, ENERGY	2	1	5
Prateleira	M1/P4				
1	7891038106504	AMACIANTE COMFORT CONC. 2L, CLASSIC	6	1	4
2	7898422744281	AMACIANTE COMFORT CONC. 2L, ALOE VERA	4	1	4
Prateleira	M1/P5				
1	7896056401136	AMACIANTE URCA 2L, FLORAL RA	2	1	4
2	7896056401228	AMACIANTE URCA 2L, VERDE	2	1	4
3	7896056401112	AMACIANTE URCA 2L, BRISA AZ	2	1	4
4	7896056401129	AMACIANTE URCA 2L, CARINHO	2	1	4
5	7896056402607	AMACIANTE URCA 2L, BRANCO	2	1	4
Prateleira	M1/P6				
1	7891150041356	AMACIANTE COMFORT DILUIDO 5L, ORIGINAL	2	1	2
2	7891150041325	AMACIANTE FOFO CONC., 5L, TRADICIONAL	2	1	2
3	7891022100624	AMACIANTE MON BIJOU, 5L, PUREZA	3	1	2

Note na figura abaixo, que dependendo da ferramenta utilizada para a confecção do planograma você terá, automaticamente, os parâmetros sugeridos para o abastecimento – quantidade de frentes, empilhamento e profundidade.

E quais as áreas mais positivas das gôndolas?

- Parte Central
- Quatro metros depois da entrada da loja
- Ponta da gôndola e Ilhas
- Perto de produto de alta procura
- Prateleira na altura dos olhos
- Altura das mãos (ponto de pega): 1,20 a 1,60m

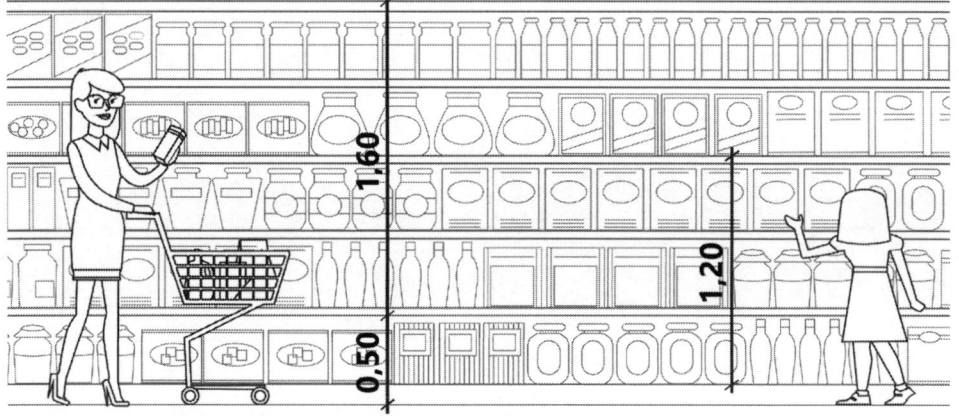

Medidas em metros

QUAIS OS TIPOS DE EXPOSIÇÃO?
Vertical? Horizontal? Em bloco

A apresentação vertical visa agrupar os produtos de uma mesma família, uns sobre os outros, em todas as prateleiras. Dá uma impressão de ordem e de clareza e permite rápida percepção dos produtos. Este tipo de apresentação tem, contudo, o inconveniente de exigir frequentes reabastecimentos, dado que os níveis mais acessíveis se esgotam mais depressa.

A apresentação horizontal consiste em colocar uma família de produtos diferentes por cada nível de linear. Neste caso, pode gerar má visibilidade de algumas subfamílias, e obrigar o cliente a voltar atrás para procurar outra família de produtos, exposta em outra prateleira, o que raramente acontece, perdendo-se assim vendas.

A apresentação em bloco ou combinada: consiste em "blocar" produtos, como o próprio nome diz, combinando as duas técnicas anteriores.

E quando decidir por uma ou outra? Há quem prefira horizontalizar os produtos.

Na nossa visão, horizontalizar é mais adequado apenas em áreas muito pequenas, uma vez que a velocidade de passagem dos clientes é menor e a alternativa de utilização de uma exposição vertical implica colocar um número muito reduzido de frentes, o que não permitiria obter boa visibilidade do produto.

E qual a quantidade de frentes mínimas/ideal?

Na Shoppercracia, o número mínimo ideal de frentes seria três. Na pior das hipóteses, duas. Mas, na prática, encontramos muitos produtos perdidos com apenas uma frente. Por mais que nossa atenção esteja na horizontal, temos o hábito de comprar na vertical.

A verticalização torna a reposição mais eficiente, dá maior visibilidade das famílias e subfamílias ao shopper, permite maior identificação e conexão com as marcas, facilita a contagem e auditoria, entre outros.

Vale lembrar que temos como hábito de leitura, o movimento da esquerda para a direita e de cima para baixo. Assim, a arrumação dos produtos deve seguir o movimento natural dos olhos.

O mais importante é entregar uma solução inspiradora

1. Ambiente moderno, luminoso, alegre
2. Comunicação clara sobre a proposta de valor
3. Cores vivas e claras
4. Organização de fácil entendimento pelo shopper
5. Valorizar inovações
6. Utilizar interatividade, animações, degustações.

TÁTICAS SUGERIDAS PELAS ESTRATÉGIAS

ESTRATÉGIA	MERCHANDISING/LOCALIZAÇÃO
Aumentar Tráfego	Localização privilegiada para esses produtos
Aumentar Transação	Privilegiar espaço para produtos com maiores volumes de transação
Gerar Lucro	Dar mais espaço para itens de maior lucro
Proteger Território	Espaço/localização preferencial para itens-alvo
Gerar Caixa	Alocar espaço para maximizar giros da categoria
Criar Sensação	Espaço/localização proeminente para segmentos crescentes e itens novos
Reforçar Imagem	Espaço/localização especial para esses produtos

Fonte: *ECR - Brasil*

Lembre-se: seja para a definição de um bom layout, para uma exposição adequada dos produtos nas prateleiras (planograma) ou para a definição das ações de marketing e merchandising no PDV, a base de tudo deveria ser o shopper. O shopper no centro das decisões.

Análises básicas para ter uma zona quente eficiente

Trajeto: garanta que o trajeto a determinada prateleira seja fácil e prático

Ponto Focal: garanta que o ponto focal esteja em destaque

Iluminação: garanta uma iluminação eficiente e que destaque os produtos

Mobília: avalie a adequação do mobiliário – *aqui gostaria de citar o caso de um cliente que queria nos contratar para melhorar a categoria a qual chamava "Mundo Beleza". Ao visitar a loja nos deparamos com gôndolas danificadas, sujas, etc. Como vender beleza em um equipamento danificado?*

Espaço: Analise se o espaço está adequado e justo para cada categoria/produto.

Fonte: *ECR - Brasil*

"No final de 2017 já estaremos com GC implantado em todas as lojas. Entregamos os books das categorias (documento com todos os dados sobre a categoria, mapa estratégico, racionais de exposição e planogramas) totalmente automatizados por meio dos tablets da loja. Todos com uma atualização mensal, para que rapidamente a loja possa pegar o tablet e adequar na gôndola o que foi alterado.

Mais do que implantar o GC, criamos processos para atualização e manutenção, pois se a gente não cuidar e tiver um processo bem desenhado de um pós-GC, tudo se perde. Isso é fundamental para a evolução do GC.

Espero que, daqui cinco anos, a gente tenha lojas melhores, já que sabemos que o GC traz resultados não só de venda e margem, mas principalmente de melhora na ruptura, adequação do giro do produto com estoque correto na gôndola. Como sabemos qual o produto vende mais e o que precisa ser alterado dependendo de perfis e classe social de cada loja, sem dúvida isso será totalmente possível. Temos 27 lojas e vamos trabalhar 27 planogramas, com definições claras da estratégia e papel para tirar o máximo de cada loja."

Celso Renato Ferreira, diretor Comercial e Marketing da Rede Lopes Supermercados

Exemplos de como conectar estratégia com planograma:

1. Se a estratégia for aumentar o tíquete médio

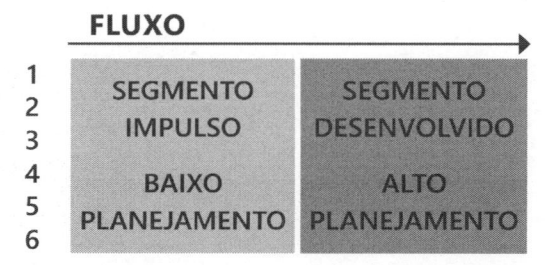

FLUXO →

1 2 3 4 5 6	SEGMENTO IMPULSO BAIXO PLANEJAMENTO	SEGMENTO DESENVOLVIDO ALTO PLANEJAMENTO

2. Se a estratégia for aumentar a rentabilidade

FLUXO →

1 2 3 4 5 6	SEGMENTO IMPULSO BAIXO PLANEJAMENTO	SEGMENTO ALTA MARGEM	SEGMENTO DESENVOLVIDO ALTO PLANEJAMENTO

Planogramação, a base do negócio

Uma das soluções mais eficientes para a redução dos ruídos dos processos em supermercados é o processo de planogramação. Este processo constitui a base do negócio do varejo e traz benefícios para, praticamente, todas as áreas da empresa. Percebe-se que em um varejo que possui o processo de planogramação implantado o tempo gasto na loja com negociações de espaço é reduzido para praticamente zero. As negociações de espaço são centralizadas no comercial, tornando-as mais eficientes, a logística de entrega de produtos para a loja é mais assertiva, uma vez que as variações de *facing* são consideradas, as rupturas tendem a reduzir, pois é mais fácil de identificá-las, a execução das estratégias de GC é assegurada, e, por fim, alivia o fluxo de caixa, uma vez que não há excesso de SKUs comprados.

No Brasil, já existem soluções bastante acessíveis para planogramação de varejos, tanto para supermercados, farmácias ou home centers.

Uma dessas soluções é o Planogram Builder, desenvolvido pela Zvisuel, na Suíça, e revendido no Brasil pela Figueira Costa Consultoria. Trata-se de uma solução *web*, totalmente traduzida para o português, desenvolvida sob demanda para a P&G, de implantação rápida e acessível para pequenos e médios varejos e indústrias.

*Raphael Figueira Costa é CEO da Figueira Costa Consultoria

Por Raphael Figueira Costa*

CAPÍTULO 4

GC e o Pequeno Varejo
Essa relação é possível?

Frente a um mercado mais competitivo e um cliente mais exigente, seletivo, conectado, com maior poder de compra e de decisão e **multicanal**, intensificou-se a necessidade também do pequeno varejo de se profissionalizar e desenvolver ações mais direcionadas para maximizar seus resultados, através de uma gestão mais efetiva do sortimento e da exposição.

O tema do momento é facilitar e agilizar o processo de compra e decisão do cliente, permitindo que ele encontre facilmente o que deseja, engajando-o de maneira positiva, oferecendo a ele a certeza de uma melhor compra e com uma experiência positiva, estimulando-o a voltar.

Para proporcionar tal experiência, é preciso, como já vimos anteriormente, garantir o produto adequado (sortimento), organizado de acordo com as necessidades do cliente, bem sinalizado, na quantidade desejada e no momento em que o cliente necessitar, com o preço que ele pode e quer pagar, entre outros aspectos.

É neste contexto que se destaca o Gerenciamento por Categoria (GC) e que, nos últimos tempos, vem ganhando espaço também dentre os pequenos e médios varejistas.

> *"O GC sempre foi projetado para ser benéfico a todas as empresas, grandes, médias ou pequenas. Existem muitos exemplos em todo o mundo, inclusive no Brasil, de pequenos varejistas e fabricantes com muito sucesso no GC. A chave para esse sucesso é a compreensão dos princípios básicos deste método e a aplicação desses princípios com bom senso, boa experiência e intuição e com dados e recursos disponíveis. Em muitos aspectos, as pequenas empresas têm uma vantagem. Muitas vezes, estão mais perto do consumidor e podem ver mais rapidamente as oportunidades para melhorar o desempenho de uma categoria e tomar ações para abordar essas oportunidades"*
>
> Prof. dr. Brian Harris, chairman da The Partnering Group

Mas a grande questão que fica até hoje é: **Como adaptar a metodologia tradicional do GC ao pequeno varejo?**

Sem dúvida, este é um grande desafio, principalmente frente a um cenário em que grande parte das indústrias não tem interesse e/ou capacidade para atender e apoiar o pequeno varejista, e o varejista acredita não ter recursos suficientes para assumir o processo de GC.

Aqui entram personagens de extrema relevância ao pequeno varejo: o atacadista e o distribuidor.

De acordo com pesquisa realizada pela Connect Shopper, com pequenos varejistas de todo o Brasil, atendidos por atacadistas/distribuidores, detectou-se que:

- 80% destes varejistas gostariam de um apoio efetivo de seus fornecedores (atacadistas-distribuidores) na gestão do sortimento
- 78% desejam que estes trabalhem com eles no desenvolvimento de planos para as categorias, que os ajudem a obter crescimento sustentável
- 76%, que os fornecedores compartilhem informações relevantes sobre mercado, negócio, categoria com foco em otimizar o sortimento
- 75% dizem necessitar de apoio para a adequada exposição das categorias com o objetivo de impulsionar vendas e rentabilidade.

Cito o caso de um grupo de renomados atacadistas-distribuidores de material de construção, que, antenados com as novas demandas do varejo e do shopper, e em busca de diferenciar-se frente aos concorrentes, tem buscado qualificar-se nas práticas e processos do GC para serem capazes de atender estas novas exigências.

Estamos desenvolvendo um programa de formação contínua e desenvolvendo conjuntamente atividades práticas que vão desde rever e ajustar o cadastro e a estrutura mercadológica; avaliar e qualificar o portfólio de produtos, identificar e segmentar seus clientes varejistas, para definir políticas específicas de sortimento e serviços para os diferentes perfis, apoio na criação de um guia de execução para padronizar a exposição.

POR ONDE COMEÇAR?

Antes de iniciar o processo de GC em si, assim como no processo tradicional, é imprescindível executar as ações do **Pré-GC**, sobretudo no tocante a definir e identificar com clareza a estratégia e o perfil da loja, o público-alvo e o perfil de compra dos clientes. Estas informações e definições são de extrema relevância para pautar as ações e decisões.

Saber quem você é, suas limitações e potencialidades, saber para quem você vende, quais as necessidades que seu shopper quer atendidas em sua loja ajudará em todo o processo.

Soma-se a isso a importância de ajustar e qualificar seu cadastro de produtos. Como já destacamos anteriormente, o cadastro é um grande entrave nos processos de análises e de GC. Dados incompletos, alocações indevidas dos itens, diferentes nomenclaturas para um mesmo produto, falta de uma estrutura mercadológica que permite aprofundar análises, entre outros, são alguns dos problemas que encontramos quando executamos análises de sortimento.

Para que o "GC" aconteça, de fato, no pequeno varejo, faz-se necessário adaptar o processo tradicional dos 8 passos (definição da categoria, papel, avaliações, cartão de metas, estratégia, táticas, implementação e revisão – ECR), para algo mais simples, mas não menos efetivo, a saber:

A etapa 1 – **definição da categoria**: determinar quais produtos/itens vão compor a categoria com vistas a atender determinada necessidade do cliente (abrangência)

> Vale lembrar que uma categoria é um agrupamento de determinados produtos, que juntos se complementam e formam a solução de consumo de determinado público.

É na etapa 1 que se determina a abrangência – qual será nosso "universo" – exemplo: Trabalharemos xampu e condicionador ou Cuidado com o Cabelo?

Na sequência, deve-se entender como os consumidores organizam os produtos, ou seja, a forma pela qual decidem a compra, se por marca, preço, embalagens, tamanho, sabores, entre outros, para que seja possível, organizá-los de forma adequada.

A etapa 2 – **definição do layout**: a decisão de layout é relevante, pois orientará o varejista quanto ao local mais apropriado para expor seus produtos. E envolve três análises/decisões, a saber:

1. ANÁLISES PARA DEFINIÇÃO DOS PAPÉIS DAS CATEGORIAS E SEUS OBJETIVOS (ESTRATÉGIAS)

As categorias exercem diferentes papéis em diferentes ambientes de varejo.

É o papel da categoria (destino, rotina, sazonal, conveniência), como já vimos anteriormente, que definirá a estratégia do sortimento a ser oferecido em todos os aspectos: número de itens, variedade, profundidade e amplitude, ações promocionais, ativação, entre outros.

Por que é importante conhecer o papel das categorias?

1. Definição da estratégia de exposição
2. Formação das Soluções aos clientes

Voltando ao caso de Maria Andrea, sempre que ela precisa de algo emergencial, ou quando por falta de tempo ou esquecimento deixou de comprar algo importante, ela ou dona Luiza, sua ajudante, não têm dúvida, correm ao mercadinho mais próximo. Neste momento, ganha destaque a proximidade, a conveniência e agilidade. Tanto Maria Andrea como a dona Lu, como é gentilmente chamada por todos da família, dizem que adoram esta loja, pois tem tudo o que necessitam e é muito organizada. Comentam que deixaram de ir a um concorrente, até mais barato, porque tinham dificuldade de encontrar os produtos, tudo era muito bagunçado, amontoado. Esse é o risco de o pequeno varejo não ter uma gestão efetiva do sortimento – mais do mesmo gera bagunça, desorganização, superestoques.

Outros produtos que dona Lu e Maria Andrea preferem comprar neste mercado de vizinhança são as hortaliças e frutas. Como têm o hábito de comprar semanalmente e pouca quantidade, por ser altamente perecível, elas optam pela proximidade. "Esta é uma compra que faço semanalmente, até duas vezes na semana, para não estragar, então prefiro esta loja onde tudo é fresquinho e do lado de casa", diz Maria Andrea.

E como o pequeno varejo pode fazer para atender às necessidades de seus clientes – ter um sortimento adequado e entregar uma loja mais organizada, que facilite seu processo de compra e decisão?

Cada categoria pode atender diferentes objetivos (estratégias). As mais comuns são:

- **Aumentar tráfego:** atrair o consumidor – gerar fluxo e conversão
- **Aumentar transação:** aumentar o valor da transação – o tíquete médio
- **Gerar lucro:** Melhorar a margem bruta da categoria
- **Proteger território:** defender vendas e participação
- **Gerar caixa:** Aumentar o fluxo de caixa da categoria
- **Criar sensação:** gerar senso de urgência, oportunidade
- **Reforçar imagem:** melhorar a percepção que o varejista quer ter

Fonte: *ECR Brasil*

Decidir qual a estratégia para categoria é de extrema relevância, pois é ela que vai direcionar **o local e a forma como os produtos serão expostos**.

2. ANÁLISE DO FLUXO DA LOJA

O fluxo do cliente na loja diz respeito ao caminho que os clientes normalmente realizam em um determinado PDV. E deve ser considerado, pois impacta na determinação dos locais onde os produtos serão expostos, sempre considerando inspirar o cliente a comprar e facilitar o seu processo de compra e de decisão.

3. ANÁLISE DOS ESPAÇOS DESTINADOS A CADA SEÇÃO E PONTOS EXTRAS

Essas análises devem sempre levar em consideração as necessidades de seus clientes, sua estratégia e os objetivos que o varejista quer alcançar. Lembrando que os pontos extras permitem impulsionar vendas e devem ser utilizados estrategicamente.

Como as lojas possuem espaços, características e estratégias distintas, não basta apenas avaliar a distribuição em vendas e alocar os itens de acordo com esses percentuais. É importante entender o papel de cada categoria, a estratégia do varejista, o cliente, a concorrência, entre outros. Exemplo: Vamos considerar um determinado varejista que se originou de um hortifrúti. Embora hortifrúti represente 5% das vendas deste varejista, como hortifrúti é uma categoria-destino para ele, vai ocupar um espaço bem superior ao que representa em vendas %.

Para se ter uma avaliação consistente, deve-se analisar a % em vendas de cada categoria e também a % em metros lineares totais (obtidos através da medição das seções/categorias).

Determinar a localização, arrumação e o espaço para a categoria

Loja bem organizada, sinalizada adequadamente são essenciais para atrair a atenção do cliente, ou seja, guiar e direcionar o cliente para aquilo que você quer chamar a atenção.

Dica sobre onde expor o produto na loja

- Coloque-se no lugar do cliente
- Avalie como você compraria a categoria
- Monte sua cesta de compra

- Analise o fluxo atual e desejado nos corredores
- Pense em "soluções" para necessidades específicas: limpeza da cozinha, cuidado do banheiro, café da manhã, lanche da tarde, cuidado com a roupa, higiene bucal, banho, entre outros.

A etapa 3 – **definição do sortimento**: para começar, o varejista deve fazer uma matriz analisando faturamento e margem e classificar as categorias de acordo com essa matriz.

Dentro das possibilidades, é extremamente relevante considerar a experiência de compra do cliente e sua árvore de decisão: como organiza suas necessidades e como decide suas compras. Exemplo: cuidado da roupa, cuidado com o banheiro, café da manhã.

Por fim, considerar o posicionamento da loja, ou seja, que soluções serão entregues aos clientes e como as mesmas serão organizadas nas gôndolas. A base desta decisão tem que estar conectada com a sua oferta – diferenciação ou custo baixo?

Essa conexão é de extrema relevância, pois impacta, inclusive, sua política de marcas. Se diferenciação, no mínimo você terá que trabalhar com 4 ou 5 marcas (premium, líder, intermediária, regional, baixo preço). Já para as lojas posicionadas como de baixo custo, no máximo duas marcas (a líder e a de preço baixo).

Um tema importante é sobre como engajar os colaboradores, os parceiros comerciais e, sobretudo, o shopper. E aqui entramos na etapa 4 do GC ao pequeno varejista – **Implementação – Comunicação**.

> *"O sucesso com o GC é muito mais do que desenvolver as capacidades para completar o processo de GC em si. O processo simples de 8 passos fornece uma maneira lógica de gerenciar qualquer categoria, independentemente da quantidade de informações ou recursos disponíveis. Todas as organizações, grandes e pequenas, podem aprender rapidamente. O que impede as organizações de obter o máximo de benefícios do GC está mais relacionado com a falta de vontade das organizações para mudar a sua cultura e permitir que os princípios do GC focados no consumidor e shopper cresçam. Em muitos casos, há a relutância em mudar as práticas comerciais antigas e ineficientes."*
>
> Prof. dr. Brian Harris, chairman da The Partnering Group

Lembre-se: qualquer mudança é traumática, e se não for informada, bem comunicada, pode passar a ideia de bagunça, desorganização, e tornar-se uma barreira para a conversão e compra. Tudo porque pode dificultar ao cliente encontrar rapidamente o que procura. Por isso, é de extrema relevância informar. Dentro das possibilidades, vale fazer uso de degustações, promoções, sinalização diferenciada, como, por exemplo, o que fez um pequeno varejista do interior da Paraíba, que disponibilizou em todos os carrinhos e cestas um mapa da loja indicando em detalhes os setores/categorias.

O mais importante é ter, sempre, o cliente no centro das decisões. E inspirá-lo a comprar e a voltar.

GC: para transformar o varejo!
Por Gilmario Cavalcante*

O Gerenciamento por Categoria é uma técnica que agrega valores efetivos para o varejo, para a indústria, para o atacado-distribuidor e para os consumidores. Ele consiste em entender o comportamento do shopper e, a partir daí, estruturar as categorias de produtos conforme a necessidade desse público, tornando o ponto de venda um ambiente agradável, que leve a uma experiência de compra positiva.

Mas como o Gerenciamento por Categoria impacta na área de vendas? Inicialmente, acreditava-se que o modelo auxiliava basicamente na otimização do espaço na área de vendas. Depois, a indústria descobriu que a ferramenta é capaz de trazer fortes benefícios adicionais e empreende cada dia mais esforços para aprimorar os conhecimentos, a execução e o monitoramento dessa modalidade de gestão.

Vale ressaltar que toda a infraestrutura advinda do GC, que recebe atenção contínua da indústria, do atacado-distribuidor, de especialistas e dos grandes *players* do segmento varejista, transforma o segmento de forma cada vez mais rápida, proporcionando uma área de vendas muito mais próxima dos anseios do consumidor final e, muitas vezes, até surpreendendo o público. A experiência de compra atinge níveis de excelência, pois quem passa pelos corredores encontra produtos expostos de maneira que permitem "ver o mundo por soluções", enxergar toda a loja de forma lógica e vendedora.

Com o aumento da concorrência e o fortalecimento do e-commerce, é imprescindível deixar o ponto de venda mais atrativo, transformando a rotina de compras em momentos de lazer, agradável, que motiva o consumidor a ficar mais tempo na loja e a responder com tíquetes médios maiores. Além disso, ter uma marca forte é cada dia mais importante para atrair, encantar, fidelizar e fazer com que o público se transforme em embaixador do negócio.

Com toda essa revolução, a técnica do simples gerenciamento de espaço evoluiu para o Gerenciamento por Categoria, que vai muito além do melhor aproveitamento de ocupação das prateleiras. Esse é o caminho das pedras para quem quer atingir uma performance melhor em cada linha de produtos. Para isso, é necessário ter um acompanhamento muito mais eficiente em relação ao papel do produto, das subcategorias e das categorias dentro do negócio e, mais especificamente, o desempenho na gôndola. Por meio desse raio X é possível elaborar, implementar, executar e checar o desempenho de cada categoria de forma mais confiável e, consequentemente, elevar a rentabilidade final do negócio como um todo.

Para isso, o caminho mais curto que eu visualizo é dar mais força para o GC, acreditando no potencial da técnica, implementando e monitorando os resultados. Essa forma de gestão parece simples, mas requer envolvimento, conhecimento, execução atenta e acompanhamento contínuo. Por isso, é fundamental seguir oito passos para ter sucesso: definição da categoria; papel da categoria; avaliação da categoria; cartão de metas; estratégia; tática; implementação e revisão.

O Smart Supermercados não só comprou a ideia do Gerenciamento por Categoria, como também se esforça para desenvolver a técnica, unindo o seu próprio conhecimento à tecnologia da Universidade Martins do Varejo e à *expertise* em varejo proveniente da indústria, parceira constante no desenvolvimento de iniciativas contundentes com vistas ao desenvolvimento, crescimento e consolidação do segmento.

No Smart Supermercados, todo esse conhecimento ganha contornos próprios personalizados, conforme a realidade de cada filiado. Desenhamos o Gerenciamento por Categoria específico para cada tamanho de loja, levando em conta e respeitando as características do ponto de venda, as necessidades de consumo do seu público, dentro do conceito de loja de proximidade. Em resumo: o nosso modelo de GC parte de um conjunto de pesquisas, estudos e execuções levados a cabo com sucesso, principalmente pela indústria – que compartilha a tecnologia –, para culminar em uma estratégia única, voltada para o nosso modelo de negócio, que vai muito além do simples associativismo.

Só para se ter uma ideia da revolução que a técnica oferece, nos filiados Smart onde o GC foi aplicado, o crescimento nas categorias nunca foi menor que dois dígitos! Selecionamos dois casos para exemplificar tudo isso.

Case 1 - Supermercado Bom dia, cidade de Maceió (AL)

O Supermercado Bom Dia é considerado uma loja média, com cerca de 800m², cinco check-outs e 33 funcionários. Localizado em um bairro da cidade de Maceió, tem como principal público mulheres entre 25 e 40 anos, das classes B e C, e que frequentam a loja, em média, três vezes por semana. O setor escolhido para a implantação do GC foi o de hortifrúti.

De acordo com pesquisa de mercado feita nos três principais concorrentes, foi constatado que o Bom Dia Supermercados ocupa a segunda posição quanto a variedade e posicionamento de preço. Um dos objetivos do projeto era transformar o setor em uma área de rotina.

As principais ações feitas na loja foram: inclusão de alguns itens no sortimento; mudança no processo de recebimento de mercadorias, melhorando a qualidade e reduzindo as perdas; implantação da comunicação visual do setor; melhoria no abastecimento e na exposição dos produtos; mudança no layout e facilitando o deslocamento do consumidor. Além disso, foram feitas pesquisas nos concorrentes, traçadas as metas de crescimento e, após implantação, os resultados foram mensurados para retroalimentar o processo.

Diante disso, os resultados obtidos evidenciaram 16% de crescimento no faturamento e 31% na rentabilidade do setor. Dada a satisfação, o filiado já programa como próximos passos a troca de equipamentos, a reforma da área de manipulação e a implantação da área de processados.

Case 2 - Supermercado Valadares, de Coronel Fabriciano (MG)

O Supermercado Valadares é considerado uma loja pequena, com cerca de 400m², cinco check-outs e 23 funcionários, localizado na cidade de Coronel Fabriciano.

Estudando os consumidores da categoria de desodorantes, identificou-se que a maioria é formada por mulheres casadas, entre 14 e 55 anos, da classe D. Também se concluiu que essa consumidora tem na loja o seu canal de abastecimento da categoria, por estar perto de casa.

Ao estudar a concorrência, foi identificado que a loja possui o maior mix da região, com o menor preço. Diante desse cenário, foram feitas mudanças no formato de exposição, favorecendo os itens que oferecem maior rentabilidade, utilização de cartazes de preço, divulgação da categoria em tabloides. Os resultados refletiram em um aumento de 15% no valor de venda e 9% em número de clientes da categoria.

Estes são apenas alguns dos inúmeros casos que fazem parte do dia a dia do Smart Supermercados. Com a procura constante pelo atendimento de qualidade, políticas de redução de preços, a leitura que tenho é que o Gerenciamento por Categoria seja o caminho mais curto, barato e efetivamente transformador para o varejista que realmente pretende modernizar o seu negócio, com vistas ao desenvolvimento do seu ponto de venda, à fidelização do público e, principalmente, ao crescimento constante da rentabilidade do seu negócio.

E todos esses objetivos fazem parte não somente do Smart Supermercados, mas do Sistema Integrado Martins, que tem como missão e vocação o desenvolvimento do varejo brasileiro. Para isso, se estruturou de forma a atender todos os públicos em suas mais diversas necessidades: Martins Atacado, no fornecimento das categorias preferidas pelo shopper –, Tribanco, no financiamento das mercadorias, equipamentos e expansão da loja – Tricard, aumentando o crédito do consumidor – Tribanco Seguros, oferecendo segurança aos filiados. Esse conjunto de soluções apoia, incentiva e promove esta transformação na loja para que consiga atender cada vez melhor o consumidor e que a cadeia toda se desenvolva.

*Gilmario T. Cavalcante é gestor de varejo e foi diretor do Smart Supermercados – Grupo Martins

CAPÍTULO 5

Off-line x on-line
Do tradicional ao digital

Até aqui, basicamente, falamos de modelos tradicionais e processos orientados às lojas físicas (mundo off-line). Mas a abordagem contemporânea exige mudanças radicais, seja no ponto de vista do comportamento de compra ou das práticas/gestão do varejo; ou até um profundo repensar sobre toda a cadeia de abastecimento.

Se olharmos para a família de Maria Andrea, por exemplo, Júnior, seu filho de 14 anos, além de interferir no processo de escolha de produtos, nas marcas e canais, e ser, é claro, usuário de produtos, em muitas ocasiões assume efetivamente o papel de shopper.

Mas como a maioria dos jovens de sua idade, os chamados "milleniuns", (jovens que nasceram na era da internet) têm valores, hábitos e comportamento específicos quando vão às compras. Eles são altamente conectados e preferem consultar e comprar pela internet. Adoram esses novos modelos de loja, por exemplo, que eles selecionam o que desejam pela internet e até mesmo eles finalizam a compra e/ou pedem aos pais para buscar (o que chamamos tecnicamente de *pick-up store*).

Dentro do exposto, a nova abordagem sobre o comportamento de compra sugere uma visão integrada de consumidor e shopper: *The Shopper & Consumer Jorney*[1], em que há uma integração entre o comportamento de compra e de consumo. Esta é uma abordagem moderna, atual e mais adequada ao momento que vivemos com um consumidor multicanal, multimarca e altamente conectado. Este modelo reconhece que o processo de consumo e de compras se inicia a partir de um desejo/necessidade que vai gerar uma motivação ou uma missão de compra, levando um determinado consumidor a assumir o papel de shopper, destaca o prof. dr. Brian Harris. Acompanhe o capítulo 6, em que o prof. Brian escreve sobre o futuro e o ambiente *omnichannel*.

Neste aspecto, ao conhecer e entender como trabalhar/influenciar todo o ciclo de comportamento do cliente e cada etapa da sua jornada de compra – seja no varejo físico ou virtual –, indústrias, atacadistas-distribuidores, varejistas, todos serão capazes de desenvolver ações mais direcionadas nos diferentes pontos de contato com os clientes, com o objetivo de aumentar as vendas e a rentabilidade e proporcionar melhor experiência de compra.

Sobre as práticas/gestão do negócio, todos os integrantes da cadeia de abastecimento precisam se preparar ao que já está aí. É necessário, urgentemente, a profissionalização do varejo para a sobrevivência no mercado atual, e futuro, diante das inúmeras mudanças:

- Mudanças dramáticas nas opções e comportamento de compras (on-line, mídias sociais, smartphones, *omnichannel*, *home delivery*, *pick-up store*, etc.) – mais escolhas, menor lealdade
- Mudanças constantes no comportamento dos shoppers: conectividade e informação
- Diferenças expressivas nos desejos e aspirações e comportamento de compra de diferentes "gerações" (Millennials, Idosos, Saudáveis, etc.)

---

1. **The Shopper & Consumer Journey** – Segundo Brian Harris, a Jornada de Compra do Consumidor e Shopper é o mapeamento do comportamento e decisões de ambos, em cada etapa do processo que se inicia com um desejo de consumo e vai até a avaliação das experiências de compra (pelo shopper) e de consumo (pelo consumidor), que podem ser determinantes de comportamentos e decisões futuras.

- Surgimento do varejo digital e multidigital: inúmeras possibilidades de se acessar um produto/serviço
- Internet das coisas – a era do "compartilhar"
- Surgimento dos inúmeros dispositivos digitais
- Nova concorrência que muda o ambiente de negócios (Amazon e Alibaba)
- Novas tecnologias para o varejo e consumidor
- Nova realidade *ominichannel*
- Mudança dos investimentos em mídia
- Explosão na disponibilidade de informações sobre o shopper e analítica "big data", etc.

Dificilmente iremos sobreviver gerindo nosso negócio como fazíamos no passado. Nos dias atuais, o que faz um consumidor quando quer um produto/serviço?

De um lado, temos um consumidor com seus desejos, motivações de compras e necessidades, e, de outro, empresas ofertando seus produtos e serviços, experiências com uma promessa.

À exemplo de Júnior, citado anteriormente, em muitas situações, ao decidir comprar um produto/serviço, o shopper inicia a sua jornada eventualmente pesquisando na internet, comparando informações e preços em vários sites, observando comentários e opiniões de quem já comprou ou utilizou aquele item/serviço no qual está interessado. Pode escolher comprar numa loja próxima, comprar pela internet, e solicitar entrega direta, ou comprar pela internet e retirar na loja.

Hoje, por exemplo, é o que podem fazer os clientes do Tenda, primeiro *cash & carry* no Brasil que lançou o *pick-up-store*. Chamado de Tenda Drive, o cliente pesquisa, compra pela internet e agenda local e horário para retirada. O projeto foi lançado em 2014 e o ponto de retirada era em apenas uma loja. O sucesso foi tanto que, hoje, várias lojas da rede já oferecem o serviço. E há muitas redes de supermercados oferecendo este tipo de serviço, sendo uma tendência que deve se consolidar.

A primeira rede de supermercado a aderir ao "drive thru" foi o GPA, que trouxe para cá o modelo de seu acionista maior, o francês Casino. Já o cliente da Coop, por meio do Coop retira, assim como no Tenda, sem taxa de serviço, entra no Portal Coop, seleciona os produtos e agenda horário para retirar na loja. Por hora, está em funcionamento o piloto na Coop Industrial, em Santo André (ABC Paulista).

O fato é que o varejo on-line já é uma realidade. E seu crescimento, aliado aos interesses dos consumidores, resultou em uma tendência cada vez mais presente no mercado global e mais recentemente no mercado brasileiro.

> **O que dizem empresários do varejo e indústria em recente pesquisa sobre o tema digital:**
>
> - Digital é o futuro, e ambos já estão direcionando verbas para estas ações
> - Há diferentes níveis de atuação entre varejistas e indústrias: de iniciativas pequenas a planos estruturados e contínuos com atuação já bem delineada e avançada
> - Marketing: processos e equipe dedicada, distintos entre digital e off-line para criarem propostas exclusivas.
>
> Fonte: *Pesquisa Sophia Retail - 2012*

A mescla entre loja física e virtual, reforçando o conceito de *omnichannel*, é fato. Já comentamos que o consumidor de hoje é multicanal e, por isso, espera poder comprar em qualquer lugar, no momento em que lhe for mais conveniente e prático.

RAZÕES DE ESCOLHA DA LOJA VIRTUAL

- **60%** Praticidade
- **11%** Não encontrei na loja física
- **22%** Preços baixos
- **6%** Não tem loja física perto de casa/ na minha cidade

Fonte: *Pesquisa Sophia Retail - 2012*

Neste contexto, de grande potencial de crescimento, muitos varejistas têm a intenção de entrar para o mundo virtual (migrando ou mantendo dois tipos de negócios). Mas existem diversos desafios do planejamento à execução (plataformas, finanças, recursos, seleção de produtos, gestão do negócio, fortalecimento da marca, publicidade, entre outros), por isso é preciso:

- Compreender e medir comportamentos de compras de shoppers-alvo entre ambos os canais (físicos e virtuais)
- Analisar as compras por departamento e categoria
- Definir papéis estratégicos de categoria baseados em shoppers-alvo
- Estabelecer o equilíbrio entre papéis estratégicos de categorias no canal físico e virtual.

A ideia de que a loja on-line seja mais barata de se implantar em comparação com a física é bastante questionável, porque também envolve questões logísticas, estoque de mercadorias, troca de produtos, entre outros, e tudo isso tem custo. Assim, planejamento e plano de negócio são imprescindíveis.

No mundo virtual, a busca por informações sobre um produto e serviço (benefícios, promessas, entregas) e a comparação entre opções é muito mais fácil e rápida. Basta o cliente potencial abrir a tela do computador ou seu aplicativo no celular e checar ali qual é a melhor oferta.

Hoje existem aplicativos em que o consumidor especifica seu endereço, qual o transporte que utiliza para ir às compras (a pé, de carro, ônibus), cria sua lista (ou listas) de compra – abastecimento regular, compras semanais, etc., e o aplicativo, por sua vez, apresenta uma lista de varejistas na proximidade, dentro da área sugerida de "influência", e apresenta as melhores soluções de compra nestes diferentes varejos.

Mas as mudanças não param por aí. A forma como fazemos propaganda também mudou. Das mídias tradicionais às mídias digitais e, mais recentemente, aos inúmeros aplicativos com os mais variados serviços. A verdade é que vem ocorrendo uma grande mudança na maneira como as pessoas se relacionam, se comunicam e até mesmo acessam produtos e serviços e canais de compra. Daí a necessidade de varejistas e fornecedores responderem de forma ágil e estratégica a essas mudanças.

Hoje, podemos contar com inúmeras ferramentas e possibilidades (do marketing e comunicação, passando por ofertas e promoções, e até mesmo merchandising – ações no PDV) para promover interações com o cliente nos diferentes pontos de contato.

Pelo Brasil, encontramos algumas iniciativas de varejistas presentes no e-commerce, outros disponibilizando ao cliente self-checkout, *pick-up-store*, executando ações em redes sociais, presença em mídia on-line, *deliveries*, uso de ferramentas de CRM (programa fidelidade, ações segmentadas, preços exclusivos, clusterização). Ainda podemos observar ações de email marketing personalizados, envio de SMS, uso de *beacons*, georreferenciamento, visando oferecer ofertas direcionadas.

Na pesquisa realizada pela Connect Shopper, já citada, boa parte dos varejistas entrevistados cita alguns exemplos de ações integradas varejo-indústria que já estão sendo executadas. Destacam a parceria com a Unilever em ações no mundo digital, disponibilizando frete grátis para compra de determinado produto, equipes de CRM dedicadas para desenvolver ações exclusivas para grupos específicos de clientes, entre outros. A P&G também é citada por vários varejistas com suas ações de preços exclusivos, com o uso inteligente dos dados de CRM dos varejistas para ações como troca de escova dental a cada três meses, entre outros.

Veja alguns exemplos de parcerias varejistas-indústria:

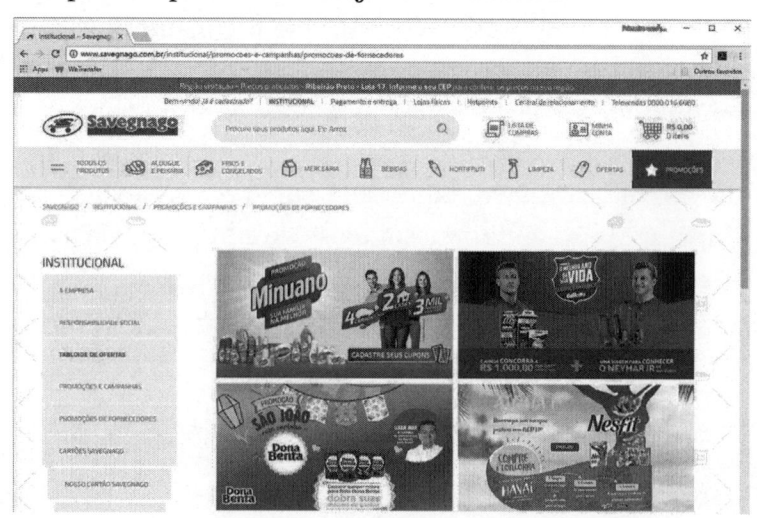

Saiba mais:
http://www.savegnago.com.br/institucional/promocoes-e-campanhas/promocoes-de-fornecedores

Saiba mais:
https://www.supernossoemcasa.com.br/e-commerce/

Mesmo em diferentes estágios de desenvolvimento, várias indústrias em parcerias com varejistas já estão utilizando destas abordagens e ferramentas, personalizando ações promocionais.

O grande desafio é decidir qual a melhor estratégia, ferramenta, em que momento, como, o que comunicar, quais ofertas, que produtos, lembrando que seja qual for a ação devemos ter o shopper no centro das decisões.

E a verdade é uma só. Não adianta querer estar em todos os canais sem conhecer o consumidor e shopper e sua jornada de compra e de consumo. Na atualidade, o consumidor/shopper exige uma aproximação 360º. Ele quer informações e conteúdo de qualidade e relevante, ter uma interação positiva com a marca, ter clareza no seu posicionamento e proposta de valor e se identificar com tudo isso.

Neste universo, outro grande desafio é a definição do sortimento e sua segmentação. Aqui me refiro à escolha dos produtos/serviços em si a serem disponibilizados na plataforma on-line e a definição de como estruturá-los/apresentá-los de modo que a busca no ambiente on-line seja rápida, prática e promova uma experiência positiva ao consumidor e shopper.

Neste aspecto, há quem segmente por categoria, na sequência por tipo ou marca. Mas sempre permitindo uma busca rápida por qualquer natureza, bastando o cliente digitar o que necessita.

EXEMPLO DE ESTRUTURAÇÃO NO SITE

No Tenda Drive, por exemplo, a lógica escolhida foi por setores (congelados, mercearia), na sequência à especificação de cada produto, temos:

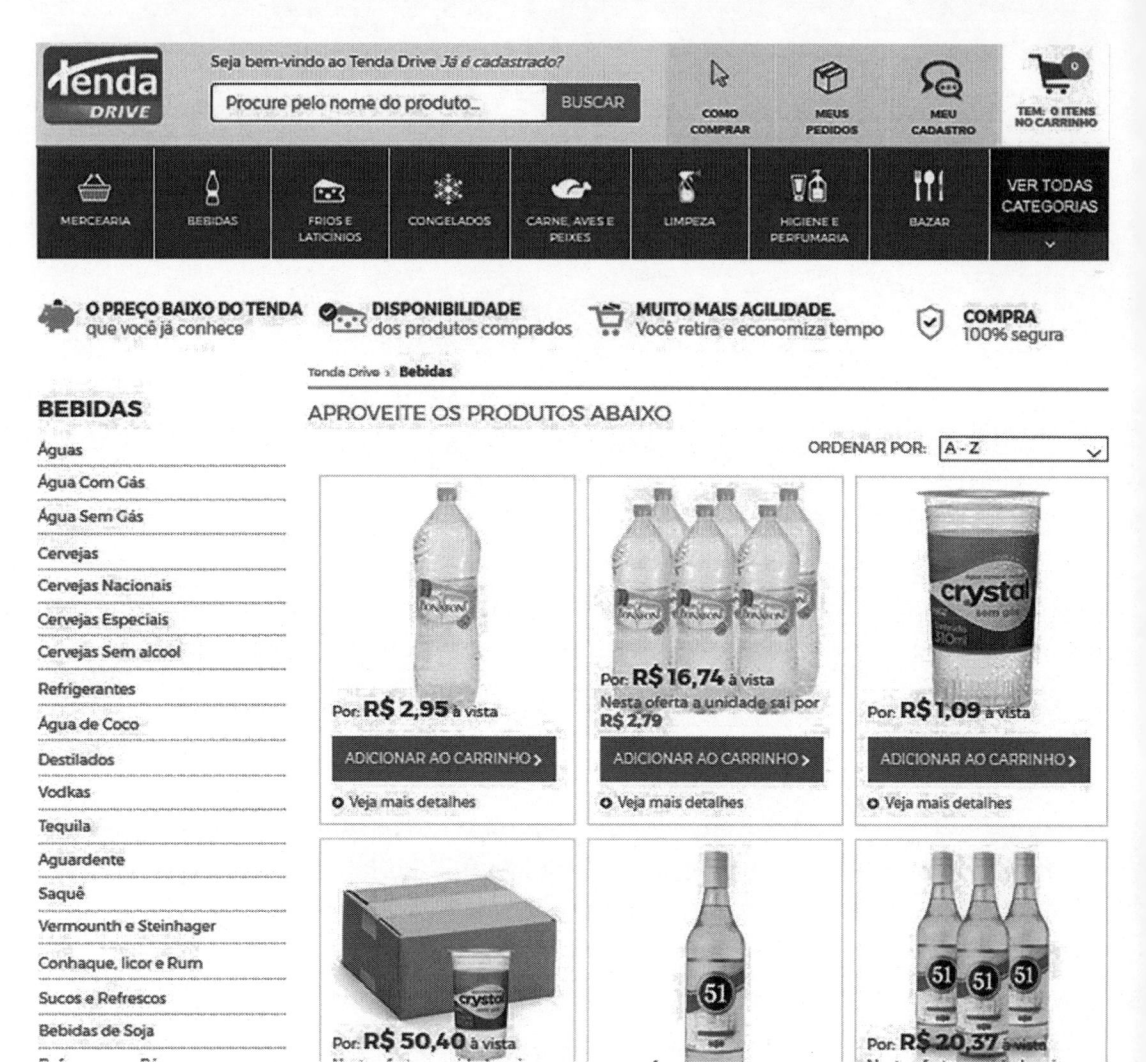

Há empresas de material de construção que estruturam o site por ambientes: banheiro, salas, etc. Ao clicar no ambiente desejado, aparecem os tipos de produto, na sequência segmento, sub, depois o cliente pode optar por preço, marcas, características específicas de cada categoria/produto.

No ambiente on-line, também identificamos uma grande oportunidade de pensar e aplicar a estrutura "shopperlógica".

E uma vez bem estruturada e definida a segmentação – que deve ser pautada pelo shopper –, o próximo passo é definir que produtos oferecer.

Neste aspecto, boa parte dos varejistas inicia a escolha dos produtos pelos itens da curva A e, à medida que os resultados vão acontecendo, incluem itens complementares e também aqueles mais solicitados pelos clientes.

Aqui, novamente, identificamos muitas oportunidades:

- Falta um pensar estratégico e diretrizes claras
- Falta definição de objetivo e metas – o que se quer, de fato, com o on-line
- Falta definição das políticas e portfólio das categorias baseada em um crivo mais analítico. Avaliar as categorias e subcategorias compreendendo a sua representatividade em termos de vendas e rentabilidade (olhar interno e externo)
- Falta definição da estrutura da categoria
- Falta definição das categorias e seus papéis; para citar algumas necessidades.

Seja como for, a integração entre os ambientes on-line e off-line, ou seja, entre as lojas virtuais e as físicas, e o avanço da internet das coisas, já são uma realidade. O próprio consumidor não faz distinção de como são as multiplataformas, querem acessar os diferentes canais, o que cria a necessidade de uma abordagem *omnichannel*.

Por esse motivo, grande parte das empresas está buscando unificar o varejo on e off-line, integrando a loja física com a virtual e vice-versa, a fim de mais bem atender às novas demandas do público-alvo.

As vantagens são inúmeras:

- Alcançar novos clientes e proporcionar a eles melhor experiência de compra
- Aumentar a presença da marca e o volume de vendas.

ENTENDA MAIS SOBRE A INTERNET DAS COISAS

A internet das coisas (do inglês, *internet of things*) é uma revolução tecnológica a fim de conectar dispositivos eletrônicos utilizados no dia a dia (como aparelhos eletrodomésticos, eletroportáteis, máquinas industriais, meios de transportes, etc.) à internet, cujo desenvolvimento depende da inovação técnica dinâmica em campos tão importantes como os sensores *wireless*, inteligência artificial e a nanotecnologia (estudo de manipulação da matéria numa escala atômica e molecular).

O conceito surgiu, em certa medida, fruto do trabalho desenvolvido pelo Instituto de Tecnologia de Massachusetts (MIT) Auto-ID Laboratory, recorrendo ao uso do Identificação por radiofrequência (RFID) e *wireless sensor networks*. O objetivo foi, desde o início, criar um sistema global de registro de bens usando um sistema de numeração único chamado Electronic Product Code.

O relevante é que o uso da internet das coisas pode ajudar em muitas frentes.

Os aplicativos móveis, microprocessadores e a conectividade permitem que os varejistas coletem e analisem dados, para que possam interagir com cada cliente de uma maneira original e personalizada, sem precedentes, e, ainda, garantam eficiência na operação do varejo. Cito alguns benefícios para a operação abaixo:

- Melhoria no controle de estoque da loja e na cadeia de suprimento como um todo, permitindo melhor gerenciamento
- Rastreamento de produtos e suas condições na cadeia de suprimentos
- Inventários mais precisos
- Aumento da produtividade da equipe
- Redução da ruptura em gôndola
- Otimização na distribuição e reposição dos produtos na loja.

Enfim, a pergunta que fica é: para onde iremos? para os mais variados perfis de "Juniors", a vida em si funciona através de apps. Na prática, não veem distinção entre os ambientes on-line e off-line. Para eles, tudo isso é uma coisa só, querem ser atendidos bastando um click.

Como enfrentar este novo paradigma *omnichannel*? Como será, por exemplo, tudo isso quando "Leticia", a filha de Maria Andrea, hoje com oito anos, mas extremamente antenada, conectada, dominando todos os aplicativos, começar a comprar?

Acompanhem no próximo, e último capítulo, o que diz o maior especialista sobre o tema Gerenciamento por Categoria e Shopper Marketing, Brian Harris. Aliás, nada mais nada menos que o criador desta ferramenta que se faz fundamental há mais de 25 anos, desde sua concepção.

Chegou a hora de acordar!

Parece inacreditável a evolução de nosso modelo de vida nos últimos 20 anos, desde a popularização da internet e o acesso irrestrito a ela pelos mais diversos aparelhos: na mesa, no bolso ou no pulso de cada um de nós, fazendo o mundo parecer uma enorme teia de aranha, com fios quase invisíveis que nos conectam uns aos outros.

A partir daí, cada dia mais observamos pessoas dentro de uma casa ou mesmo ao redor de uma mesa, andando na rua ou dirigindo seus carros sem conseguir desgrudar os olhos de seus celulares, sentindo a necessidade imperiosa da conectividade permanente.

Nada diferente quando um avião pousa; antes mesmo de taxiar, já lá estão os celulares sendo ativados e as pessoas procurando suas mais recentes mensagens – quando não, querem saber o que se passa no Facebook, este maravilhoso mundo onde vivem apenas pessoas alegres, sorridentes, lindas, lindas, lindas e bem-sucedidas.

Enquanto isso, nas escolas e na prática do varejo, ainda estamos na Idade do Papel, pensando no encarte da semana, nos cartazes das lojas ou jornais de ofertas postados para a residência de pessoas do entorno.

Será que somos pessoas diferentes na vida real e na vida profissional? Ou a profissional é a real e a outra é só um sonho futurista?

Seja como for, quem não despertar e, muito rapidamente, preencher a lacuna estratégica e tecnológica entre o que se faz

Por Claudio Czapski*

e o que se deverá fazer para sobreviver no novo mundo do varejo, naquilo que os americanos chamam de brick & click, e que a Amazon fará acontecer ainda mais rapidamente após a aquisição da Whole Foods, estará fadado ao desaparecimento.

Nos grandes centros metropolitanos já observamos o rápido desaparecimento dos pequenos varejos de bairro, engolidos pelas lojas de pequeno formato das grandes redes, ao mesmo tempo que muitos buscam a salvação no sonho dourado do atacarejo – mas a base de gestão permanece praticamente a mesma, sem conhecer nossos shoppers e consumidores profundamente, esperando que eles, totalmente conectados e tendo como um de seus ativos mais preciosos o tempo, ainda se disponham a ir às lojas, andar pelos corredores procurando o que querem (e em tantos casos se deparando com rupturas), colocando as mercadorias nos carrinhos, fazendo fila para pagar, para quando chegar a sua vez ser obrigado a retirar item por item de sua compra e passar pela leitura (tantas vezes falha) dos scanners, para depois rearrumar tudo, levar até o carro, descarregar no porta-malas... enfim, sabemos todos da jornada longa, burra, cansativa e desgastante até que as nossas compras estejam armazenadas em casa.

E nós, profissionais da área, continuamos em nossa zona de conforto, acreditando no papai noel, coelho da Páscoa, e que tudo que funcionava ontem é perfeito para hoje e amanhã.

Chegou a hora de acordar, antes que seja tarde e nós, nosso trabalho e nossas empresas sejamos engolidos por este mundo novo que vem em ritmo alucinante mudando todas as respostas que tínhamos como perfeitas para as perguntas do mundo dos negócios.

A boa (ou será má?) notícia é que podemos esquecer quase tudo que sabíamos. É preciso trocar o retrovisor com o qual estamos habituados a balizar nossas decisões (o que se apura mesmo com a pesquisa de mercado tradicional? Intenções ou comportamentos passados, a partir dos quais se projeta o futuro) e aprender a usar uma luneta, prospectando o futuro, olhando tendências e oportunidades, tendo como bússola os mecanismos da tecnologia de Big Data, e trabalhando a cada dia mais com recursos avançados de TI.

Se assim não fosse, não haveria uma carência global de engenheiros, este é um dos grandes gargalos para o desenvolvimento das empresas modernas.

Querem mais? Qual o motivo da explosão de startups em todo o mundo? Será apenas o inconformismo de alguns jovens que se recusam a entrar no mundo tradicional dos negócios? Ou será a visão que têm estes jovens miríade de oportunidades latentes no mercado, que os grandes e pequenos *players* deixaram passar na maioria das vezes por sequer tê-las notado, ou achando que fossem irrelevantes diante do sucesso "garantido e seguro" das fórmulas consagradas "que sempre deram certo"?

Precisamos repensar o mundo a partir de uma página em branco, olhando até para nós mesmos, como vivemos, consumimos, nos informamos e nos conectamos, para minimamente fazer a lição de casa mais elementar.

E se quisermos continuar no mercado por mais alguns anos, precisaremos de muita agilidade, mas muita mesmo, para desenharmos as estratégias e diferenciais de nosso negócio neste novo mundo, e implementar novas áreas de conhecimento, comunicação, operação, finanças, marketing e, principalmente, serviços, para que nossos sonhos possam ter alguma chance de se tornarem realidades, antes que tenhamos de desaparecer, seja pelos novos *players* com suas startups de tecnologia de ponta, seja pelos gigantes, que têm recursos acumulados que lhes dão alguma folga para comprar o que precisam e custear os tropeços, fatalmente cometidos, para conseguir mudar o rumo de organizações que navegam como gigantescos e morosos transatlânticos.

O primeiro passo dessa jornada é buscar informação qualificada, novos paradigmas para reflexão e tomada de decisão, ruptura total com o passado para criar um caminho que nos conduza ao futuro, capacitados para enfrentar os desafios que a cada dia se acumulam.

* Claudio Czapski é superintendente do ECR Brasil

CAPÍTULO 6

GC na era omnichannel

Prof. dr. Brian Harris*

O GC foi criado como resposta para as significativas mudanças que estavam acontecendo no ambiente competitivo do varejo, conforme mencionei no início deste livro. Ainda hoje, 25 anos após sua criação, continua sendo importante plataforma para tomar melhores decisões de marketing e merchandising com foco no consumidor. Sua aceitação e seu uso são globais e nos mais variados canais (varejo alimentar, farma, conveniência, especialidades, lojas de departamentos) e setores da economia (indústrias, varejos e atacados).

No entanto, hoje, estamos enfrentando uma nova quebra de paradigma, com o surgimento do varejo *omnichannel*. E, mais uma vez, as mudanças lideradas pelo surgimento de formas inovadoras de concorrência desafiam o varejo estabelecido. Os motores destas mudanças são os varejistas on-line, como Amazon e Alibaba. Neste contexto, novamente o GC terá de se adaptar para enfrentar os novos desafios e preservar seu valor para que, tanto os varejistas com lojas físicas quanto os do comércio eletrônico, tenham ferramentas e processos para mais bem entenderem e oferecerem respostas adequadas às necessidades e desejos dos atuais shoppers e consumidores.

Como será discutido mais adiante, o GC está se adaptando em diferentes níveis para assegurar a continuidade e o valor de sua contribuição.

Mas o que levou ao surgimento deste novo paradigma do varejo? O desenvolvimento de opções digitais de compra e sua aceitação pelos consumidores, criando um modelo de relacionamento e de venda totalmente inovador. Apesar de o percentual de vendas pela internet ainda representar uma parcela relativamente pequena do volume total das vendas de lojas físicas, a maioria das decisões de compra envolve o uso de alguma interação com a mídia digital. Hoje, uma expressiva proporção de shoppers pesquisa as opções de produtos na internet antes de comprar, e muitos postam avaliações após a compra, independentemente do canal no qual a compra tenha sido feita. O on-line se tornou um recurso que permeia todo o processo de escolha, de decisão e de compra. O sortimento maciço de produtos disponibilizados pela Amazon e Alibaba e a eficiência com a qual estes varejistas conseguem entregar os produtos diretamente ao consumidor criaram um novo padrão de serviço, que jamais existiu na era das lojas físicas. O consumidor tem hoje múltiplas escolhas quando faz suas compras – dentro de uma loja on-line, móvel – e para receber os produtos – na loja, em casa, num local de coleta de produtos oferecido por um varejista. Não há dúvida de que estamos na era do varejo *omnichannel*.

O mais interessante, entretanto, é que cada varejista, seja de lojas físicas ou virtuais, movido pela necessidade de se manter competitivo e ter oportunidades de crescimento, está migrando para modelos integrando operações físicas e on-line. Amazon e Alibaba estão abrindo lojas físicas (a Alibaba através da compra de lojas já existentes) e estão seguindo a integração do on-line para off-line (O2O) para trazer respostas a seus clientes, independentemente do canal escolhido. O Walmart também adquiriu varejistas on-line (Jet.com) e a maioria dos varejistas com lojas físicas está investindo na expansão de sua base de negócios via web e procurando oferecer opções de entrega que atendam tanto o comércio físico como o eletrônico. Novamente está ocorrendo uma integração de canais, criando um novo paradigma.

PRIMÓRDIOS	• Consumidor no centro das decisões • Loja física • Gerenciamento por Categoria
NA ATUALIDADE	• Perspectiva integrada do consumidor & shopper • Loja física • Desenvolvimento de Categoria e shopper
NOVO PARADIGMA	• Gerenciamento numa configuração de omnichannel

DE CONSUMIDOR A SHOPPER

Uma das importantes características do GC tem sido sua habilidade de adaptação a novas tendências. Seu foco inicial foi o entendimento das necessidades e comportamentos do consumidor em relação a cada categoria. Uma razão preponderante para este foco era a disponibilidade de mais informações sobre consumidores, a partir das pesquisas e análises feitas durante muitos anos pelas indústrias como base para suas tomadas de decisões de marketing de marcas.

Um dos objetivos principais do GC era trazer este conhecimento do consumidor para fundamentar as decisões de marketing e merchandising do varejo. Pouquíssimos varejistas, naquela época, tinham departamentos de marketing e, praticamente, nenhum tinha visibilidade institucional expressiva, não sentindo necessidade ou não encontrando uso para informações sobre o consumidor. Para tudo eles dependiam da indústria. O GC oferecia o processo e o veículo adequado para o compartilhamento das informações sobre o consumidor entre os fabricantes e os varejistas, para benefício de ambos, especialmente quando usado no marketing do varejo.

Estas informações agregaram considerável valor a alguns passos do processo de GC, especialmente quando da definição da categoria sob a perspectiva do consumidor, como estruturar a categoria considerando a maneira pela qual o consumidor decide o que comprar na categoria (árvore de decisão de compra) e a importância relativa da categoria para o consumidor medida por alguns indicadores (por exemplo, quanto gasta com a categoria, frequência de compra, gasto médio por ocasião de compra, etc.).

Estas medidas também subsidiavam a importante decisão do varejista de atribuir papéis estratégicos corretos às categorias. Podemos afirmar que as informações sobre o consumidor, suas necessidades e comportamento têm grande relevância em cada um dos oito passos do processo de planejamento do GC.

Era a primeira vez que informações sobre o consumidor eram usadas de modo sistemático tanto pelos fabricantes como pelos varejistas para tomar decisões de marketing e merchandising no varejo. Informações sobre os consumidores transformaram-se na base para o desenvolvimento das melhores práticas do processo de GC.

Em anos mais recentes, o foco migrou para o conhecimento do shopper, e *insights* sobre o shopper passaram a ser um ingrediente fundamental para o processo de GC. Esta mudança de foco ocorreu por uma série de razões. A primeira delas foi a mudança dramática que ocorreu nas opções e comportamento de compra. No início do GC, o canal preponderante de compras era a loja de varejo, e o desafio maior do GC era encontrar maneiras de influenciar o comportamento dos consumidores quando iam às lojas para fazer suas compras. Conforme falamos anteriormente, hoje vivemos em um mundo em que as compras são *omnichannel*. A possibilidade de fazer compras a qualquer momento, pela internet de casa ou de qualquer lugar a partir de um smartphone, transformou a experiência de compra que conhecíamos até então. A maior parte das decisões de compra é planejada, realizada e decidida no ambiente digital. Elas aumentaram expressivamente as escolhas de compra e os shoppers estão muito mais informados e têm novas expectativas em relação aos varejistas, sejam eles de lojas físicas ou virtuais.

Em segundo lugar, a nova geração de shoppers (classificados como Millenials, na faixa dos 20 aos 35 anos, enquanto os de 16 a 20 anos são os da Geração Z) tem diferentes aspirações, estilo de vida, expectativas e comportamento de compra. Estas características precisam ser entendidas pelos varejistas, sendo muito diferentes daquelas dos grupos que os precederam, como os Baby Boomers e a Geração X. A experiência de compra ganhou importância para estas novas gerações.

Em terceiro lugar, como resultado de todas estas mudanças, houve uma explosão na quantidade e qualidade de pesquisas e informações disponíveis sobre as características e comportamento dos shoppers.

No início do GC havia muito pouco dinheiro gasto pelas indústrias em pesquisas sobre o shopper, suas necessidades e comportamento – e menos ainda pelo varejo. Hoje, a pesquisa do shopper tornou-se um componente essencial nos orçamentos para pesquisa de mercado da indústria. Os varejistas também perceberam o valor das informações que podem ser obtidas a partir das bases de dados de compras utilizando cartões de fidelidade. Muitos desenvolveram ferramentas de segmentação que lhes permitem ter um conhecimento mais aprofundado de segmentos específicos, permitindo-lhes desenvolver incentivos personalizados para grupos-alvo determinados.

Estas novas oportunidades de compra *omnichannel* abriram as portas para um modelo totalmente "disruptivo" de concorrência, que deu novas formas ao mercado varejista, da mesma forma que ocorreu no passado com o surgimento de *discounters* e *category killers*. Maior visibilidade neste novo contexto têm os maiores *players*, Amazon e Alibaba, que procuram combinar suas plataformas tecnológicas de compras com a variedade e profundidade do sortimento, a logística eficiente e as vastas bases de dados sobre o comportamento de shoppers, criando um novo modelo de varejo que é mais relevante para os shoppers atuais, oferecendo maior conveniência e um padrão de serviços mais elevado.

Os novos paradigmas criados por estes varejistas representam um significativo desafio para a operação dos varejistas de lojas físicas, e os métodos até então considerados comprovados, como o GC, precisam se adaptar para sobreviver e continuar tendo sucesso neste novo mundo. A próxima evolução dos princípios e métodos do GC precisa ser sua habilidade para agregar valor no mundo *omnichannel*. A próxima geração do processo de GC está chegando.

GC OMNICHANNEL

O GC está sendo adaptado para enfrentar os desafios que fabricantes e varejistas encontram de diferentes maneiras na era *omnichannel*. Primeiramente, os oito passos do processo original foram modificados para incorporar os benefícios da ampla disponibilidade de informações sobre shoppers e comportamento de compra. O novo modelo é chamado de "Desenvolvimento de Shoppers e Categorias". Este modelo foi especialmente desenhado para trazer uma perspectiva mais integrada do consumidor e do shopper ao processo. Enquanto algumas etapas são as mesmas do processo original de oito passos (*veja o quadro abaixo*), o novo processo é mais abrangente, incorporando as novas tendências e informações sobre o comportamento do shopper e tem como objetivo gerenciar uma categoria de modo a influenciar seu processo decisório e o comportamento de compra no ponto de venda, seja ele físico ou virtual.

RAZÕES DE ESCOLHA DA LOJA VIRTUAL

- Definição de Categoria
- Papel da Categoria
- Geração de Insights
- Decisões Estratégicas e Táticas
- Desenvolvimento Inicial
- Plano de Lançamento

REVISÃO DO PLANEJAMENTO

Um elemento essencial deste novo modelo é compreender e medir as compras on-line *versus* lojas físicas e entre categorias. Para varejistas que ofereçam ou pensem em oferecer soluções *omnichannel* a seus clientes haverá variação das compras em cada categoria no canal físico e virtual, além de ser diferente a composição das cestas de compra em cada um deles. As compras de lácteos frescos, por exemplo, tendem a ter um percentual próximo a 100% realizado em lojas físicas, enquanto brinquedos para crianças talvez tenham 90% de compras on-line e 10% em lojas físicas. Dependendo desta distribuição das vendas, diferentes "papéis estratégicos" devem ser atribuídos a uma mesma categoria no canal físico e no virtual. Estes diferentes papéis levariam a diferentes estratégias e táticas para gerenciar a categoria em cada um dos canais. Esse tipo de flexibilidade é essencial para que o processo de GC se adapte à nova realidade *omnichannel*. O modelo de Desenvolvimento de Shoppers e Categorias é mais focado no shopper do que o processo original de oito passos, permitindo a varejistas e fabricantes utilizarem de modo mais amplo o conhecimento e informações do comportamento do shopper em relação à categoria nos diferentes canais.

Além disso, no atual ambiente *omnichannel* o GC precisa ter uma perspectiva mais ampla e holística, entendendo como o consumo e a compra estão conectados. Esta visão holística foi definida pelo conceito da Jornada do Shopper e Consumidor (*veja esquema a seguir*). A Jornada se inicia com o consumidor tendo a necessidade de consumir ou usar a categoria ou produtos que dela fazem parte. Isso dispara uma série de decisões relacionadas à compra, incluindo a missão de compra, a escolha do canal (on-line ou físico), a escolha de uma opção dentro do canal (formato, bandeira, website) e, finalmente, qual produto comprar dentro da categoria. A Jornada termina onde ela começou, com o consumo ou uso do produto comprado e a avaliação da experiência frente às expectativas. Em cada um dos passos desta Jornada, fabricantes e varejista têm oportunidades de influenciar as decisões de categoria e produto.

JORNADA DO SHOPPER E CONSUMIDOR

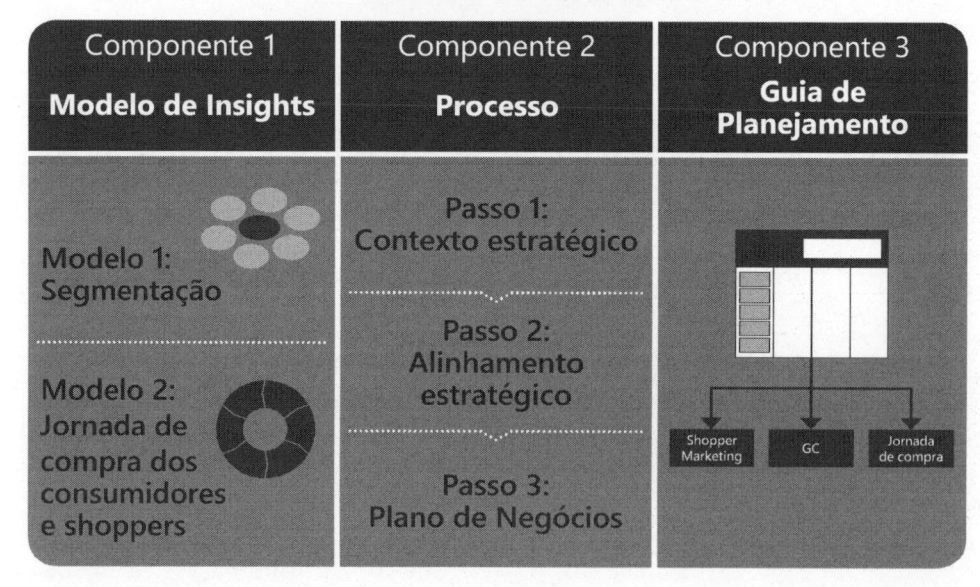

1. Os Shoppers/Consumidores estão consumindo
2. Shoppers/Consumidores são influenciados
3. Shoppers/Consumidores criam missão de compra
4. Shoppers escolhem canal e bandeira
5. Shoppers efetuam a compra
6. Shoppers/Consumidores avaliam a decisão de compra

Componente 1	Componente 2	Componente 3
Modelo de Insights	**Processo**	**Guia de Planejamento**
Modelo 1: Segmentação	Passo 1: Contexto estratégico	
Modelo 2: Jornada de compra dos consumidores e shoppers	Passo 2: Alinhamento estratégico	Shopper Marketing / GC / Jornada de compra
	Passo 3: Plano de Negócios	

O GC, hoje, é parte de um processo mais amplo e holístico. Isso foi possível pela integração do processo de GC em um processo mais amplo de Shopper Marketing, conduzido pelo entendimento mais profundo das relações entre shopper e consumidor, obtido a partir das amplas bases de informações disponíveis sobre o shopper e seu comportamento. O ponto de partida deste processo permanece o mesmo: consumidores desejando soluções adequadas para suas necessidades de compra ou consumo de categorias e produtos. O final do processo também é o mesmo: os consumidores avaliando a satisfação que tiveram com o que compraram. Entre este início e o final do processo, há uma série de decisões de compra, incluindo a escolha do canal onde a compra será feita. A cada passo os shoppers têm escolhas que podem ser influenciadas pelo marketing e merchandising de fabricantes e varejistas. As ações mais apropriadas em cada um destes pontos de contato devem ser baseadas nos *insights* sobre o shopper e o consumidor identificados na análise de cada etapa da Jornada. Neste contexto mais amplo, o GC ainda oferece os fundamentos para a gestão das categorias, mas o processo passa a ser aplicado a um ambiente *omnichannel*, utilizando um leque ampliado de estratégias de categoria e ferramentas táticas que permitem influenciar a maneira pela qual o shopper navega e toma suas decisões ao longo da Jornada, independentemente do canal e categorias escolhidos.

SOBREVIVENDO E CRESCENDO NO NOVO MUNDO

O novo mundo do varejo é, claramente, *omnichannel*. Novos competidores, com uma perspectiva *omnichannel*, estão revolucionando o mercado. Nunca houve um período com maiores incertezas em relação ao marketing de produtos de consumo. O ambiente de negócios mudou dramaticamente em pouquíssimo tempo. Fabricantes e varejistas precisam desenvolver e implementar o modelo de processos de negócios corretos para entender e servir os consumidores e shoppers, de modo transparente, através de todos os canais nos quais eles compram. Estratégias e visões de categoria, claramente definidas, que sejam coordenadas de modo transversal através de todos os canais são essenciais tanto para a indústria como para o varejo. Este é o objetivo da próxima geração dos métodos de GC. Organizações que continuam focando seus esforços de GC em soluções para um único canal terão pouca probabilidade de sobreviver na era *omnichannel*.

O "ECR Fase 2" chegou. Similar às iniciativas iniciais do ECR, há novamente urgência em reavaliar as práticas de negócios e gestão, tanto do lado da oferta como da demanda, a partir do entendimento das novas expectativas e comportamentos de compra e da maneira como trabalham os novos competidores do mercado. Isso inclui o GC. Métodos bem-sucedidos no passado precisam ser atualizados e adaptados a partir do entendimento do que os consumidores e shoppers atuais realmente esperam (e o que se tornou inaceitável) no ambiente *omnichannel*.

Nesta nova era de marketing de varejo, "relevância" será um requisito essencial à sobrevivência. Varejistas e fabricantes precisam encontrar maneiras de serem "relevantes" para seus shoppers e consumidores, especialmente naqueles segmentos que podem fazer real diferença. Isso requer um entendimento mais profundo da "próxima geração" de consumidores e shoppers (Millenials e Geração Z), cujas expectativas e comportamentos são, marcadamente, diversos daqueles de shoppers e consumidores "tradicionais". As suas preferências de categorias e canais direcionarão as iniciativas de GC.

Varejistas e fabricantes precisam entender seus pontos fortes e fracos neste novo modelo de operações. Novas fontes de diferenciais relevantes precisam ser encontradas, ao mesmo tempo que se buscam maneiras de minimizar as desvantagens impostas pelos novos competidores (ou por nós mesmos, como, por exemplo, rupturas elevadas, serviço ao cliente insuficiente, ambiente de compras pouco convidativo, etc.). É preciso também identificar maneiras de alavancar as vantagens competitivas atuais no novo mundo *omnichannel*. Novas oportunidades de crescimento (novos segmentos de consumidores/shoppers, novas categorias e subcategorias e logística inovadora, por exemplo) alavancadas pelos diferenciais competitivos atuais precisam ser explorados. Os processos da próxima geração de GC têm seu foco prioritário na gestão de categorias para criar diferenciais, muito mais do que buscar oportunidades táticas de resultados de curto prazo, eventualmente propiciados pela categoria.

A colaboração entre fabricantes e varejistas será uma fonte ainda mais importante para o desenvolvimento de diferenciais competitivos. O foco da energia colaborativa deverá estar em desenvolver e compartilhar o entendimento mais profundo possível do consumo total e integrado – o processo de compra e onde existem oportunidades de agregação de valor ao longo desta jornada holística. Isso requer uma maneira de pensar inovadora e a disposição de abandonar quaisquer práticas passadas que possam criar desvantagens em relação à nova concorrência. Novas oportunidades de venda e de aumento da lucratividade de categorias e marcas emergirão destes *insights* mais profundos. Trabalhando em conjunto, fabricantes e varejistas têm os dados, as ferramentas e as práticas de negócios para enfrentar estes desafios, porém, para sobreviver diante do novo paradigma, isso não basta: é preciso estreitar a colaboração, pensar de modo inovador e agir mais rapidamente.

ALGUMAS RECOMENDAÇÕES PARA VAREJISTAS

Conforme mencionamos no início deste capítulo, nunca vivemos um período de mudanças tão expressivas no ambiente do varejo como hoje. A velocidade destas mudanças surpreendeu muitas indústrias e varejos, muitas das quais estão tendo dificuldades para responder aos novos desafios. Olhando o passado, entretanto, podemos usar alguns aprendizados sobre ações que podem ser tomadas para definir a melhor maneira de avançar, não só para sobreviver mas, também, para crescer. Nunca faltaram oportunidades no mundo do varejo, e o presente não é exceção a esta regra. Apresentamos a seguir algumas sugestões de ações que os varejistas podem tomar para encontrar as novas oportunidades e preparar suas organizações para crescerem e prosperarem na era *omnichannel*:

- Conversar com os shoppers, tanto de suas lojas como dos concorrentes – entenda suas expectativas e frustrações
- Tenha muita clareza sobre quem são seus shoppers-alvo e quais são os ativos estratégicos de sua empresa aos olhos deles
- Alavanque seus pontos fortes e vantagens competitivas em novas áreas de oportunidade criadas pelo crescimento do varejo e das vendas *omnichannel*

- Colabore estreitamente com indústrias que tragam os melhores *insights* sobre tendências de shoppers e consumidores e jornadas daqueles que são os alvos prioritários de sua empresa, e desenvolva com eles as melhores práticas de GC, Shopper Marketing, abastecimento e demais processos essenciais para o sucesso
- Estude todos os concorrentes e as propostas de valor deles, comparativamente às suas – identifique quais são suas principais vulnerabilidades
- Desenvolva planos de ação em 3 níveis: (1) planos operacionais voltados às questões básicas (cadastro, rupturas, disciplina de planograma, introdução de novos itens, serviços no PDV, etc.); (2) plano de marketing *omnichannel* (objetivos, escopo, segmentos-alvo, ofertas, comunicação, etc.); (3) iniciativas colaborativas de marketing e shopper marketing com a indústria
- Avalie todas as práticas e processos atuais de *supply chain* para identificar aquelas que não agregam mais valor – os novos concorrentes não têm quaisquer restrições pelo "legado" de práticas implementadas
- Identifique as categorias mais vulneráveis à concorrência on-line – atualize o plano de negócios da categoria e desenvolva estratégias e táticas defensivas e de crescimento; tome decisões sobre quais categorias devem ser focadas e quais eliminadas.

ALGUMAS RECOMENDAÇÕES PARA INDÚSTRIAS

O novo paradigma *omnichannel* também apresenta desafios relevantes para a indústria. Nos Estados Unidos, em 2016, 62 das 100 maiores marcas tiveram queda de receita (em média, 4,4%) e 90 das 100 tiveram quedas na participação dentro de sua categoria. Há uma série de razões para isso, mas o crescimento de marcas próprias e de marcas exclusivas certamente foram um fator-chave. Os novos varejistas on-line alcançaram um grau de presença no mercado e de poder que lhes permite alavancar estas marcas e categorias. Além disso, a nova geração de consumidores e shoppers é menos fiel a marcas de que as gerações anteriores e buscam novas experiências de compra e de consumo. Apresentamos algumas sugestões para os fabricantes que buscam novos caminhos para o crescimento de suas categorias e marcas:

- Tenha foco na busca de *insights* superiores e capacitações nas áreas em que há as melhores oportunidades de crescimento para você e para seus clientes – tenha o conhecimento mais profundo possível do processo total de consumo e de compra
- Desenvolva visões claras de categorias que posicionarão suas marcas de modo vantajoso frente às novas tendências de compra e de consumo
- Desenvolva estratégias de canal integradas que sirvam como guia para o trabalho colaborativo com seus clientes varejistas de diferentes canais
- Ofereça treinamento e suporte para seus clientes varejistas de todos os canais, de modo a lhes permitir usar da melhor maneira as ferramentas e processos de GC e Shopper Marketing, de modo a melhorar os resultados tanto para eles como para você
- Avalie todas as práticas atuais de vendas, marketing e *supply chain* e identifique aquelas que não agregam mais valor
- Motive e premie inovação – em produtos e processos.

CONCLUSÃO

O mundo do marketing de varejo sempre foi muito dinâmico, movido pelas constantes mudanças nas tendências de consumo e de compra. O atual ambiente *omnichannel* representa a mais recente evolução deste composto mercadológico. Novas mudanças certamente continuarão a ocorrer. A habilidade de varejistas e fabricantes navegarem e crescerem com sucesso neste ambiente dependerá, essencialmente, de duas coisas: primeiramente sua habilidade de adaptarem suas práticas de negócios frente aos novos desafios e, em segundo lugar, a capacidade de suas equipes aplicarem as novas práticas e processos em seu dia a dia. Desde sua introdução, há cerca de 25 anos, o GC provou sua adptação a novas tendências e desafios. Conforme apresentamos neste capítulo, esta adaptação continua presente ainda hoje. O GC continuará oferecendo a varejistas e fabricantes uma ferramenta essencial para enfrentar os desafios e crescer na era *omnichannel*.

*Brian Harris foi o criador do Gerenciamento por Categoria e é o chairman da The Partnering Group

REFERÊNCIAS BIBLIOGRÁFICAS

ASSOCIAÇÃO BRASILEIRA DE EMPRESAS DE PESQUISA (ABEP). *ABEP news*. Disponível em: http://www.abep.org/novo/Content.aspx?SectionCode=eNews&KeyWords=Noticias. Acesso em: 22 de junho de 2010.

ASSOCIAÇÃO ECR BRASIL. *Pricewaterhouse Coopers (Cood.). Gerenciamento por Categorias: melhores práticas*. São Paulo, 1998.

_____. *Saiba tudo sobre a ECR*. Disponível em: http://www.ecrbrasil.com.br/ecrbrasil/page/saibatudosobreecr.asp. Acesso em: 2 de fevereiro de 2010.

BERRY, L. *O Modelo Emergente*. HSM Management, ano 3, n. 13, p. 58-64, mar.-abr. 1999.

BLACKWELL, R.D.; MINIARD, P. W.; ENGEL, J. F. *Comportamento do consumidor*. 9. ed. São Paulo, Pioneira Thomson Learning, 2005.

BOWERSOX, D. J; CLOSS, D. J. *Logistical management: the integrated supply chain process*. New York, McGrawHill, 1996.

CATEGORY MANAGEMENT. *The Category Plan*. FMI and Center for Retail Management, Northwestern University, 1995.

CESARINO, R. C.; CAIXETA FILHO, J. V. *Alocação dos produtos nas gôndolas dos supermercados: um estudo de caso*. Gestão e Produção, v. 9, n. 1, p. 45-61, abr. 2002.

COOPER, M. C.; LAMBERT, D. M.; PAGH, J. D. *Supply chain management: more than a new name for logistics*. The International Journal of Logistics Management, v. 8, n. 1, p. 1-13, winter, 1997.

HARRIS, B. *Shopper & Category Development*. Seminário A próxima Geração de Gerenciamento por Categorias, set. 2015.

KOTLER, P; ARMSTRONG, G. *Princípios de Marketing*. 12. ed. São Paulo, Pearson Prentice Hall, 2007.

MOLDERO, R. "Marketing - Merchandising e Propaganda". *Revista SuperHiper/ABRAS*, v. 7 (n. 7): p. 22-24, jun. 1981 (São Paulo).

NUNES, R. "Dinâmica dos preços no Autosserviço". *Revista SuperHiper/ABRAS*, jul. 2016 (São Paulo).

PICOLLI, W. *Product Manager The Nielsen Company*. 2014. Disponível em: http://www.apras.org.br/mercosuper/palestras/wagner_picolli.pdf. Acesso em: 26 de outubro de 2016.

REICHFIELD, F.F.; SASSER Jr., "W.E. Zero defections: quality comes to services". Harvard Business Review. p.105-111, set.-out. 1990.

REIS, Felix. *Layout de Loja: sua loja vendendo mais*. São Paulo, Baraúna, 2014.

REVISTA SUPERHIPER/ABRAS. *Ranking Abras de Supermercados*. abr. 2017 (São Paulo).

REVISTA SUPERMERCADO MODERNO. "Massa de Margem, como calcular?". ano 48, número 572, jan. 2017.

REVISTA SUPERMERCADO MODERNO. *O Bê-á-Bá do gerenciamento por categoria*. Disponível em: http://www.sm.com.br/detalhe/categorias /o-be-a-ba-do-gerenciamento-por-categoria. Acesso em 04 de janeiro de 2017.

REVISTA SUPERMERCADO MODERNO. "Precificação sem resultados". ano 48, número 575, abr. 2017.

SEBRAE. *Consumidor 3.0*. Disponível em https://www.sebrae.com.br/sites/PortalSebrae/artigos/consumidor-30,a1ce438af1c92410VgnVCM100000b272010aRCRD

SILVA,L. *Revisão Cluster Lojas*. Publicado com autorização da Lopes Supermercados em: http://www.webartigos.com/artigos/definicao-de-cluster-de-lojas-onmaps-geofusion/136625/#ixzz3p1lxMnx7]

SOLOMON, M.R. *Comportamento do Consumidor: comprando, possuindo e sendo*. 5. ed. Porto Alegre, Bookman, 2005.

"TECNOLOGIA da informação no varejo alimentar da Europa, A". *Revista SuperHiper/ABRAS*, v. 18 (n. 10): p. 36-50, out. 1992 (São Paulo).

"TUDO isso por apenas R$9,90" Disponível em: https://www.google.com.br/imgres?imgurl=https%3A%2F%2Ftercalivre.files.wordpress.com%2F2016%2F12%2Fcurso.jpg%3Fw%3D594%26h%3D396&imgrefurl=https%3A%2F%2Ftercalivre.com%2Fcursos%2F&docid=RRPanuPw9EWJOM&tbnid=VPQjBWV-jvqddM%3A&vet=10ahUKEwjMh77XjZnTAhVGjZAKHcWSDQMQMwhyKE8wTw..i&w=594&h=396&bih=638&biw=1366&q=apenas%209%2C90%20por%20mes&ved=0ahUKEwjMh77XjZnTAhVGjZAKHcWSDQMQMwhyKE8wTw&iact=mrc&uact=8

Este livro foi impresso em setembro de 2025
pela Gráfica Docuprint, com papel Avena 80 g/m²,
utilizando as fontes Segoe UI para títulos, tabelas e gráficos
e Bressay para texto.